本书系作者主持司法部 2020 年度法治建设与法学理论研究部级科研项目"法律修辞学对罗马法律科学的影响"(项目编号：20SFB4013)的研究成果

法律修辞学对罗马法律科学的影响

杨莹 著

中国政法大学出版社
2024·北京

声　　明　　1. 版权所有，侵权必究。

　　　　　　2. 如有缺页、倒装问题，由出版社负责退换。

图书在版编目（ＣＩＰ）数据

法律修辞学对罗马法律科学的影响/杨莹著. —北京：中国政法大学出版社，2024.1
　ISBN 978-7-5764-1115-7

Ⅰ.①法… Ⅱ.①杨… Ⅲ.①罗马法－研究 Ⅳ.①D904.1

中国国家版本馆CIP数据核字(2023)第179768号

出 版 者	中国政法大学出版社
地　　址	北京市海淀区西土城路25号
邮寄地址	北京 100088 信箱 8034 分箱　邮编 100088
网　　址	http://www.cuplpress.com (网络实名：中国政法大学出版社)
电　　话	010-58908586(编辑部) 58908334(邮购部)
编辑邮箱	zhengfadch@126.com
承　　印	固安华明印业有限公司
开　　本	880mm×1230mm　1/32
印　　张	8.5
字　　数	260千字
版　　次	2024年1月第1版
印　　次	2024年1月第1次印刷
定　　价	49.00元

目录

导论 ··· 001
  一、问题的提出 ································ 001
  二、文献综述 ···································· 008
  三、主要内容与基本思路 ···················· 032
  四、研究方法与支撑材料 ···················· 032
  五、本书相关问题的限定 ···················· 033
  六、本书所提及的法律修辞学与现代法律修辞学之
     不同 ·· 040

第一章 法律修辞学概述 ······················ 045
  第一节 修辞与法律修辞学的含义 ·········· 045
  第二节 法律修辞学的特点 ···················· 047
  第三节 法律修辞学的功能 ···················· 049

第二章 法律修辞学在古希腊的起源 ······ 051
  第一节 法律修辞学在古希腊的起源 ······ 051
  第二节 智者学派与法律修辞学 ············· 054
  第三节 智者学派法律修辞学的历史地位 ···· 057
  第四节 柏拉图的法律修辞学思想 ·········· 059

第五节　柏拉图法律修辞学的价值 ………………… 062
　　第六节　亚里士多德的法律修辞学思想 …………… 064
　　第七节　亚里士多德法律修辞学的影响 …………… 067

第三章　法律修辞学在古罗马的发展 ………………… 069
　　第一节　古罗马时期法律修辞学的主要内容 ……… 071
　　第二节　古罗马时期法律修辞学的产生原因 ……… 075

第四章　古罗马视域下法律修辞学的构成和主要内容
　　　　——以西塞罗为视角 ………………………… 079
　　第一节　古罗马视域下法律修辞学的构成 ………… 079
　　第二节　法律修辞学的主要内容——情感说服 …… 092
　　第三节　法律修辞学的主要内容——理性说服 …… 103

第五章　古罗马视域下法律修辞学中情感说服和理性说服
　　　　在法律场景中的运用条件 …………………… 114
　　第一节　法律修辞学中情感说服在法律场景中的运用条件 … 114
　　第二节　法律修辞学中理性说服在法律场景中的运用条件 … 120

第六章　古罗马视域下法律修辞学中情感说服、理性
　　　　说服方法在法律场景中的具体展开 ………… 133
　　第一节　情感说服方法在法律场景中的具体展开 … 133
　　第二节　理性说服方法在法律场景中的具体展开 … 185

第七章　法律修辞学对古罗马宪制的影响 …………… 208
　　第一节　法律修辞学推动了社会冲突处理方式的文明化：
　　　　　　从暴力到协商 ………………………… 208

第二节 西塞罗的法律修辞学对古罗马公共政治生活的
塑造 ·· 209
第三节 西塞罗的法律修辞学赋予了古罗马宪制独特性 ··· 212

第八章 法律修辞学对古罗马立法的影响 ················ 216
第一节 古罗马法的发展历程 ································ 216
第二节 古罗马人民大会的组织模式和运行方式 ············ 218
第三节 法律修辞学中情感说服和理性说服对古罗马立法
决策的影响 ·· 224

第九章 法律修辞学对古罗马司法裁判的影响——以案例
为中心 ·· 229
第一节 古罗马的司法裁判程序 ······························ 230
第二节 西塞罗的法律修辞学对古罗马法方法论因素成长的
作用：以案例为中心 ································ 237
第三节 西塞罗的法律修辞学推动了罗马法体系化所需法
律技术的发展 ······································ 247

第十章 法律修辞学对古罗马法学教育的影响 ············ 255
第一节 法律修辞学与罗马法学教育 ························ 255
第二节 法律修辞学与罗马律师制度 ························ 260

参考文献 ·· 263

INTRODUCTION
导 论

一、问题的提出

"罗马不是一天建成的",罗马法的发展也不是一蹴而就的,其在整个人类法学的发展历程中有极其重要的历史地位。德国著名法学家鲁道夫·冯·耶林(Rudolph von Jhering)在《罗马法的精神》中说:"罗马帝国曾经三次征服世界,第一次以武力,第二次以宗教(天主教),第三次以法律,武力因罗马帝国的灭亡而消失,宗教随着人民思想觉悟的提高、科学的发展而缩小了影响,唯有法律征服世界是最为持久的征服。"[1]究竟是什么原因让罗马法在数千年的法律历史长河中屹立不倒,发挥着其"万法之源"的重要作用呢?对于这个问题,学界长期关注,并存在着持续性的探讨。有的学者认为,罗马法学的发达主要原因在于政制的因素。罗马大部分时间采取的是混合制政体,而非专制国家,社会具有自我调适和发展的内在空间和活力。即便是罗马帝制时期,皇帝的权力也受到制约。[2]罗马存在

---

〔1〕 周枏:《罗马法原论》(上册),商务印书馆1994年版,第12~13页。
〔2〕 查士丁尼的《法学阶梯》就有这样的表述。查士丁尼皇帝指出:"皇帝的威严光荣不但依靠兵器,而且须用法律来巩固,这样,无论在战时或平时,总是可以将国家治理得很好,皇帝不但能在战场上取得胜利,而且能够采取法律手段排除违法分子的非法行径,皇帝既是虔诚的法纪伸张者,又是征服敌人的胜利者。"参见[罗马]查士丁尼:《法学总论——法学阶梯》,张企泰译,商务印书馆1989年版,第25页。

这样的政治传统，法是社会的最高权威，任何人都要依法生活，即使皇帝也不例外。[1]有的学者认为，罗马发达的商业文明和商品经济是罗马法发达的原因。[2]有的学者认为，罗马法学发达的原因是受到希腊哲学的影响。希腊哲学的传入带动了罗马文化和哲学发展的繁荣，以斯多葛学派为代表的自然法思想对罗马法的理性化产生了重要影响。[3]梅因也指出："我找不出任何理由，为什么罗马法律会优于印度法律，假使不是有自然法理论给了它一种与众不同的优秀典型。"[4]

德国历史法学派的创始人弗里德里希·卡尔·冯·萨维尼（Friedrich Carl von Savigny）认为，古代罗马法之所以被认为是"科学的法"的顶峰，原因在于，罗马法学家具有独特的方法论因素。

具体而言，一方面，法的精神和本质性的东西在于"民族精神"，在于民族的特定生活方式，而法律科学则是这种民族精神的技术化表达。最为先进的法和法律科学需要这两者的结合，而罗马法完成了两者之间的结合，是真正"科学的法"。另一方面，古罗马法学家发展了罗马法学中内在的方法论因素。法学家将"罗马民族法"经过科学之方法，"加工""提炼"而得到

---

[1] 谭建华：《罗马法发达之成因探析》，载《江西行政学院学报》2005年第1期。

[2] 江平、米健教授在《罗马法基础》中作出过这样的表述："罗马法所有权理论的发达，是它所以能够深刻影响后世法律的直接原因。事实证明，有关所有者中的一切现代法制，无论是在实体抑或程序方面都未超出罗马法既定的基本范畴。究其根本原因，不外乎罗马社会乃是一个私有制高度发达而且又存在普遍上平经济的社会。"参见江平、米健：《罗马法基础》，中国政法大学出版社1987年版，第153~154页。

[3] 何勤华教授在西方法学史中这样认为："罗马人发展罗马法要源于自身的努力，但罗马法的发达（最高裁判官法和万民法的出现）和罗马法学的产生，则无疑是与接受斯多葛学派的自然法思想联系的。"何勤华：《西方法学史》，中国政法大学出版社1996年版，第27页。

[4] ［英］梅因：《古代法》，沈景一译，商务印书馆1959年版，第45页。

"科学之物"，它体现了一般性、规则和逻辑，从而将民族精神自然表达的法上升为法律科学。"罗马法科学中的概念和公理，绝非任意妄断的产物，实为真实之存在，经由长期而精深的探求，罗马法学家们洞悉其存在与谱系。"[1]可见，在萨维尼眼中，法学家所运用的独特的方法论因素，对罗马法的科学化和典范性起到了重要作用。

对于萨维尼的观点，美国法学家伯尔曼（Harold J. Berman）也是赞成的。他认为："罗马的法学家们通过限定法律规则的范围来达到将希腊的分类与概括的方法用作裁判案件的理性基础。"[2]这里所提到的分类与概括的方法实际上就是罗马法学家所运用的众多方法论因素中的一种。

德国罗马法学家舒尔兹（Fritz Schulz）也认为，方法论因素对于罗马法律的科学化具有极其重要的价值。舒尔兹指出，辩证法的输入在罗马法律科学（jurisprudence）乃至整个法律科学历史上都是一件非常重要的事情。辩证法把罗马法律科学介绍给在罗马形成的希腊化知识圈，使之成为一门柏拉图、亚里士多德（而非康德）意义上的科学。法学是只有借助辩证法才可以达到的一种体系研究和组织化知识（organized knowledge）。[3]只有通过辩证法，罗马法才会完全符合逻辑，达到统一性和可认知性，达至成熟，并且不断改进（refinement）。[4]这里的辩证法因

---

[1]［德］弗里德里希·卡尔·冯·萨维尼：《论立法与法学的当代使命》，许章润译，中国法制出版社2001年版，第23~24页。

[2]［美］哈罗德·J. 伯尔曼：《法律与革命——西方法律传统的形成》，贺卫方等译，中国大百科全书出版社1993年版，第167页。

[3] Fritz Schulz, *History of Roman Legal Science*, Oxford at the Clarendon Press, 1946, p. 67~68.

[4] Fritz Schulz, *History of Roman Legal Science*, Oxford at the Clarendon Press, 1946, p. 68.

素实际上也是罗马法学家所运用的一种方法论。

可见，对于罗马法律科学化起到重要作用的方法论因素有很多。例如，以上所提到的分类、概括的方法，辩证法的方法，论题学的方法，修辞三段论的方法，归纳的方法以及属种关系、分种和分部等方法，这些都属于方法论因素的范畴。这些方法论因素是从希腊传入罗马的，这一时期的罗马法学家深受古希腊方法论因素的影响，致力于从个案裁判中抽象出一般性的法理，进而形成规则，用于案件的裁判。罗马法学家和他们的法律方法在整个罗马法律的发展历程中发挥着独特而重要的作用。其中，古罗马共和晚期的法学家、思想家马库斯·图留斯·西塞罗（Marcus Tullius Cicero），在其中起到了关键性的传承作用。"光荣属于希腊，伟大属于罗马"，罗马法学家以其个案式的思考方式和方法论为罗马法的发展注入了灵魂和生气。

法律修辞学与法学方法论是什么关系呢？法律修辞学是通过语言论辩、论证来获取结论，从而解决法律问题和争议的一种方法，这种方法并非只是通常理解的对文字的一种修饰，它还涉及逻辑和推理。把法律修辞学理解为一种修文饰词的技巧，这是对法律修辞学的误解。尽管法律修辞学的确与语言的使用相关，但是它的目的在于通过话语论辩的方式来获得某种可接受的结论，以便使问题和争议得到解决。修辞学并非仅仅是表达的方式和手段，也是一种推理的方法。[1]由此我们可以得出，法律修辞是一种工具，它可以使法律问题和争议在更加合理有效的范围内进行解决，提供感性和理性的双重解决思路。在法律方法论体系中，法律修辞学具有比较真实地展现法律实践的特征，有利于破除法律理论与实践脱节的问题，是具有启示和

---

〔1〕 陈金钊："法律修辞（学）与法律方法论"，载《西部法学评论》2010年第1期。

实战意义的一种法律操作方法。它可以从动态的视角了解法律解释的使用,并被用于解决疑难问题。[1]所以,对法律修辞学的研究可以为法学方法论提供更广阔的思路。

为何选择西塞罗作为切入点来分析法律修辞学对罗马法律科学的影响?原因有如下几点:首先,西塞罗被誉为希腊思想传入罗马的"搬运工"。他将希腊的修辞学技艺整理总结、系统化,将之传播到罗马,对此其用专门的著作进行论述并在诉讼过程中予以实践。其次,西塞罗的法律修辞学思想中蕴含了大量对于罗马法科学化具有重要价值的方法论因素。例如,论题学的方法,属种关系、分种和分部的方法等,这些重要的方法论因素对于罗马法的典范性具有重要价值。最后,西塞罗的法律修辞学的内容比较丰富和明确。其法律修辞学思想基本遵循了亚里士多德修辞学的框架,并顺应罗马的政治生活和诉讼实践而有新的发展。其中,论题学、修辞三段论和归纳的方法构成了理性说服的内容,而道德人格、同情、愤怒和民族精神的运用构成了情感说服的内容。丰富的法律修辞学内容使得研究内容明确,具有重要意义。

另一个促使笔者关注古希腊罗马时期法律修辞学及其对罗马法律科学的影响的重要原因在于,中国传统的"律学"的发展尽管达到了一定的高度,但并没有取得像罗马法那样理性化、科学化的成就[2]。本书对古希腊罗马时期法律修辞学的研究和梳理可以在一定程度上衬托出中国传统法律在法学方法论上的不足。基于以上原因,笔者将法律修辞学对罗马法律科学的影

---

[1] 陈金钊:"法律修辞(学)与法律方法论",载《西部法学评论》2010年第1期。

[2] 律学的内容缺乏"大学的法学"所具备的超越现行律典(实在法)之"用"或与之相对分离的"理论化""体系化"和"科学化"的知识追求。参见舒国滢:"中国法学之问题——中国法律知识谱系的梳理",载《清华法学》2018年第3期。

法律修辞学对罗马法律科学的影响

响作为研究的对象。

本书计划将法律修辞学作为切入点,从一个侧面来展现法律修辞学所蕴含的法学方法对罗马法律科学化及其典范性的价值和意义。需要解决的问题包括以下几个方面:首先,法律修辞学的内涵和特点是什么?其次,法律修辞学在古希腊的起源和在罗马的发展状况,法律修辞学的构成和主要内容及其在法律场景中的运用。再次,法律修辞学对罗马法律科学的影响,包括罗马宪制、立法、司法裁判和罗马法学教育。最后,法律修辞学如何促进了罗马法方法论因素和技术因素的发展?

除了理论上具有研究价值之外,研究法律修辞学对罗马法律科学的影响对于我国目前的法学研究也具有实践意义。既然古代罗马法是萨维尼理论预设中"科学的法"的典范。当下中国法学研究要找到"法律科学"的真正品质,就必须回过头追溯它的源头,探寻罗马法时代法学家的法学方法,从而指导当代的法学司法实践活动。

此外,研究法律修辞学对罗马法律科学的影响还具有另外一些重要意义。一方面,对古希腊罗马时期法律修辞学的研究能提升罗马法史料的完整性。学者们对早期罗马法史料的认识主要集中在《十二表法》《法学阶梯》上,这种认识是具有局限性的。我们今天所见到的《十二表法》与历史上真实存在的是有差异的,在很大程度上加上了学者们自己的理解和思考,不能完全真实反映当时罗马法的真实的样态。[1]其次,盖尤斯

---

[1]《十二表法》制定于公元前451年,在公元前390年高卢人的入侵中灭失。在大约2000年以后,法国学者雅克·虢多弗雷多(Jacque Godefroy)在1616年开始根据后人的转述复原了这一法律。狄尔克孙(Heinrich Dirksen)在1824年完成了再次复原,在莱比锡出版了其研究成果《对〈十二表法〉残篇的文本的过去的批评和复原尝试概览》。其后,还有多位学者尝试过对其进行复原。参见徐国栋:"《十二表法》的制定、灭失与还原(上)",载《交大法学》2015年第3期。

(Gaius)的《法学阶梯》的成书时间是在公元161年左右。[1]与公元前451年前后制定的《十二表法》之间相隔了有五百多年的时间跨度,而西塞罗的演说词恰好写作于公元前55年至公元前43年之间,处于《十二表法》和《法学阶梯》两者诞生的时间之间。可以说,西塞罗的演说词恰好能够弥补学界对这一段历史时期罗马法一手、原始文献认识不够的缺失。

西塞罗演说词可以在很大程度上还原罗马法的真实图景,构成对罗马法研究史料的重要补充。演说词是西塞罗就本人所承办的案件在法庭发表辩护意见的真实记录,其中也包括一些政治性的演讲。虽然当时的辩护词不能与今天我们熟知的法庭上律师的辩护意见相提并论,但它却是真实反映当时罗马法及诉讼程序的窗口,我们可以从中窥知罗马法在当时真实的运作状况。辩护词的文本可以展现出罗马法在社会生活中的实际运行画面、辩护中所涉及的法律论证形式和内容,以及当时罗马法庭的司法裁判。此外,西塞罗的演说词还可还原其背后罗马世界丰富的法律生活和当时罗马法的真实面貌和实际运转情况,构成了研究这一时期法律成长变化和历史背景的重要资料。

另一方面,以西塞罗为切入点对罗马时期法律修辞学的研究实现了对罗马法动态的、司法实践层面的关注。西塞罗注重对希腊修辞学的翻译和引进,并结合自己的亲身实践,创造和使用了一系列拉丁术语,添加了许多罗马人的范例,给修辞学这门希腊人的技艺罩上了一层罗马人的外衣。[2]甚至可以说,"罗

---

[1] 盖尤斯的《法学阶梯》直到1861年才被德国历史法学家尼布尔(George Niebuhr)在意大利北部的弗罗那(Verona)图书馆中发现,系公元5世纪时的抄本,用羊皮纸写成,仅缺少3张,但上面又写着后人的作品,故字迹很难辨认。参见何勤华:《西方法学史纲》(第3版),中国政法大学出版社2016年版,第54页。

[2] 舒国滢:"西塞罗的《论题术》研究",载《法制与社会发展》2012年第4期。

马修辞学"事实上不可更改地与"西塞罗修辞学"（Ciceronian Rhetoric）联系在了一起。罗马法不只是公民大会的决议、裁判官的告示，不只是法学家的法律意见和被认可的学说，还包括了当时罗马人心中对法的观念，以及法与罗马公民生活的互动关系等。通过西塞罗的演说词可以看到，他经常作为律师出现在法庭上，并且将自己的律师技巧和辩护词整理写作出来。用现代的语言来讲，他是个律师，是个典型的法学职业者。

最后，通过对古希腊罗马时期法律修辞学的梳理，通过情感说服和理性说服两个方面来说明其法律修辞学的内容，通过其法律修辞学内容来展现其所蕴含的法学方法论因素对罗马公共法律生活和罗马法律科学的影响。

二、文献综述

（一）国外研究综述

1. 罗马的法律修辞学思想与希腊文化之间的关联

雅各布·吉尔泰（Jacob Giltaij）的论文 *Greek Philosophy and Classical Roman Law: A Brief Overview*（《希腊哲学和古典罗马法——一个简短的视角》）基于法源的传播的角度，将希腊哲学对罗马的影响分为两个阶段予以论述，分别是共和晚期希腊哲学对罗马法的影响以及对在公元100年至公元2世纪之间的元首制时期的影响。每个部分又被细分为在法源中提到的单独的罗马法学家，以及另一部分在罗马法律文本中发现的特别的希腊哲学概念。后一部分分为两个方面来谈论：将不同哲学主张汇合的问题转入诉讼，将柏拉图主义、亚里士多德主义、斯多葛主义在哲学的层面上予以区分。作者选择了逻辑、修辞科目上的区分，以及哲学和伦理学概念的区分，对西庇阿圈、斯多葛学派、怀疑学院派等都有介绍。该文对希腊哲学对于罗马法影响的介绍简短、全面，但并不细致和深入。对共和晚期和元首制时期受希腊哲学影响的法学家和逻辑、修辞、伦理等学科对罗马法的影响做了一个简短而全面的介绍。

奥尔加·特勒根-库佩勒斯（Olga Tellegen-Couperus）和简·威廉·特勒根（Jan Willem Tellegen）的论文 Read a Dead Man's Mind: Hellenistic Philosophy, Rhetoric and Roman Law（《读故去的人的思想：希腊哲学，修辞学和罗马法》）以斯多葛学派和新学院派两个学派作为途径，将"遗嘱人意图"作为一个切入点，论述了希腊哲学和修辞学的引入与罗马法的繁荣之间的关联。作者的思路是：第一，首先简短地介绍一下在多大程度上能够将查士丁尼法典和西塞罗的修辞学和哲学著作作为来源。第二，总结一下对于"遗嘱人意图"的现代人的观点，以及斯多葛学派和新学院派在古代的知识理论。第三，描述现代人对"库里乌斯诉讼"的解释（第一个提到有关遗嘱人意图的案件）和斯多葛学派的认识论有关，并且和修辞的来源相对比。最后，分析四种从法典中找到的关于应对"遗嘱人意图"的解释回答。总结即使罗马法学家没有发展出一个关于"遗嘱人意图"的空白理论，如果他们解决法律问题的时候追随的是一个特定的哲学学派，就像那些不明晰的意向所引发的一样，这更像新学院派而不是斯多葛学派。作者将"遗嘱人意图"这一理论作为研究视角，通过微观的方式探寻了希腊哲学、修辞学对罗马法的影响这个宏观问题。

2. 西塞罗法律修辞学的运用及影响

理查德·布鲁克斯（Richard O. Brooks）编著的 Cicero and Modern Law（《西塞罗和现代法》）主要是将与"西塞罗与现代法"主题相关的研究收录形成论文集，编者选取文章的目的是希望将20世纪末的美国社会状况和罗马共和晚期的社会状况进行对比性分析。编者认为，罗马共和晚期（也就是西塞罗时代）是罗马帝国走向衰落的开始。美国社会现在所存在的社会问题与共和晚期罗马所存在的矛盾与危机十分相似，统治阶层狭隘、自私，并且盲目，忽略了他们时代的罪恶，囤积自己的特权。西塞罗是罗马帝国走向没落的见证人。该书分7个部分进行论述，分别对西塞罗的生平和著作、罗马法和修辞实践、西塞罗的著作、西塞罗的思想方法、共和的倒塌和西塞罗的离去、西塞罗对西方文明的影响以及西塞罗与现代政治、法律和修辞思想共7个部分进行了介绍。

格里尼奇（A. H. J. Greenidge）的著作 The Legal Procedure of Cicero's Time（《西塞罗时期的法律程序》）通过民事、刑事法律程序两个方面将西塞罗时期的程序法完整地呈现在了我们的眼前，并以西塞罗的作品为材料对这一时期的法律程序予以解释和印证。在文末还选取了4篇西塞罗的演说词进行了程序法上的分析。当代学者了解共和晚期（特别是西塞罗所处历史时期）的程序法具有积极意义，同时也为更深刻地理解西塞罗的案件提供了有力的支持。亨利·约翰·罗比（Henry John Roby）著作 Roman Private Law in the Times of Cicero and of the Antonines（《西塞罗和安东尼时期的罗马私法》）分为上下两卷，第1卷主要论述了西塞罗至安东尼这一时期罗马私法中的公民权和身份、家庭、继承、财产。第2卷主要以债法和程序法作为论述对象。可以说，这是一部内容十分丰富且全面展现罗马共和晚期法律图景的私法史，将西塞罗至安东尼时期的罗马私法完整、真实地呈现在读者的眼前。吉尔·哈里斯（Jill Harries）的著作 Cicero and the Jurists ——From Citizens' Law to the Lawful State（《西塞罗和法官——从市民法到法治国家》）的主要观点是论述西塞罗和其同时期的法学家们对罗马法的完善，从市民法到法治国家这个过程中的贡献。论述的内容包括，通过对西塞罗辩护词中的案件的研究来论述法官和法学家对于罗马法发展的重要意义，其中细致地讨论了法和法律的定义、法学家和法学的关系、公法和私法的定义、《十二表法》、法律和传统、法律的传统以及论争中所使用的方法、西塞罗的论题学、先例在审判中的运用、祭祀的法与公法、法学家和风俗习惯、法律和共同体、修辞学。主要论证了西塞罗和其同时期的法学家对于罗马法发展和体系化的贡献。

由保罗·普莱西斯（Paul J. du Plessis）编著的著作 Cicero's Law: Rethinking Roman Law of the Late Republic（《西塞罗的法律：回顾共和晚期的罗马法》）是一部研究西塞罗所处的共和晚期法律的论文集。是将研究西塞罗的部分论文予以收录，并按照几个大类区分研究领域，其中包括了法律类 3 篇论文，主要包括西塞罗有关哲学和修辞学的研究；律师类 4 篇论文，包括对西塞罗所处时期的法学家对罗马法律形成的贡献；法律实践类 4 篇论文，主要是对罗马共和晚期的法学家通过修辞学等方法对法学体系形成的促进作用的论述。约阿西姆·克拉森（C. Joachim Classen）的论文 Cicero, the Law and the Law-Courts（《西塞罗，法律和法院》）的思路是，探讨在共和晚期马略和苏拉内战、庞培和恺撒争夺、法律变化迅速的复杂时代背景之下，西塞罗对法律和法院的观点和看法。作者首先简要地勾勒出了西塞罗《论共和国》《论义务》关于法律的理论观点，然后解释西塞罗在法庭中的实际表现，总结作者在西塞罗演说词中发现的西塞罗关于法律的观点。

沃尔特·丹尼森（Walter Dennison）的论文 The Roman Forum as Cicero Saw It（《西塞罗看到的罗马法庭》）主要对西塞罗所处历史时期的法庭进行描述，通过图片、示意图和文字三方面并结合历史背景来对西塞罗时期法庭的结构及功能的变化进行论述。约翰·默雷尔（John Murrell）的著作 *Cicero and the Roman Republic*（《西塞罗与罗马共和》）在前言中谈道："西塞罗的作品比同时期罗马其他作家的作品要多，我们对共和晚期罗马历史的了解相比其他历史时期来说要多得多，也正是由于这一原因，很多的知识都是从西塞罗那里得来的，他那类型迥异又多产的作品带我们了解到了罗马生活的方方面面（政治、宗教、演说术和哲学）。"该书以西塞罗作为全书的主线，主要目的在于引导读者了解并掌握西塞罗与共和晚期的罗马历史。书中不仅穿插了大量历史图片，还在每个章节的后面设置思考问题，引导读者思考阅读。全书由 12 个章节组成，以西塞罗一生的经历为线索，分析论述了他的出身、教育、成为律师、步入政界以及共和晚期内战和独裁，将西塞罗个人的经历与罗马共和晚期的历史有机地结合在一起，并呈现在读者面前。但本书偏向于历史性的介绍论述，缺乏对共和晚期罗马政体和法制的归纳性思考。另外，同类型的也是讨论西塞罗和罗马晚期共和制度的著作包括，托马斯·威德曼（Thomas Wiedemann）的 *Cicero and the End of the Roman Republic*（《西塞罗与罗马共和国的终结》）。该书的作者对罗马共和晚期的真实状态进行了刻画，认为包括西塞罗在内的共和晚期的执政官们并不存在不受约束的权力，而且并不能从自己的任职中为自己谋得个人利益。该书从共和晚期的政治和文化背景入手，通过西塞罗的演讲、哲学、修辞学著作观点来回望共和晚期最后六十年的罗马共和体制和权力斗争，对于了解共和晚期的共和政治和西塞罗的一生具有重要意义。

3. 探讨罗马时期法律修辞学思想的研究文献

针对国外对罗马时期法律修辞学思想的研究文献可以通过

两种方式加以介绍：一种是在论述整个修辞学发展史的同时用其中的一个部分专门介绍和讨论西塞罗修辞学的内容、意义与影响，另一种是专门针对西塞罗修辞学的研究。

其中，第一种方式里最具有代表性的著作是西方研究古典修辞学的权威乔治·肯尼迪（George A. Kennedy）教授的著作 *The Art of Rhetoric in the Roman World*：*300BC–AD300*（《罗马世界中的修辞学艺术——公元前300年至公元300》）。这本著作是（*The art of Persuasion in Greece* 《希腊的说服艺术》）的姊妹篇，重点阐释了公元前300年至公元后300年期间罗马修辞艺术的发展。其中，作者用第二章和第三章两章的内容对西塞罗有关修辞学的理论、著作、演说词进行了介绍。其中涉及的内容包括：希腊化因素对于修辞理论的补充，以及西塞罗的著作《论发现》《献给赫伦尼》的理论来源。同时，还对西塞罗的演说及其他著作进行了介绍，包括他任执政官期间的演说、《为米罗辩护》《布鲁图斯》《论演说家》《对恺撒的演说》以及其哲学著作。

乔治·肯尼迪教授的另一代表著作是 *A New History of Classical Rhetoric*（《古典修辞学新史》）。他的这本著作全书分为13个章节，其中详细介绍了从希腊直到中世纪期间的古典修辞学发展历史。其中的第七章专门对西塞罗及其修辞学思想进行了介绍，内容分别介绍了西塞罗在公元前81年至公元前56年之间的西塞罗演说词，以及《为米罗辩护》及晚期的演讲，还对西塞罗的著作《布鲁图斯》《论演说家》进行了介绍。

另一种研究方式是专门针对西塞罗的修辞学进行研究，针对其演说词进行修辞学意义上的分析。主要包括以下文献：

斯蒂尔（C. E. W. Steel）的 *Cicero*，*Rhetoric*，*and Empire*（《西塞罗，修辞和帝国》）主要由5个章节组成，通过西塞罗代理

的案件来反映罗马共和晚期的真实政体运转状况和政治制度，将西塞罗代理的案件分为几个大类进行阐述。其中第一个大类涉及罗马共和时期的行省问题并结合西塞罗代理的在行省的有关贪污贿赂犯罪的演说词，如《控威尔瑞斯》；第二大类涉及罗马的公民权问题，提及的演说词是《为阿尔基亚辩护》《为巴尔布斯辩护》；第三大类涉及共和国宪政问题，结合的是西塞罗的《关于任命庞培的演说》《关于给卸任执政官指派任职行省的演说》；第四个部分，通过西塞罗的演说词与西塞罗的职业生涯之间的关系论述了作为伟大人物的雄辩家的形象。最后一个部分，帝国语境。本章主要是结合共和晚期的时代背景对西塞罗著作中的小加图、恺撒、庞培进行分析，介绍了一些西塞罗的著作，如《论义务》。作者主要是将共和晚期罗马的社会背景与西塞罗的演说词的相关内容予以印证，用修辞学的方法对演说词中的内容予以分析，解读西塞罗是如何运用修辞手法对观众和法官进行说服的。

另外，保罗·迈肯德里克（Paul Mackendrick）的 *The Speech of Cicero—Context, Law, Rhetoric*（《西塞罗的演说——内容、法律和修辞》）正如该书的题目所言，主要选取了西塞罗的 19 篇演说词，并对每篇演说词分别从内容、法律和修辞三个方面进行分析和论述。对西塞罗作品（书中内容覆盖了西塞罗 85% 的作品）的内容有一个详尽的总结，并从历史背景和修辞学方面对演说词的内容予以分析。第一章对西塞罗的一生做了一个简短的介绍，从第二章开始就是对演说词的逐篇分析，并且遵循了统一的论述形式，即首先对该篇演说词做总体上的介绍，其次是介绍演说词的内容及历史背景，第三章是演说词中的法律内容，第四章是演说词中的修辞。本书的最大贡献在于第四部分，即对每篇辩护词进行修辞学意义上的分析。

安德鲁·林格托（Andrew Lintott）的 *Cicero as Evidence—A Historian's Companion*（《作为证据的西塞罗———一个历史学家的指南》）在序言中提到，这本书的目的是通过阅读西塞罗而学习共和晚期历史，并向读者介绍西塞罗著作中可获得的各种不同的证据。书中的主要内容是通过对西塞罗演说词进行个案分析，并用修辞学的方法对西塞罗的书信也进行分析，试图还原当时的历史背景。例如，作者在对《为昆克修斯辩护》这一篇演说词的分析上，首先介绍了西塞罗是在什么样的情况下接手这个案件的，然后介绍了案件的性质、案件争议的起源，以及争议的延续，通过对文本内容的具体解读来分析案件。为了解西塞罗辩护词和共和晚期的历史提供了很好的参考资料。

克里斯多夫·克雷格（Christopher P. Craig）的著作 *Form as Argument in Cicero's Speeches——A Study of Dilemma*（《西塞罗演说中的论证形式———一种困境研究》）是通过修辞学的手法对选取的西塞罗的9篇演说词进行分析。本书的特点在于，作者认为之前对于西塞罗演讲词的评论包含了很多观察，这些观察是在具体段落中对其观众（因为受过修辞学训练所产生）期望的有说服力的利用。但是，从没有人以系统性的方式尝试解决这个问题。该书的目的是提供一个这样的系统性方法。该书作者的方法是选择一个论辩形式，就其古典的修辞术传统建立一个清楚的预期，接着去检验西塞罗在其演讲词中是如何将这些预期运用到说服观众上的，他的观众也受到了修辞学的训练。作者将这种方法运用到了对9篇演说词的分析之上。厄休拉·海博格斯（Ursula Heibges）的论文 *Religion and Rhetoric in Cicero's Speeches*（《西塞罗演说中的宗教和修辞》）对西塞罗演说词中的宗教和修辞学因素进行分析。通过分析西塞罗演说词中的具体内容来阐释其中体现的宗教和修辞学因素。

以下几篇文章都是对西塞罗修辞学中情感说服技巧的研究，乔恩·霍尔（Jon Hall）的著作 Cicero's Use of Judicial Theater（《西塞罗对司法剧场的运用》）从修辞学的角度出发，对西塞罗的演说词进行分析。该书由5部分组成：第一章古罗马的司法剧场——一些基本问题的思考；第二章一笔肮脏的生意——"丧服"在法庭中的运用；第三章骄傲而不乞求——法庭中的上诉和恳求；第四章法庭上的眼泪——眼泪是有用处的；第五章超越西塞罗的司法戏剧。该书通过对西塞罗在法庭辩护中所运用的情感说服技巧的分析，结合具体案件来进行评析。哈里·利昂（Harry J. Leon）的论文 The technique of Emotional Appeal in Cicero's Judicial Speeches（《西塞罗司法演说中的情感诉求技巧》）主要从修辞学的角度出发，谈西塞罗司法演讲中的情绪感染技术。通过西塞罗的演说词来分析其中情绪感染技术的运用，以及这种情绪感染技术在法庭审判中所起到的作用。耶日·阿克塞（Jerzy Axer）的论文 Tribunal-Stage-Arena：Modelling of the Communication Situation in M. Tullius Cicero's Judicial Speeches（《法庭舞台：西塞罗的司法演说中沟通情势的模型》），也是通过修辞学的方法来对西塞罗司法演讲中情感的运用进行分析，以及这种情感的运用在整个法庭诉讼中所起的作用。

4. 罗马时期的法律教育思想

格温·奥布里（Gwynn Aubrey）的著作 Roman Education from Cicero to Quintilian（《从西塞罗到昆体良时期的罗马教育》）主要从奠定古罗马文教理念和形式的两个人——西塞罗和昆体良——出发，以他们的著作中所蕴含的古罗马教育理念，结合共和晚期走向帝制初期的时代背景，论述了古罗马的教育思想，也同时阐释了这一时期的历史背景。作者对西塞罗教育思想的论述主要从其著作《论演说家》入手，认为这本著作并不是一本纯粹的修辞术手册，而是可以被称为演说家教育改革的蓝图，其中包含了大量西塞罗关于教育的理念。阐述了西塞罗的"博学演说家"理论。

格鲁伯（G. M. A. Grube）的论文 *Educational, Rhetorical and Literary Theory in Cicero*（《西塞罗的教育、修辞和文学理论》）将西塞罗著作中的《论发现》《论演说家》《布鲁图斯》等所涉及的教育、修辞和文学的理论和思想进行了阐述，并提到了西塞罗认为一名优秀的演说者应该具备的能力，包括哲学、历史学、法学甚至是自然科学的知识。西塞罗不仅仅有哲学成就，在演说、修辞学、教育方面也贡献突出。罗马是以什么样的方式培养出像西塞罗这样能够有效表达自己想法并且能够认识到罗马社会中存在的重要问题并且能够发现解决方法的人才的？这在很大程度上与西塞罗自身语言艺术的经验以及从希腊吸收的知识相关。

詹金森（E. M. Jenkinson）的论文 *Further Studies in the Curriculum of the Roman Schools of Rhetoric in the Republican Period*（《共和时期的罗马学校的修辞学课程的进一步研究》）指出，雄辩（declamation）的技术是罗马帝国时期修辞学教育的一个与众不同的特征。雄辩这个词被罗马修辞学校作为一个技术性的词汇作一般性使用。它是公民大会修辞术和法庭修辞术训练的顶点，并且指向了教师和学生在挑剔的观众面前传递和表达信息的特定方式。即便到了奥古斯都时代，修辞术丧失了其大部分的政治重要性，修辞训练成为一种不太严格的职业，修辞学校向普通大众开放，雄辩术也依然被认为是值得学生学习的。但是，它的训练和主题还是沿用了老的内容，只是在使用上更少地炫耀、更多地迎合了实际的生活需要。

克拉克（M. L. Clarke）的论文 *The Thesis in the Roman Rhe-*

torical Schools of the Republic（《罗马共和时期修辞学校的论争点》）一文研究"thesis"（论争点）在罗马共和时期的修辞学教育中扮演了什么样的角色。作者指出，共和晚期罗马修辞学教育的发展存在这样的趋势：从讨论一般问题转向讨论具体案例。

5. 罗马时期的论题学思想文献综述

鲁宾内利·萨拉（Rubinelli Sara）的著作 Ars Topica：The Classical Technique of Constructing Arguments from Aristotle to Cicero（《论题学：从亚里士多德到西塞罗构建论证的经典技术》）介绍道，本书是第一部研究论题学性质和发展的著作，主要论述了现代论证理论概念建立的先祖，亚里士多德与西塞罗论题学的发展。作者认为，亚里士多德和西塞罗将论题学设定为一种方式并且影响了接下来的传统，他们这种对传统的构建可以通过形式逻辑和修辞情感之间的理论加以解释。本书的作者通过探索他们之间的关系呈现出了一种综合的对待亚里士多德和西塞罗论题学的方法，这也将被遮蔽了两千多年的古代修辞和逻辑学展现在了人们面前。

特莎·利森（Tessa G. Leesen）的著作 Gaius Meets Cicero——Law and Rhetoric in the School Controversies（《盖尤斯遇上西塞罗——学派之争中的法律和修辞》）通过结合盖尤斯《法学阶梯》中所提到的关于萨宾派和普罗库卢斯学派的21项争议，试图论证两大学派的法学家通过运用西塞罗的《论题学》中的论证理论而得出不同结论所引起的学术争鸣。实际上，论题学推理是解释两大学派争论的关键因素，所要证明的是修辞学和论题学对于罗马法确实具有实质性的影响。

6. 研究指南类

研究指南可以大致分为三个类别：有关人物的研究指南、

某一理论的研究指南、某一历史时期的研究指南。有关人物的研究指南是对在历史或人类思想的发展进程中有突出价值和意义的思想者的相关研究文献予以归纳、整理、分类，并按照一定的主题加以罗列，结集成书的一种方式。某一理论的研究指南和某一历史时期的研究指南是关于这一理论的相关学界重要讨论的一种分类和集结，这种研究指南可以说是国外学术研究精细化的体现。

笔者找到的关于本论题的指南大概有西塞罗指南、修辞学指南和罗马历史时期指南三大类。通过文献搜索所获取的西塞罗指南有两种，分别是：The Cambridge Companion to Cicero（《剑桥西塞罗指南》）以及 Brill's Companion to Cicero: Oratory and Rhetoric（《布里尔的西塞罗指南：演说和修辞》）。

第一种是《剑桥西塞罗指南》，其中的内容由三部分组成：第一部分是希腊罗马的知识分子。这一部分主要介绍的是西塞罗的知识背景和他的修辞学、哲学、诗学及法学理论。第二部分是罗马政治，主要阐释的是西塞罗与罗马政治之间的关系，分别从西塞罗演说词、政治哲学理论、西塞罗对共和危机的处理等方面出发论述。第三部分是，西塞罗的影响，分别从帝制时期、古代晚期、文艺复兴这几个角度说明西塞罗在不同历史时代的影响和意义。

第二种是《布里尔的西塞罗指南》，这篇指南分为 21 个章节。大致可以分为三个层次：西塞罗个人的情况和所受教育、西塞罗的演说词研究以及西塞罗的修辞学研究。每个层次由几篇不同的文章构成。第一部分的文章主要是对西塞罗生平和职业生涯进行了论述；第二部分对西塞罗年轻时所接受的修辞学教育和各类性质的演说词分别进行了讨论；第三部分对西塞罗的修辞学方面的作品如《论演说家》《布鲁图斯》等进行了分析，侧重于对西塞罗修辞理论的研究。

另外，关于修辞学的指南有两种：

其中第一种是 *The Cambridge Companion to Ancient Rhetoric*（《剑桥古代修辞学指南》），这篇指南分为三个部分。第一部分是修辞学的考古，即从辞源、哲学等角度对修辞进行分析；第二部分是通过语言的角度来阐发对修辞学的理解；第三部分是通过实践的角度来理解修辞学。每个部分都用几篇围绕这一部分主题的文章进行解读。

第二种是 *A Companion to Roman Rhetoric*（《罗马修辞学指南》）。这篇指南所针对的主题是罗马的修辞学，全书由5个部分组成。首先探讨了对修辞学的概括性认识，从古希腊哲学对罗马的影响、本土的罗马修辞学以及西塞罗之前的罗马演说的角度对修辞学进行概括性的阐发。第二部分主要是从修辞与当时的罗马社会背景、政治等因素的角度来对罗马修辞学进行解释。第三部分是体系化的修辞学，文章主要论述的是罗马修辞学所包含的要素，记忆、机智、幽默等因素对修辞的作用。第四部分讨论的是修辞与演说者之间的关系，其中有两篇文章是以西塞罗为主题展开的讨论，分别是作为修辞学家的西塞罗和作为演说家的西塞罗。最后一个部分，修辞与罗马文学，主要讨论修辞学对罗马文学的意义。

针对罗马历史时期的指南有三种。第一种是 *A Companion to the Roman Empire*（《罗马帝国指南》）。这篇指南主要是通过罗马的行政管理组织、社会和经济生活、智识文化生活，宗教等多个侧面对这一时期的历史进行阐释。第二种是 *The Cambridge Companion to the Roman Republic*（《剑桥罗马共和国指南》）。这篇指南主要通过罗马政治和军事的历史、罗马社会、罗马文化、罗马帝国的影响等几个方面来对罗马共和时期的历史进行解读。

第三种是 A Companion to the Roman Republic（《罗马共和国指南》）。这本指南由 7 个部分组成。第一部分是序言部分。第二部分主要是通过几篇文章以叙述的方式对罗马从建国到共和时期的历史进行系统阐述。第三部分是"公民结构"，主要论述了罗马共和时期的法律、宪法、军队状况。第四部分和第五部分涉及的是社会和政治文化，第六部分和第七部分涉及的是罗马共和时期的艺术、建筑、文学以及关于这一时期历史的一些争议性问题的讨论。罗马历史时期的指南为我们研究西塞罗及其对罗马法的影响这一主题提供了丰富而详实的背景性资料，是研究的重要前提和基础。

7. 小结

国外研究的突出特点在于较为全面且精细化，对古罗马时期法律修辞学的研究主要以西塞罗法律修辞学为着眼点。例如，西塞罗的生平、西塞罗的教育观念、西塞罗的演说词研究、西塞罗的修辞理论研究、西塞罗著作透露出的法律观念及西塞罗对后世的影响等诸多方面。精细化的特点表现在：对于上面所提到的各个领域，都深入研究到了比较细致的方面。例如，在讨论西塞罗的演说词的时候，能够精细化到对其演说词逐篇的分析和探讨，同时对修辞学的探讨也细致到了西塞罗的每本修辞学著述中。相比于国内研究更关注西塞罗的自然法思想、宪政观念，国外的研究更注重从个案出发进行研究。例如，通过案例分析的手法进行，选取西塞罗演说词中的某一篇章进行深入、细致的修辞学意义上的分析。这些深入且细致全面的研究资料，为我们的学习和研究提供了重要的参考和指引，也是本书学习和研究不断向前的动力。

但是，正是这种细致入微的学术风格，使得国外的学者对于宏观体系上的构建性内容不太关注。例如，缺少整体上对西塞罗法律修辞学的把握和构建，没有专门和系统化地研究西塞罗的法律修辞学对罗马法律科学和方法论因素发展的影响。

（二）国内研究综述

1. 关于罗马时期自然法和共和宪政思想的研究文献

余友辉教授的博士学位论文《西塞罗修辞性政治哲学研究》从修辞学的角度出发研究西塞罗的政治哲学，讨论了修辞学与古典政治哲学的关系，认为西塞罗的政治哲学继承了希腊传统修辞学的观念，强调修辞学对政治所具有的重要构建意义，并通过"人性政治论""习俗政治论""自由政治论"阐释了修辞性政治哲学的主要观念。其次，对西塞罗自然法思想的研究文献主要包括：齐延平的《论西塞罗理性主义自然法思想》，张薇薇、方小雄的《论西塞罗的自然法思想》，谭建华的《论西塞罗的自然法思想》。这几篇文章都是从自然法的角度对西塞罗的思想进行阐释，阐述的内容大体从如下角度展开：自然法是实在法的制定原则，是正义的天平，是万民法的理论源泉，是实在法批判的依据，而这种自然法理论是在吸收了古希腊哲学尤其是斯多葛学派自然法思想的基础之上形成的，是西塞罗思想的核心内容，对罗马法的发展具有重要影响。

除了西塞罗的自然法思想之外，国内学者关注得比较多的另外一个方面是西塞罗的共和宪政理论，其中具有代表性的文章包括：陆霞的《试西塞罗的共和法治思想》，阮芬的《从〈论共和国、论法律〉中看西塞罗的共和思想》，以上文章主要探讨的是西塞罗的君主、贵族和平民三因素的混合政体理论，西塞罗对以什么"法"统治的阐述，以及西塞罗对于维护罗马晚期共和制的重要意义。阐述的角度主要是从西塞罗的著作《国家篇》《法律篇》等较具有代表性的著述出发。

2. 关于罗马时期法律修辞学思想的希腊源流的研究文献

徐国栋教授的《共和晚期希腊哲学对罗马法之技术和内容的影响》一文，主要研究了古希腊的文化是如何对罗马法学产生影响的，阐释了西塞罗的 *Topica* 一书对于将古希腊普通逻辑学转化成罗马法律逻辑学具有重大意义，并认为西塞罗是将古希腊哲学传送到罗马并将之罗马化的重要人物。希腊哲学因素分别从技术和内容（形式逻辑和普通意义上的哲学）两个方面促进了罗马法的科学化，大陆法系中存在古希腊因素的重要影响。舒国滢教授的《罗马法学成长中的方法论因素》主要论述罗马法学家对罗马法的形塑作用以及古希腊哲学、辩证法与修辞学对罗马法的影响。作者认为，古希腊辩证法主要通过"属"和"种"的区分与综合方式使罗马法学转型为体系性科学，通过修辞学和论题学解决了罗马法中的"难题"类问题，对于促进规则法学起到了重要作用，并影响了后期罗马法中的两大学派——萨宾学派和普罗库鲁斯学派——之间的论争，促进了罗马法学的繁荣。

舒国滢教授的《追问古代修辞学与法学论证技术之关系》一文主要论述了古代修辞学方法与法学论证技术以及法学成长之间的关系，并考察了西塞罗的修辞论证步骤和亚里士多德之论题学技术及"争点论"等内容。作者认为，以西塞罗为代表的修辞论证方法及辩证法思想影响了罗马法学的发展，是认识古典时代的罗马法学及后期学派之争的关键因素。舒国滢教授的《西方古代修辞学：辞源、主旨与技术》主要探讨了"修辞学"一词的辞源。从汉语、希腊语等词源上分析该词的构成及历史演变，辨析了"修辞学"一词的概念之争，并探讨了"修辞学"与"辩证法"之间的关系。通过叙述的方式、观众的组成，讨论话题的范围等三个方面对两者进行了区分，并在文中提到了西塞罗对修辞论证五大步骤的解释,对五大步骤之一的"论题学"进行了重点介绍,认为"论题学"一词的发明可以追溯至西塞罗,对西塞罗的著作《论题学》进行了介绍。本文论述的重点在于对"修辞"这一概念的考证和厘清,在谈到修辞论证步骤和"论题学"的时候重点对西塞罗的观点进行了介绍。

舒国滢教授的论文《"争点论"探赜》主要介绍了公元2世纪希腊修辞学家赫玛戈拉斯的"争点论"理论。其属于修辞理论范畴,介绍了赫玛戈拉斯提出的四种"逻辑问题"及"法律问题",并介绍了后期西塞罗等人对他的"争点论"的发展,但后期对该理论进行发展的重要代表人物是赫摩根尼斯,在修辞学发展史上有重要意义。

3. 关于罗马时期西塞罗的修辞学思想及其与罗马教育关系的研究文献

胡传胜教授的《公民的技艺——西塞罗修辞学思想的政治解读》,以修辞学为切入点,分析了西塞罗的主要修辞学著作,并对《论演说家》和《布鲁图斯》进行重点探讨,随后通过对西塞罗修辞实践的讨论还原罗马政治论辩的现场。其中又分为西塞罗的演说实践和喀提林阴谋中的修辞策略两个方面。笔者认为,作者对西塞罗演说词修辞运用的分析还略显单薄,对于史实的铺陈和案件本身的介绍过多,对于修辞学如何在案件中运用介绍不够,修辞学实践运用的内容还可以更加细致。

从徐国栋教授的《修辞学校在罗马的兴起与罗马的法学教育》中,我们不仅仅可以看到修辞学从希腊传入罗马的过程及修辞学来到罗马后的发展,更重要的是可以看出修辞学与罗马法学的紧密联系。修辞学教学其实也是法学教育的一部分,并以辩护词的写作为中心,这种客观上旨在培养律师的法学教育对于罗马法后期的影响意义重大。

徐国栋教授的《古罗马的法学教育及其案例法》将古罗马的法学教育分为三个阶段——私塾教育阶段、私立法律学校阶段、公立法律学校阶段。介绍了每个阶段的教学内容,学校的课程设置情况及学校所用教学材料,案例法对于法学教育具有深刻的影响,并将兰代尔教学法与罗马的案例教学法相互对比和区分。

徐国栋教授的《演讲与罗马的法律生活》论述了演说术在罗马的地位,通过西塞罗对演说重要性的论述,阐述了演说对于罗马社会和有政治抱负者的重大意义。作者通过西塞罗的《论演说家》一文中对罗马人公共生活的概括,将进行法律演讲的地点分为集议场、法庭、宣讲坛和元老院会堂,并分别进行了介绍。演讲的场合也根据不同的地方分为市民大会、元老院会议、法庭、葬礼,根据场合的不同,演讲的内容也会做适当调整,对西塞罗所做的控告演说和辩护演说进行了介绍。

4. 关于罗马时期论题学的研究文献

论题学思想是西塞罗法律修辞学思想的一部分。国内对西塞罗论题学进行深入研究的学者主要有厦门大学的徐国栋教授和中国政法大学的舒国滢教授。徐国栋教授对论题学研究的成果主要包括:徐国栋教授将西塞罗的"Topica"翻译为中文《地方论》,为国内学界研究西塞罗的"Topica"做出了重要贡献。他在《地方论》的译者按中对西塞罗《地方论》的重要价值及对后世的影响进行了论述,并认为它是一个修辞学-法学文本和逻辑学文本。此外,徐国栋教授还对《地方论》所涉及的法律问题做了专门的分析。作者透过对西塞罗《地方论》文本内容的解读,探析了其中所蕴含的法律问题,并将之归为三类进行分析,分别是法学基础理论(法的定义、起源、自然法等)、民法(人法、亲属法、继承法等)和其他(罗马刑法、国际法、诉讼法等)三个部分。让读者从修辞学之外的角度对《地方论》一书有了全新的认识。与此相关的是他的专著《地方论研究——从西塞罗到当代》。在本书中,作者首先展示的是西塞罗《地方论》的拉丁文本和徐教授自己翻译的中译本,接下来作者分三个部分进行论述,分别是西塞罗《地方论》研究、西塞罗之后至中世纪的地方论研究、近现代地方论研究。通过对这三个纵向维度的分析让我们对《地方论》的内核和纵向历史发展有了一个明晰的认识。特别是第二部分的内容,非常细致、详实地将《地方论》与修辞学、法律问题、修辞教育、法学家的实际运用等多个方面结合起来,在国内学界具有开创性意义和重大参考价值。接下来则是对西塞罗之后的《地方论》研究情况和代表人物进行了细致梳理,对国内研究论题学具有导向作用。

同时,徐国栋教授还对论题学发展趋势进行了阐述,在《从"地方论"到"论题目录"——真正的"论题学法学"揭秘》一文中,作者主要对16世纪以来,学者们对"Topica"概念的新发展做了介绍,使得发生了从"地方论"到"论题目录"的转变。代表性的有荷兰学者阿格里科拉、尼古拉斯、埃维勒尔茨,德国学者奥尔登多尔普,将论题学结合实际和教学所需进行"论题目录"转变的理论发展。作者还认为,论题学法学并不像一些学者所宣称的那样已经死亡了,而是仍然具有生命力,可以加以适用的。要清楚辨析"Topica"一词在不同时代背景之下的不同含义,不能将"Topica"与论题学一词等同起来。

除此之外,他还对两名国外学者(雷森和菲韦格)对西塞罗"地方论"的运用进行了对比,论文题目是《两种"地方论"（Topica），哪个是真的？——当雷森遇上菲韦格》。正如标题所言，作者对雷森和菲韦格论述"地方论"的著作的内容及方法进行了分析比较，得出的结论是菲韦格分析的是体系，针对的范围较大，雷森分析的是推理方法，针对的范围较小。作者认为，雷森的方法是真正的"Topica"，而菲韦格则是将地方论与决疑法相等同了。同样也是对比较方法的运用，徐教授在《帕比尼安在其〈问题集〉中对地方论的运用——当巴布西奥遇上雷森》中以帕比尼安的《问题集》为切入点，以瑞士学者巴布西奥和荷兰学者雷森对地方论的不同理解为视角，将两者运用地方论对《问题集》的不同理解为手段，使读者更加深入地了解到了两名学者对于地方论的不同切入点。巴布西奥利用的是亚里士多德的地方论，而雷森则运用的是西塞罗的地方论，所以导致针对同一对象产生了不同视角。雷森从微观论证中运用地方论，而巴布西奥运用的是中观论证而且将重点放在前提的寻找上。通过对两本著作的比较分析，使读者对地方论的含义有了确切的认知。

舒国滢教授对《论题学》的研究也十分广泛：舒国滢教授翻译的《论题学与法学——论法学的基础研究》，作者菲韦格是"美因兹学派"理论的重要代表人物。该书主要依据作者所理解的论题学的思考方式考察了论题学与古罗马市民法的论证技术、中世纪晚期意大利注释法学派的评注方法与17世纪德国哲学家莱布尼茨的"化合术"等之间的关系。在文中也将亚里士多德的论题学和西塞罗的论题学予以区分，相比较而言，亚里士多德更加关注的是理论建构，而西塞罗所关心的是已经构建的论题目录的应用。亚里士多德更加关注的是论证的理由，而西塞罗更加关注的是论证的结果。作者主张从论题学的意义上来理解法学，在修辞学界和法学界产生了广泛而深远的影响。

除了上述译著外，舒国滢教授对论题学思想以一系列论文的形式进行了研究。《寻访法学的问题立场》主要论述了法学所具有的实践性学问性格，决定了法学的论题学取向，将人们的视线从法律公理体系拉回到论题学的视域中。他认为论题学在法学中的运用实际上是一种视角的回归，是一种被科学话语所遮蔽的法学范式。以这种视域的回归作为开端，舒教授对论题学领域进行了一系列探讨。

首先，《走进论题学法学》揭示了知识论上的革命带来的是法学的修辞学知识的逐渐丧失和形式逻辑的取代，但实际上论题学法学携带的是一种法的实践知识的性格。与经院派和公理方法派相比，它更侧重于将法学的论辩带入真实的社会生活思考之中，更有利于达成法学领域中的理性共识。同时，还介绍了菲韦格论题学的思想主旨，让我们对修辞论题学有了一个概括性的认知。在对亚里士多德与西塞罗的同名著作《论题学》进行分析和对比的论文《论题学：从亚里士多德到西塞罗》中，作者探讨了西塞罗的《论题学》的写作背景及思想，还对其意义和价值进行了评说。同时，分析和论证了论题学的性质和对象，还探讨了修辞学与论题学两者之间的联系，并分析了修辞学意义上的开题术。在对西塞罗的论题学思想进行专门分析的论文《西塞罗的〈论题术〉研究》中，作者主要阐释了《论题学》的写作背景及其基本思想，指出西塞罗将论题分为两类，分别是附属于（内在于）当下所讨论的主题本身和来自外部的论题。而后又对这两者进行了细分，将第一类论题又细分为"来自整个主题或主题的组成部分或来自主题的名称"的论题和论证，以及"与所讨论的主题相关的事情"的论题和论证。通过这种分类让读者清晰地了解了《论题学》的结构和实质内容。

同时，舒教授还将与论题学容易混淆和难以区分的修辞学和辩证法的概念进行了区分和厘清，《论题学：修辞学抑或辩证法？》主要探讨了论题学与古代修辞学、辩证法之间的关系问题，并对"辩证论题学"与"修辞论题学"进行了区分。认为亚里士多德《论题篇》中的论题学属于"辩证论题学"。而亚里士多德《修辞学》中的论题学则属于"修辞论题学"，并对西塞罗的《论题学》的性质进行了界定，认为它是属于一定程度上含有杂糅性质逻辑成分的（法律）修辞学著作，属于"修辞论题学"的范畴。得出的结论是，由于西塞罗的《论题学》试图将论题学的技术在罗马法的论证之中予以运用，我们甚至可以将其认定为一部"应用论题学"或者"实用论题学"著作。

5. 关于"西塞罗案件"的研究

徐国栋教授的论文《罗马共和宪政的回光返照——西塞罗案件评析》以西塞罗案件为切入点，对西塞罗参与并主导的"卡提林纳阴谋"一案进行了回顾，并对随后的西塞罗因此案件而受到放逐而后又被召回的历史史实进行描述。论述了这两个案件中所涉及的罗马宪法问题，展现了共和晚期罗马的宪政生活。此外，由徐国栋教授主编的《罗马法与现代民法》的主编絮语这样讲道："西塞罗是当时的大律师，终其一生，他共当过15个案件的律师，其中刑事案件12个，涉及国籍的行政案件2个，民事案件2个。他还充当过5个刑事案件的控告人。他承办这些案件的'辩护词'或'代理词'以及'起诉书'大多流传下来，阅读它们并加以总结，可帮我们研究共和晚期罗马的诉讼制度。"在这本书中，我们看到了徐国栋教授团队的研究成果，对西塞罗辩护词中的8个案件进行了分析探讨。它们分别是：李文胜的《后苏拉时代谋杀与投毒罪刑事诉讼模式探微——以西塞罗为克鲁恩求斯辩护为中心》、肖俊的《西塞罗时期选举贿赂罪的立法与审判——以〈为穆莱纳辩护〉为中心的分析》、汪琴的《古罗马搜刮钱财罪诉讼的几个问题——以 C. 拉比流斯·波斯图穆斯案为例》、蒋军洲的《由私向公的搜刮钱财罪诉讼程序及西塞罗的革新——以西塞罗第一次控告韦雷斯为中心》、尹春海的《从米罗案管窥罗马共和末叶的刑事法性格》、张恺丰的《西塞罗为绥克斯图斯辩护评介》、吴文珍的《西塞罗为利伽流斯辩护——在政治与法律之间的刑事辩护术》、高丰美的《罗马共和时期勒索罪及其审判程序探微——兼评小斯考鲁斯勒索案》。可以说，这在国内学界有关西塞罗辩护词的研究中是首开先例的。从个案的角度出发，结合共和晚期的刑法和刑事诉讼法，对西塞罗担任律师和公诉人时所涉及的部分案件进行深入的分析，尽管每篇文章的角度不同，但我们仍能从这些文章中了解到共和晚期罗马刑法和刑事诉讼法的概貌。

在该书的主编絮语中，我们还可以得知，除了该书收录的 8 篇有关西塞罗的论文之外，还有两篇论文因为参加 2007 年在南昌举行的外国法制史研究年会而未被收录，分别是齐云的《对西塞罗〈为弗拉库斯辩护〉的分析——以搜刮钱财罪考察为中心》、李飞的《授予同盟者居民市民权的法律博弈——巴尔布斯案件评析》。

除了对西塞罗案件的专题讨论之外，徐国栋教授还用专门的篇幅讨论了西塞罗的《地方论》中的修辞学与罗马诉讼之间的关系问题，篇名为《西塞罗地方论中的修辞学与共和时期罗马的诉讼》。该文首先对"修辞"这一词的词源进行了追溯，认为修辞学是与司法相关的演讲之道。对西塞罗《地方论》的基本结构进行了剖析，对《地方论》序言陈述的真实性进行了探究，并认为西塞罗的《地方论》与亚里士多德的同名著作相去甚远，对主题的论述也相异。对几个主要问题的论述西塞罗采取了斯多葛学派的理论。最终得出的结论是:他的《地方论》中的前18节(6-24)的内容早在11年前的作品《论演说家》中就发表过。而后,作者对西塞罗的"地方"中所包含的三个方面进行了深入、细致的阐释,对西塞罗的问题理论及与地方理论两个问题进行了探究。先阐释了什么是问题,对相应的问题,用恰当的地方予以解决给予了回答。从这篇文章中我们可以对西塞罗的《地方论》有一个清晰、明确的认识,并对由此对其与罗马法学之间的关系、与诉讼产生的关联有了明确的认识。

6. 小结

通过上述关于西塞罗法律修辞学思想及对罗马法的影响的研究文献,我们大致了解了国内关于该问题的研究内容和发展趋势。笔者认为,主要呈现出以下特点:

从研究角度和侧重点上看,对"西塞罗"的研究往往从自然法、共和法治等思想史角度出发的居多。而对其法哲学角度的观察,特别是对其修辞学、论题学的研究者除了徐国栋、舒国滢两位教授有过比较系统性的研究之外,其他研究者几乎很少涉及。

从研究内容上来看,近年来,法学界提及西塞罗时均经常论及"修辞学"这个词,但是绝大部分关于这一术语的讨论均是不清晰和模糊的,对修辞学对罗马法发展所产生的影响的研究就更少了。

从研究主体的角度看,学界现在的研究较多地从"古希腊哲学因素"这种概括的层面上谈其对罗马法的影响,而缺乏对古希腊罗马哲学因素在罗马的实质载体(西塞罗)及其影响的介绍。较少有学者将西塞罗个人作为一个窗口,从他的著作、思想,并结合共和晚期的时代背景对修辞学思想从一个体系化的角度进行分析和论证，探讨修辞学对罗马法内容及罗马法律科学及内在的方法论因素构建的重要作用。

三、主要内容与基本思路

本书论述围绕法律修辞学的内涵及其对罗马法的独特价值和意义。论述的重点在于法律修辞学思想在罗马共和晚期这一特殊的历史时期对处于复杂历史背景之下的罗马法产生了何种影响，以及其对罗马法律科学发展和其内在的方法论因素构建的意义。

本书首先将界定法律修辞学的含义、特点、功能，接着梳理法律修辞学在古希腊的起源和古罗马的发展。随后，以西塞罗为视角，围绕法律修辞学的理性说服和情感说服两个重要方面展开论述，并通过古罗马视域下法律修辞学中这两个部分在法律场景中的运用条件和具体展开方式加以阐释，后面讨论法律修辞学对罗马立法、宪制和司法裁判、罗马法学教育等方面的影响。具体而言，共和晚期到帝制时期，罗马法完成了从"规则"到"体系"的重大转变，更具科学性。初步建立起科学体系之后，罗马法迫切需要的是寻求罗马法的内在合理性，得以维系罗马法的内在张力和活力。而这种内在合理性是通过对罗马法进行解释实现的，这种解释正好借助了修辞学这一途径来进行，通过修辞学将衡平的精神和观念融入法律，起到调节和补充作用，使罗马法更具合理性。

笔者认为，法律修辞学思想塑造了罗马市民法和自然法的内涵，赋予了罗马宪制与众不同的特点，通过判例和论题学方法对罗马法律科学和方法论因素的发展产生了重要的推动作用，并为后期罗马法的体系化、科学化打下了坚实的基础。

四、研究方法与支撑材料

本书主要采取文献分析的方法进行研究。本书将对古罗马时期西塞罗的《论发现》《布鲁图斯》《论演说家》《论题学》等修辞学著作以及其在法庭上所发表的演说词进行分析,并对盖尤斯和优士丁尼的《法学阶梯》等文本进行分析,以展示法律修辞学思想对罗马法发展历程的推动性意义。

本书在支撑材料的选取上,选取了西塞罗演说词的文本,王晓朝教授翻译过来的中译本基本涵盖了西塞罗所有演说词的内容,有刑事案件、民事案件的辩护词,也有作为公诉人的公诉意见,还有纯粹的政治性演说,可以说较为完整地反映了西塞罗演说词的全貌。通过运用法律修辞学中的情感说服和理性说服理论,对西塞罗演说词中的具体篇章进行分析,试图展现法律修辞学是如何在演说词中具体对情感说服和理性说服进行实践性运用的,是如何影响罗马法律科学的发展的。

除了最为关键的演说词文本之外,西塞罗的《论题学》《论演说家》《布鲁图斯》等著作也从理论上对其法律修辞学的思想从不同层面进行了构建,《论题学》可以说是一种寻找论题、论证的方法,这种寻找的过程实际上构成了修辞学五大组成部分之一,即"发现"的重要方法。《论演说家》以谈话的形式对修辞学中的诸多问题进行了探讨。《布鲁图斯》介绍了演说术在罗马的发展历程,基本上可以视为一部罗马的学术史。

五、本书相关问题的限定

(一)修辞学与法律修辞学

法律修辞学本身就是一门交叉性质的学科,它是法学和修辞学的结合。在最初修辞学产生的时候就与法学有着密不可分的联系。德国学者维腾贝格尔认为,在古代法学就被视为修辞学科。美国的列维等认为,法律与当代修辞学同根同源,这种根源现在被称作法庭修辞学。学习法律与学习修辞学是并立的,

法律修辞学对罗马法律科学的影响

文法学习、修辞学习和法律学习之间的联系是不言而喻的。[1]古希腊"七艺"中,修辞学就是其中之一,而当时的法学则没有完全独立出来成为一门专门的学问,法学被作为修辞学运用的一个领域。但是,法学只是西塞罗修辞学的一个主要的运用领域,而不是全部。修辞学本身是一门言说的艺术,这种艺术注定了它必定会有其他的应用领域,例如文法学(语法学)、诗学、文学、书信等。本书研究所限定的研究内容是古希腊罗马时期修辞学在法学领域中的应用。

古希腊罗马时期的法律修辞学是一种以公众为对象进行说服的技艺,它发挥作用的地方经常是公民大会或者法庭。因此,这一时期的修辞学发挥作用是与法律密切联系在一起、不可分割的。修辞学是那个时代罗马法的一个重要组成部分,是法律人乃至普通民众法律生活不可或缺的东西。对于罗马法,我们万不可以从现代实证主义的法律观角度来理解它,以为罗马法只是有权机关制定的具有强制约束力的规范。而是应该在一个广阔的视野下理解它,就像那个时代的罗马法人自己理解其法律那样。执政官、保民官等官员的选任、婚姻的合法、遗嘱继承、公民资格、元老院的权限、对盟邦和蛮族的战争与和平、公敌和叛国等都是法律问题。西塞罗的演说词和《论演说家》等集中展现其修辞学思想的著作中我们可以看到修辞学发生作用的场合,都是围绕着对这些问题的解决。可以说,古希腊罗马时期的修辞学本身就具有很强的法律意味。离开了法律所设定的背景、程序和条件,这一时期的修辞学便是空洞的、无法理解的。所以,本书研究所限定的是古希腊罗马时期的法律修辞学。

需要注意的是,因为考虑到凸显法律修辞学的法律意涵,

---

〔1〕 焦宝乾:"西方古典时期法律与修辞学教育及其影响",载《深圳大学学报(人文社会科学版)》2014年第1期。

在修辞学的"发现""排列""风格""表达""记忆"五个部分中，[1]本书对法律修辞学的讨论侧重于其中"发现"的部分。这种限定具有合理性：第一，"发现"部分讨论的是说服的方法，是修辞学和法律关联最紧密的地方；"排列"和"风格"部分接近于文学；"表达"和"记忆"部分接近于表演学和戏剧学。第二，这种限定符合法律修辞学理论的特点。在西塞罗的修辞学著作中，绝大部分内容都是关于"发现"的，其第一本修辞学著作《论发现》正如其题名所显示的，就是关于发现的，而《论题学》则集中讨论"发现"中的理性论证方法；《布鲁图斯》和《论演说家》也都主要是说服的技巧和能力要求，也主要属于"发现"部分。第三，"发现"部分不仅明确涉及了理性说服，而且涉及了情感说服，比较完整地包含了西塞罗法律修辞学的核心内容。"排列""风格"等其他部分往往只涉及情感说服或理性说服之一（更多地侧重于情感说服）。而且，其余4个部分是在演说词的内容或论证逻辑已经确定的情况下，尽可能通过表现形式方面的改进来提高最终的渲染效果，是"形"而非"质"，与"发现"部分相比不能完整地包含修辞学的核心内容。因此，本书不作探讨。

（二）修辞学、论题学、辩证法的关系

论题学是修辞学中的一种方法。修辞学分为发现、排列、风格、记忆、表达五个部分，发现探讨的是说服的方法，论题学属于"发现"部分的一种论证说服的方法，从这个角度来说论题学是属于修辞学的。

修辞学和辩证法的关系问题。修辞学是公元前466年由西西里岛的叙拉古人考拉克斯发明的。大约在公元前460年至公

---

[1] George A. Kennedy, *A New History of Classical Rhetoric*, Princeton University, 1994, p.120.

元前 380 年间，前苏格拉底智者派开始进行修辞教学与实践活动，使修辞进入了相对成熟的时期。[1]辩证法最早产生于古希腊的爱利亚学派，公元前 5 世纪古希腊哲学家、爱利亚学派的成员芝诺被亚里士多德誉为辩证法的发明人。[2]修辞学和辩证法有一些共同点：第一，两者都是一种说服的手段，都是言谈的技艺；第二，两者都有对逻辑手段的利用，修辞学侧重于修辞三段论，而辩证法则侧重于真正的三段论，前者只能得出可能性较高的结论，后者追求真的结论；第三，两者都是社会中知识分子的独特技能，代表着"智慧"或者"智能"。在古希腊，修辞学家被称为"智术师"或"智者"，而专以辩证法著称的苏格拉底则被称为"最智慧的人"。

两者有一些较为明显的区别：第一，修辞学（rhetoric）的含义是说服的艺术，辩证法（dialectic）的含义是论辩的艺术，是一种对话的思维方法。第二，修辞学面向的是公众，是"一对多"的发言；辩证法一般是两个人或几个人之间的讨论，主要是"一对一"。第三，修辞学采取的是连续叙述的方式，辩证法采取的是问答方式（提问式互动）。[3]第四，修辞学所涉及的主题受到其主要场域的限制，如法庭、公共审议和典礼节庆，辩证法的讨论主题则没有这样的限制。第五，修辞学要达成明确的目的，具有一定的公共性职能，或是为了在法庭胜诉，或是说服公众或元老院通过某项法律或决议，或是在庆典和典礼中激发起公众的认同；辩证法没有这样的公共职能，他是个体的思考，具有私人性。第六，修辞学所针对的对象的知识水平

---

[1] 舒国滢："西方古代修辞学：辞源、主旨与技术"，载《中国政法大学学报》2011 年第 4 期。

[2] Paul Slomkowski, *Aristotle's Topics*, Koninklijke Brill, Leiden, 1997, p. 13, 转引自舒国滢："论题学：修辞学抑或辩证法？"，载《政法论丛》2013 年第 2 期。

[3] 舒国滢："论题学：修辞学抑或辩证法？"，载《政法论丛》2013 年第 2 期。

可能差别很大，但是辩证法发生的场合是几个有差不多知识背景和兴趣的人之间。比如苏格拉底的辩证法，他的谈话对象都是对某一个特定主题感兴趣并有着自己思考的青年人。第七，修辞学带来的是确定性的东西、主张或观点，并且每一篇修辞学发言都有这样明确的论点；辩证法带来的不是某种确定性的知识，更接近于一种怀疑和批判精神。辩证法以柏拉图的对话录为代表，其中苏格拉底与雅典年轻人的谈话集中展现了辩证法的使用。苏格拉底辩证法给人的印象并不是传授给人以知识，而是迫使人不断地怀疑、反省，修正之前的判断，追求更为合理的和更为接近真理的知识。辩证法就是苏格拉底的助产术：帮助雅典人走出意见的迷雾，走出自以为是，从而接近真正的知识。然而，需要注意的是，柏拉图的绝大多数对话录，虽然每一个都有确定的主题，并且都提出了问题，但是每个都没有给出确定性、终局性的答案。因为在苏格拉底看来，真理或真正的知识并不是在那的，被给定的，而是需要一个人不断反省、怀疑、思索才能够越来越接近的。从辩证法的角度来看，修辞学依赖的是意见，是公众都广为接受的意见、习俗。修辞学对之不加质疑地接受，而辩证法是要怀疑之，需要将意见上升为知识。修辞学是身处于洞穴中的人们所用的技巧，而辩证法则是促使人从洞穴上升到地面世界，最终看到真实的世界的技巧。值得注意的是，西塞罗也意识到了辩证法无法带来确定性（certainty），并对辩证法所宣称的"能作为真和假的判断标准"提出了质疑。[1]第八，和斯多葛学派一样，西塞罗认为辩证法建立在两个逻辑原则的基础上：矛盾律（两个相矛盾的命题不能在同样的时间在同样的意义上为真）和排中律（两个相矛盾的

---

[1] Paul J. du Plessis, *Cicero's Law: Rethinking Roman Law of the Late Republic*, Edinburgh university Press, 2016, p.29.

命题，一个为真，另一个为假，没有第三种情况）。[1]辩证法的很多著名论题都是基于这两个原则，飞矢不动（飞行的箭不能既动又不动，这违反了矛盾律，于是产生了悖论）；修辞学在进行说服时也会借助像矛盾律和排中律那样的逻辑法则，但是除此之外修辞学还会借助逻辑上不那么严密的说服方式，比如修辞三段论（基于公众的意见），以及一些非逻辑的因素，比如人格因素和情感。

在笔者看来，辩证法和修辞学的差异和不同之处大于它们的相同之处，本书侧重于对修辞学及其论题学的讨论，而忽略对辩证法的讨论。

（三）相关术语的统一

本书涉及对西塞罗著作的引用，关于西塞罗的著作 *Topica* 的中文翻译，国内学界意见不一致。[2]本书统一将之翻译为"论题学"，是基于以下考虑：第一，"Topica"的英译"Topics"是"论题"的意思，而且在西塞罗的著作中，经常有"list of topics"，有论题列表的意思，如果翻译为"地方"，则"地方列

---

[1] Paul J. du Plessis, *Cicero's Law: Rethinking Roman Law of the Late Republic*, Edinburgh University Press, 2016, p.28.

[2] 国内学界对于西塞罗与亚里士多德的同名著作书名的翻译有很多版本。例如，由罗念生翻译的亚里士多德的《修辞学》（生活·读书·新知三联书店1991年版，第23页脚注4）将它翻译为《部目篇》。黑格尔的《哲学史讲演录》（第2卷，商务印书馆1983年版，第373页）的译者贺麟、王太庆将其翻译为《正位篇》或《论"场所"》。张家龙翻译的亨利希·肖尔兹的著作《简明逻辑史》（商务印书馆1977年版，第29页）将其翻译为《论辩篇》。厦门大学的徐国栋教授在其著作《地方论研究——从西塞罗到当代》（北京大学出版社2016年版，第28页）中将西塞罗的同名著作其翻译为《地方论》，认为此处的"地方"，即能引申出论据的场所。中国政法大学的舒国滢教授在《西塞罗的〈论题术〉研究》（《法制与社会发展》2012年第4期，85页脚注2，86页脚注5）中将亚里士多德的同名著作翻译为《论题篇》，同时，为了避免将西塞罗与亚里士多德的同名著作相混淆，故将西塞罗的著作被翻译为《论题学》。

表或集合"这样的含义不符合中文习惯;第二,在西塞罗的著作 Topica 中,"Topica"的含义是论证的手段或者方式,翻译为论题,凸显了论证的含义,与"Topica"该词的整体含义相一致。

需要说明的是,笔者觉得"Topica"这个词的中译没有唯一正确的答案,每个研究者都可以根据自己的理解提出翻译。无论是"论题学"还是"地方论"其所指的都是"Topica"这个词,区别在于不同的中文词语给阅读者和研究者带来的联想不同,在中文环境下的意义指涉和关联不同。为了研究的便利,考虑到"Topica"这个词翻译为"论题学"已被更多的研究者所接受,为了和其他学者的研究产生统一性,本书对于该词统一采用"论题学"的翻译。

学界对西塞罗的著作 De Inventione 的翻译也存在不一致,舒国滢教授将之翻译为"论开题",[1]徐国栋教授则认为正确的译法是"论发现",[2]本书将之统一翻译为"论发现",对应于其英译"invention"。"发现"是古典修辞学五部分的第一部分,它注重识别当前的问题,哪一个可被称为演说的中心点或争议点,什么是说服观众接受演讲者的立场的可运用的手段。[3]"inventione"不仅指向了演讲或者演讲词的表现形式,也指向了其内容。对于演讲者来说,它指导人"从无到有地给出一些东西",并不仅仅是"针对既定的一些东西和内容教导人以何种形式表达"。因此,"inventione"具有发现和发明的意思。古希腊罗马哲学受柏拉图的理念论影响,因为根基性的东西、最高的

---

[1] 舒国滢:"论题学:从亚里士多德到西塞罗",载《研究生法学》2011年第6期。

[2] 徐国栋:《地方论研究——从西塞罗到当代》,北京大学出版社2016年版,第364页。

[3] George A. Kennedy, *A New History of Classical Rhetoric*, Princeton University, 1994, p. 4.

知识或摹本是"理念",而对于"理念",人不是通过发明,而是通过"发现"来认识。因此,根据"inventione"本身在西塞罗修辞学中的内涵和古希腊罗马盛行的哲学观念,该词更为合理的翻译是"发现"。著名学者乔治·肯尼迪也认为,发现（discover）是比发明（invent）更为准确的对该词的翻译。[1]

六、本书所提及的法律修辞学与现代法律修辞学之不同

法律修辞学是一门"法律"与"修辞"的联姻之学。法律修辞的概念从产生之初便因其学科交叉的性质而展现出了参差样态。为寻找"法律修辞"的原本语义,只能诉诸史论,通过整理其概念谱系来"正本清源"。修辞学产生于法庭论辩和政治演说的需求,传统的修辞学是一门说服的艺术;修辞与逻辑的关系混乱,与语言学关系密切,法律修辞是获得法庭论辩胜利的重要手段。在理性与科学时代,对"客观真实"的强调使得修辞学开始衰落,修辞开始试图调和其与逻辑的关系,使其更具科学性。

（一）对法律修辞学学科属性的界定不同

古希腊罗马时期法律修辞学与现代人们所认为的法律修辞学之间存在显著的不同,从学科属性的界定上来看,西塞罗时期的法律修辞学是当时罗马青年所受教育必须接受的"三艺"之一。这"三艺"分别是修辞、文法和辩证法。在古罗马时期,法学并未脱离修辞学而成为一门独立的学科体系,对法律知识的学习是伴随着修辞学的学习来进行的,法学的发展和进步也伴随着修辞学的发展和进步。除了法学学科与修辞学学科存在紧密的、不可分割的关系之外,更为重要的是,西塞罗时

---

[1] George A. Kennedy, *A New History of Classical Rhetoric*, Princeton University, 1994, p. 3.

期的法律修辞学是与当时的罗马民主政治制度和司法制度紧密联系在一起的，公民想要进入政治生活领域就必须掌握修辞的技能。[1]

现代的法律修辞学认为，法律修辞学是一门交叉性学科，是修辞学与法律两个学科领域的融合，一般将法律修辞学根据应用的领域分为：立法修辞学和司法修辞学。

(二) 法律修辞学的适用范围不同

从适用范围来讲，古希腊罗马时期的法律修辞学比现在人们对法律修辞学的认识要宽泛得多。古希腊罗马的民主政治体制对要进入公共政治生活的公民的修辞学素养提出了要求。公民想要进入政治生活领域，想要追求国家的高级公职，必须掌握修辞的技能，为自己竞选准备演讲。执政者也需要通过演讲的方式将自己的执政方针和理念传达给民众。同时，在一些仪典型的场合，也离不开演说和修辞学。更为重要的是，如果罗马公民遭遇法律纠纷，需要自己或者委托律师通过演说的形式进行辩论，争取自己的合法权益不受损害。在这些因素的共同作用下，修辞学与法学被紧紧地包裹在一起，两者有着密不可分的关系。按照西塞罗的说法，"城邦倒是由演说术而建立的了"。[2]通过修辞学的作用，罗马始终存在着公共辩论和各群体意见的交流，这对于保证罗马的同一性（unity）具有重要作用，西塞罗认为这是罗马法共和精神的关键。[3]在西塞罗的《论演说家》中，西塞罗将罗马人的公共场合概括为四个：广场、法

---

[1] Richard O. Brooks (ed.), *Cicero and Modern Law*, TJ International Ltd, padstow, 2009, XXi.

[2] 徐国栋："演讲与罗马的法律生活"，载《法治研究》2016年第1期。

[3] Elizabeth Asmis, "A New Kind of Model: Cicero's Roman Constitution in De Republica", *American Journal of Philosophy*, 126, pp. 377~416.

庭、演讲台、元老院会堂。[1]可以说,西塞罗法律修辞学就是围绕以上四个场合予以展开并运用的。

市民大会是罗马重要的权力机构,在西塞罗所处的共和晚期,市民大会由三个大会组成,分别是森都里亚大会、部落民众会议和平民部落大会,三个大会都具有选举、立法和司法的职能。其中,森都里亚大会最为重要,一切重要的法律和官员的选任以及宣战等事务都是由其负责的。可以说,市民大会的这种选举、立法与司法的职能都与法律修辞学的运用息息相关,因为在选举、立法和司法的过程中都需要当事人通过演说来表达自己的主张和观点,演说能力的优劣在很大程度上与最终的结果密切相关。

法律修辞学在元老院会议的运用重要表现在,在共和时期,元老院决定的作出基本上都是基于演说辩论。具体来说,主持的长官提出方案并以演说解释之,然后询问到场的元老们的意见,通常是从最资深的元老开始,而后的元老发言在简化后越来越短,最后演化到只简单地表示同意或反对。元老院会议上的辩论经典是公元前63年12月5日西塞罗在协和神殿召开的元老院会议上就卡提林纳党人命运在罗马高官间展开的辩论。[2]

罗马共和时期的法庭主要分为刑事法庭和民事法庭两大类,法律修辞学的运用主要通过这两类法庭予以实践。每个常设刑事法庭实际上都只审理一类专门的犯罪,对于其他犯罪不予受理。在罗马共和时期存在的刑事法庭总共有9个。而西塞罗与

---

[1] [古罗马]西塞罗:《论演说家》,王焕生译,中国政法大学出版社2003年版,第23页。

[2] 徐国栋:《地方论研究——从西塞罗到当代》,北京大学出版社2016年版,第168页。

法律纠纷相关的控告和辩护演说大多数都是在刑事法庭中进行的。可以说，法庭是演说家展现其修辞能力的舞台。演说家促使着罗马城邦的民众对法律达成一致意见，推进城邦的共同福祉。[1]

相反，在现代社会，在科学主义的浪潮之下，学科与学科之间的区分越来越明显，难以越雷池一步，修辞学适用的场景和范围相对于古希腊罗马时期要狭窄很多。在这样大的历史背景之下，法律修辞学成了法学与修辞学之间的交叉学科，而不像古希腊罗马那样，作为一个整体出现在公众的视野之中。这在很大程度上是由大的时代背景和政治环境决定的。

在西塞罗看来，修辞学属于广义的公民科学（scientia civia）的一部分，是修辞或公开演说的技艺，是公民在公共生活中如何得体、合适地行动的技艺；修辞学以确定公民社会、保证和平为主题。它来源于一种求生存的自然本能，控制我们所处的情景并影响他人的行为，以符合我们自己和我们所在群体的利益。[2]从古希腊罗马时期法律修辞学的认识和定义中我们可以发现，那个时期的人们对法律修辞学的定义比现在人的理解要宽泛。

（三）古今法律修辞学所追求的结果不同

最后可以发现，古今法律修辞学所追求的结果是有差异的，现代的法律修辞学更加关注通过法律解释等方式的使用解决司法实践中的法律争议，而古代法律修辞学则更加关注如何通过语言表达争取更为有利的司法裁判结果。

---

[1] Elizabeth Asmis, "A New Kind of Model: Cicero's Roman Constitution in De Republica", *American Journal of Philosophy*, 126, pp. 377~416.

[2] George A. Kennedy, *A New History of Classical Rhetoric*, Princeton University, 1994, p. 3.

简言之，现代的修辞学是"写"的艺术，古代的修辞学是"讲"的艺术。当然，讲的内容也要先写成文章背下来，然后再朗读出去，所以，把修辞学说成为文之道也未尝不可，在这一点上它与现代修辞学相同。但古代修辞学的"写"是为了讲，讲的结果是"听"——求诸受众的听觉；而现代修辞学的"写"是为了"读"——求诸受众的视觉，两者颇为不同。"听"是在短时间内完成的被动活动，一个命题或问题转瞬即逝，能听多长、多清楚，由讲话人掌控；"读"是一个读者在自己掌握的时间内完成的主动活动，他们可以把自己的目光长久停留在一个命题或问题上，品味再三，然后再往前读。由此可见，"听"的理性成分比"读"少得多，这种特性决定了古代修辞学的特性：通过强烈的刺激占有观众的心灵，为了获得这种占有，不惜使用种种烟幕性的技术手段。[1]

通过古今法律修辞学所追求的不同结果可以发现它们在运用时的具体关注点上的不同侧重，古代的法律修辞学更注重现场观众的反馈，因为这种反馈直接关系诉讼结果的成败，也会为了得到观众更好的正面反馈而采取诸多手段。而现代法律修辞学则更加注重通过法律解释、推理等更为理性的方式来解决司法争议。

---

[1] 徐国栋："西塞罗《地方论》中的修辞学与共和时期罗马的诉讼"，载徐国栋主编：《罗马法与现代民法》（第7卷·2005年号），厦门大学出版社2010年版，第1~2页。

第一章
法律修辞学概述

第一节 修辞与法律修辞学的含义

"修辞"在英文中对应的翻译是"rhetoric",而"rhetoric"一词则来源于古希腊词汇"rhētorikē",该词第一次出现于柏拉图的《高尔吉亚》中,这一新词由两个部分构成,分别是表达"言说"的"rhē"和表达"……艺术"意思的"ikē"。在《现代英语词典》里,"rhetoric"通常被解释为涉及写作及演讲场合中各种理论和实践的应用。如在《普林斯顿英语词典》中,"rhetoric"被解释为"使用语言有效地取悦或说服""学习如何有效地使用语言的技术和规则";《韦氏英语词典》则把"rhetoric"定义为"写作艺术""演讲艺术""说服力量"等。[1]"修辞术"意思是"演说的艺术",包括立论的艺术和修饰词句的艺术。罗马以后的修辞术着重风格,即词句的修饰。"修辞"一词在我国古代是"立论"的意思,《易经》上有"修辞立诚"一语,意思是立论要表现真理。[2]

修辞被认为是一种言说和说服的艺术。言说和说服是人区

---

[1] 熊明辉、卢俐利:"法律修辞的论证视角",载《东南大学学报(哲学社会科学版)》2015年第2期。

[2] 罗念生:《罗念生全集》(第1卷),上海人民出版社2004年版,第149页。

别于动物的一项基本能力,这项能力的具备可以帮助人们解决纠纷,可以使得人们对纠纷的解决从早期的"以眼还眼以牙还牙"的暴力方式逐渐转化为通过协商、商讨的和平解决方式。在这个转化的过程中,修辞起到了十分重要的作用。这种从暴力过渡到协商的纠纷解决方式的转变,也是人类文明进程的重要促进因素。

因此,在远古时代,修辞被人们赋予了一种敬畏性的认识。修辞被比拟为大权在握、使人不得不从的王公,被描绘成口吐天宪、神通广大的女神,被讴歌为"使饥渴难当的人感到精神饱满,哑然无声的人变得振振有词,双目失明者重见光明"的一种魔力。[1]那么,修辞究竟是如何产生的呢?修辞学的产生在学界没有确定的答案,主流观点包括如下几个:西方修辞学界的重要代表人物乔治·肯尼迪给出了这样的答案。他认为,修辞作为一种"艺术",于公元前5世纪中叶诞生于地中海的西西里岛。[2]位于该岛东南部的锡拉丘兹城(Syracuse)于公元前467年发生了一场革命,推翻了寡头统治并以雅典为样板确立起了"民主"制度。政制的巨变产生了两个后果:首先,它造成了财产所有权的大规模变动并引发了一场官司风暴。其次,由于民主政制的确立,政治权力开始由公民议事会议行使,涉及公众利益的各种问题通过公民代表的讨论作出决定。[3]还有一种观点认为修辞学起源于柏拉图。

伴随着现代高等教育的发展和学科分类的不断细化,我们往往将修辞学和法律修辞学视为两个不同的学科,认为法律修

---

[1] 刘亚猛:《西方修辞学史》,外语教学与研究出版社2018年版,第1页。

[2] George A. Kennedy, *A New History of Classical Rhetoric*, Princeton University, 1994, p.11.

[3] 刘亚猛:《西方修辞学史》,外语教学与研究出版社2018年版,第19页。

辞学是修辞学在法律领域中的运用，是修辞学与法律的交叉学科。但在古希腊罗马时期，修辞学与法律修辞学在本质上并无二致，修辞学在当时的运用场景是民主政治生活，无论是在法律诉讼中为自己申辩还是参与公共职位的竞选，都是修辞学运用的领域，而这些领域往往与现代意义上的"法学"脱离不了关系。古希腊著名的演说家德漠斯提尼（Demosthenes）说：民主政治是一种发表演说的体制。[1]

第二节 法律修辞学的特点

从对上述法律修辞概念的讨论中我们可以看出，法律修辞学的产生与古希腊的民主政治法律生活之间有无法割舍的关系。而法律修辞学在民主政治生活中的运用也决定了它具有如下特点。

一、普遍性

修辞学的运用场景非常丰富多样，在公共政治生活和日常生活中都可以看得到它的身影。佩雷尔曼曾经这样提到：被亚里士多德解释为关于说服性演说及其方法的学问的修辞术，在应用时有两个限制。其一，如果某一论题在人们心目中被公认为是自明的，那么其便不具备需要论辩（argumentation）的理由。当真理显而易见时，当自明之理未给任性选择留下空间时，一切修辞皆为累赘。其二，某一论题是独断、无任何理由予以支持的，它只能通过野蛮的暴力来强制要求得到服从，而弃人们的理解性接受于不顾。这两种极端情况都非常稀少，因此修

---

[1] Demosthenes 19.184.

辞学的适用领域极为广阔。[1] 从佩雷尔曼的论述中可以看到，除了那些不证自明的和通过暴力强迫服从的外，都需要法律修辞学的运用。同时，从法的运行的各个环节来看，在立法过程中对草案的起草、讨论、通过也少不了法律修辞学的身影，在执法环节，如何使执法过程更加公平、合理、透明，法律修辞学的参与可以起到解释和明晰的作用，在司法环节中对法律的解释和适用更是少不了法律修辞学的参与。

二、情绪性

古希腊罗马时期，法律修辞学的应用场景一般是户外或者是较为开放的公共空间，其中参与的人数往往达到数百人之多。例如，举行公民大会之时，其中较为著名的"苏格拉底的审判"就是在由501人组成的公民陪审团展开的，在这种场景之下，运用法律修辞学进行论辩的演说者通常会通过自己的情绪感染、带动陪审团成员作出想要的裁判结果。无论是陪审团成员还是演说者自身都会在这种人群相对集中的环境中受到情绪的感染，使得法律修辞学的运用具有情绪性的特点。

三、临场性

法律修辞学的运用需要演说者通过口头表达的方式来展开，因此口头表达的能力，包括语速、语调、声音大小、情绪的传达都会影响法律修辞学的应用效果，需要演说者在相应的场景中临时展开。伴随着演说者的现场发挥，这种临场性需要演说者具有较强的应变能力，能够根据现场观众的反映作出相应的应变，已图达到最好的临场效果。法律修辞学在运用过程中和

---

[1] Ch. 佩雷尔曼、朱庆育："法律与修辞学"，载《法律方法》2003年第0期。

观众之间是一种直面的关系，这种没有转化的、直接的面对有点类似于舞台表演，这种直面性也会使得演说者和观众之间存在互动关系，而这种互动关系的好坏也会间接影响演说的最终效果。

第三节　法律修辞学的功能

一、解决司法纠纷

法律修辞学的诞生与司法纠纷的解决有着密不可分的关系。在古希腊早期还没有出现专职律师，在公民之间出现司法纠纷的时候诉讼双方当事人只能通过充分的说理来捍卫自身的权益，而法律修辞学则可以很好地帮助诉讼中的当事人去提升这种能力。同时，在古希腊罗马时期，法律修辞学提供了一种更为和平和文明的对法律争议的解决方式，不同于早期《十二表法》所提及的"以眼还眼、以牙还牙"的暴力方式，而是以理服人，这也是法律争议解决方式进步的重要体现。

二、为民主政治生活的决策提供方式

除了运用在司法纠纷领域，法律修辞学也可以为城邦中的民主政治生活提供决策方式。当古希腊罗马的公民大会讨论国家的战事、议和等一些重要事宜的时候，参会者会通过演说的方式来表达自己的政治见解和观点。而演说的展开缺少不了法律修辞学的运用，其次，国家重要决策的做出必然要获得充分的法律支持，而法律支持的获得需要通过言说的方式来获取公民大会的认可，这其中修辞学扮演着重要角色。

三、教育民众

法律修辞学的运用场景一般是公民大会或者是公民陪审法庭，而这些场景中，占绝大部分的是具有公民权利的"自由民"。"自由民"聆听演说者演说的过程也是学习法律知识、演说能力的过程。公民通过参与公民大会和公民陪审法庭等实现了对城邦民主政治生活的参与，也实现了自我学习。

第二章
法律修辞学在古希腊的起源

修辞被认为是一种言说的艺术，是一种说服的技巧。在我国，最早介绍修辞的著作是《文心雕龙》，修辞学"rhetoric"一词源自古希腊词汇"rhētorikē"。[1] 在英语中，该词的意思有"演讲的艺术""说服的力量""学习如何有效地使用语言的技术和规则"等含义。通常认为，修辞学最早起源于古希腊。

第一节 法律修辞学在古希腊的起源

根据乔治·肯尼迪等人的考证，修辞作为一种"艺术"于公元前5世纪中叶诞生于地中海的西西里岛。位于该岛东南部的锡拉丘兹城（Syracuse），于公元前467年发生了一场革命，推翻了寡头统治并以雅典为样板确立起了"民主"制度。政制的巨变产生了两个后果：首先，它造成了财产所有权的大规模变动并引发了一场官司风暴。其次，由于民主政制的确立，政治权力开始由公民议事会议行使，涉及公众利益的各种问题通过公民代表的讨论作出决定。[2] 修辞学的产生促进了民主政治的发展，使解决问题的方式从暴力走向协商。此外，民主政

---

[1] George A. Kennedy, *A New History of Classical Rhetoric*, Princeton University, 1994, p.3.

[2] 刘亚猛：《西方修辞学史》，外语教学与研究出版社2018年版，第19~20页。

治制度的发展使得通过学习修辞提升言说能力的需求不断上升，要想步入仕途、融入政治生活，修辞学可谓是必备的基本技能。

在希腊的古典时代，雅典城邦中的一切都是以民主政治为前提的，同时和其他同时期的古代社会一样，城邦中的司法职能和行政职能并没有被区分，重大事项的决定和司法纠纷的解决都是在公民大会完成的，这也体现了希腊直接民主的政治特色。除了通过公民大会这种直接民主的方式决定城邦中的重大事项之外，在司法事务方面，公民既是法律的制定者，同样也是纠纷的审判者。由普通公民组成的公民陪审法庭作为最高司法机关裁决案件，审理是以对抗式的方式呈现的，管辖几乎一切刑事和民事案件。在诉讼中，没有专门的主审法官，案件结果通常由公民陪审法庭投票表决。陪审团成员则是在年满 30 岁以上、没有国库债务的雅典全权公民中通过抽签选举产生，他们没有受过任何专业的法律训练。[1]

同时需要注意的是，在雅典的司法审判活动中是不允许辩护人代理诉讼的，也就是说，诉讼活动必须由双方当事人亲自参与完成。当事人参与法庭诉讼的方式就是演说，通过演说展开对抗式的辩论，陪审团成员根据双方演说的情况，依赖自己的良心和正义作出表决。在这种司法裁判环境之下，如何提升自我的演说能力和技巧是取得诉讼胜利的关键因素。但是，对于一个没有接受过专门训练的人来说，在公共场合慷慨激昂、有理有据地展开诉讼陈词不是一件非常轻松和容易的事情，这对于那些本来有充足的证据但是却不善于表达的人来说，无疑会使得他们在诉讼中处于劣势，但这恰恰给了法律修辞学发展

---

〔1〕 黄美玲：“律师职业化如何可能——基于古希腊、古罗马历史文本的分析"，载《法学家》2017 年第 3 期。

第二章 法律修辞学在古希腊的起源

的契机。

为了不使自己甘拜下风，越来越多的人会萌生学习法律修辞学的想法，而更快捷、高效的做法是聘请这些精通法庭修辞学的人来帮助自己撰写法庭辩论中所需要的演说词。历史上就有一批人专门以帮助别人撰写法庭诉讼所需要的演说词为其职业，我们也可以说这批人是职业律师的雏形。

在这些演说写手中，比较著名的有古希腊著名的演说家吕西阿斯（Lysias）。他在发表了《控告埃拉托斯特尼》的演说之后，因为没有获得理想的效果而转行做了"演说写手"来维持生计，并且至少在公元前403年到公元前380年期间是以此为生，从而留下了很多著名的辩护演说词，例如《控告狄欧季通》。又如伊塞尤斯（Isaeus），他留下的大量与遗产继承相关的法庭演说词，实际上都是他作为演说写手为自己的顾客撰写的，例如《克列尼穆斯的财产》《门尼克里斯的财产》等。演说写手的收费没有固定标准，但是会与他们的声誉和能力相挂钩。[1]

这些帮助诉讼纠纷当事人撰写法庭演说词的写手实际上的作用类似于专职律师，他们通过撰写演说词帮助当事人获取成功的法宝一方面是扎实的法律修辞学能力，另外一个密不可分的因素是对当事人性格特点的观察和对陪审团成员心理的洞察，使演说词能更好地符合当事人的身份特征和陪审团成员的心理预期，达到最好的临场表现效果，获得诉讼的成功。

实际上，成功的演说写手非常像一名律师，他们精通雅典城邦的法律和程序，善于抓住陪审团成员的心理和发现他们的喜好，同时还擅长根据顾客的年龄、状况和性格来调整演说词，

---

[1] 黄美玲："律师职业化如何可能——基于古希腊、古罗马历史文本的分析"，载《法学家》2017年第3期。

以便听上去是自然地出自当事人之口。[1]

第二节 智者学派与法律修辞学

智者学派在历史上的名声一直不太好，提起智者学派人们想到的更多的是诡辩，是对个人感觉的强调，是对理性的忽视，是为了赢得诡辩的胜利不惜忽视客观事实和真理，一味地追求最后结果的胜利。因此，智者给人留下了负面印象。

黑格尔之后，人们对智者学派历史地位的评价在两个方面的认识趋于一致：①智者学派促使哲学研究走上了主体性的道路；②从感觉主义到理性主义的演变过程充分体现了古希腊哲学发展史的客观逻辑进程。在这一进程中，智者学派是关键的一环。[2]

智者学派诞生之后，他们所研究的对象不再仅仅集中于神灵，而是更多地关注自然，关注世界本源的组成。例如，智者学派中的泰勒斯，他主张万物的本源是"水"，赫拉克利特认为万物的本源是"火"，毕达哥拉斯认为万物的本源是"数"，德谟克利特认为万物的本源是"原子"。虽然这些观点现在看起来十分简单，对世界本源的认识也停留在人类最早的唯物主义思想中，但是它相对于之前来说，关注的重点不再仅仅是神。

智者学派诞生于古希腊，他们在公元前5世纪至公元前4世纪活跃在以雅典为中心的各城邦中，他们中有职业教师、作家和演说家等，其中的代表人物有高尔吉亚和普罗泰戈拉，主要任务是传授修辞学。智者学派的"智者"指的是有智慧的人，

---

[1] 黄美玲："律师职业化如何可能——基于古希腊、古罗马历史文本的分析"，载《法学家》2017年第3期。

[2] 曾裕华："论智者学派的历史地位"，载《江淮论坛》1999年第6期。

而这些"智者"则以专门教授修辞学为业,他们周游各地,通过收费的方式教授修辞和论辩术。一方面,教授修辞术使他们找到了得以谋生的出路;另一方面,学习修辞学的青年也在学习修辞的过程中为今后步入国家政治生活做好了铺垫。可以说,智者们是教育家的早期雏形。他们教授的修辞学内容包括,怎样使演讲更具说服力、提供演讲的范本、提高记忆的技巧、在法庭上辩胜的战略。

伯利克里所主导的民主制改革提升了民众的政治生活参与程度。在雅典民主政治的全盛时期,伯利克里时期的官职选举有很大一部分是通过抽签方式进行的,这就意味着每个自由民都有机会参与城邦的民主政治生活。

而参与城邦民主政治生活是需要具备相应技能的。例如,演说的能力。在公民大会发表政治演说,在私人纠纷领域为自己进行辩护,都需要这种能力的支持。而智者学派恰好是以教授人们如何雄辩、在诉讼中取得胜利为业的。

智者学派的修辞学教育在很大程度上培养了学生从事政治生活和参与法庭辩论的能力,这种培养方式与希腊当时的政治生活环境有着密不可分的关系。当时的雅典是整个希腊民主的中心,特别是在经过公元前509年的梭伦改革、公元前508年的克里斯提尼改革和伯里克利自公元前462年开始的改革后,雅典的民主制达到了巅峰。伴随着雅典民主制的建立和完善,在政治生活中,民众急需申明自己政治主张的政治智慧,在法庭中为自己的利益做辩护的能力,这也催生了修辞学的传播和发展。而参与民主政治生活并在其中申明自己的政治主张,在法庭上为自己的利益进行辩护,实际上都与法律修辞学有着重要的关联。可见,智者学派的发展与当时雅典的民主生活环境是密不可分的,雅典的民主政治生活和环境为智者学派教授修辞学提供了前提与基础，而智者学派对修辞学的教授和传播反过来又进一步促进了雅典民主制的进一步完善。高尔吉亚率先给后来定名为"修辞"的言说艺术下了一个被普遍接受的定义，即"产生说服的能工巧匠"（artificer of persuasion），认为说服既是这一艺术的本质，也是它的全部功用。[1]

智者学派对法律修辞学的应用体现在其代表人物的著作中。其中，高尔吉亚的作品可以让我们对智者学派对法律修辞学的实际运用有一个比较好的认识。高尔吉亚不直接教授修辞学或者撰写关于修辞规则的指南或教科书，他的修辞学概念蕴含在其展示性修辞的公开演讲中，例如《海伦颂》。[2]他的"主题的逻辑划分""对逻各斯力量的讨论""演讲中利用诗歌人物"等方法被后来的修辞学研习者所模仿。他还指出，修辞学是一种不同于其他技艺的特殊的技艺，是关于"说服的艺术"，这对后来的修辞学发展产生了推动作用。[3]高尔吉亚在表达风格上力求创新，率先应用了对偶（antithesis）、偏喻（catachresis）、旁诉（apostrophr）、换置（hypallage）、倒置（hyperbaton）、重复（repetition）等令人耳目一新的修辞手法。[4]

普洛泰戈拉是智者学派的重要代表人物，还被认为是将论辩知识系统化的第一人。其教育思想和教育实践"为希腊修辞学、认识论、宗教批评、社会起源研究、辩证法和文学批评的发展作出了杰出的贡献"。[5]同时，他也是第一位向学生收取费

---

[1] 刘亚猛：《西方修辞学史》，外语教学与研究出版社2018年版，第32页。
[2] George A. Kennedy, *A New History of Classical Rhetoric*, Princeton University, 1994, p. 35.
[3] George A. Kennedy, *A New History of Classical Rhetoric*, Princeton University, 1994, p. 35.
[4] 刘亚猛：《西方修辞学史》，外语教学与研究出版社2018年版，第32页。
[5] 姚喜明等编著：《西方修辞学简史》，上海大学出版社2009年版，第38页。

用的教师，他的修辞学思想极大地促进了智者学派和希腊文化的思想发展。智者学派时期修辞学的发展为后期修辞学的完善奠定了框架。

第三节　智者学派法律修辞学的历史地位

古希腊智者学派的智者们以其辩论或演讲的独特方式发表了他们各自的法律观点，奠定了西方法哲学理论的基本论题，从而成了后世法律思想、法学理论的智慧源头。[1]智者学派的理论在那个时代具有较高的社会地位，因为他们所教授的内容满足了当时希腊民主政治生活和法庭审判等多方面的需求。至少在希腊的中心城邦雅典，修辞学被看成是起着"维系人类作为一个整体，造就其社会和政治观念，确定其方向和命运"等核心作用的一股巨大力量。[2]

对智者学派的法律修辞学也存在批评的声音，认为它代表了一种"诡辩"，不是向着真理和正义，而是为了在口头辩论中取胜，获得声望与利益。他们认为，最初诡辩派[3]是为了适应法庭辩论的需要而开始讲授修辞的，主要培养人们的思辨能力和出色的口才。他们个个能说会道，但久而久之，他们在修辞教育中掺进了杂质。为了达到在论辩中取胜的目的，有些人不顾正义与真理，使用各种花哨的文体风格、巧妙的言辞、华而不实的演讲技巧和虚伪的论证，颠倒是非黑白，甚至在法庭上采用感情战术。诡辩学者的演说词语也成了谬论的"模板"，充

---

[1]　任满军:"智者学派:诡辩的法律思维——西方法哲学的嚆矢"，载《社会科学论坛（学术评论卷）》2009年第1期。

[2]　刘亚猛:《西方修辞学史》，外语教学与研究出版社2018年版，第41页。

[3]　诡辩派即智者学派的另一种翻译方式。

斥着对他人进行人身攻击的恶劣言词,这时的修辞学已不再代表正义,而是彻头彻尾地沦为了强词夺理的"诈术",名声一落千丈。[1]

应该以何种观点来正确认识和看待这一时期的法律修辞学理论?智者学派时期的法律修辞学对后期古罗马法律修辞学的发展和完善起到了承上启下的重要作用。总体上来说,智者学派时期的修辞学呈现出如下几个方面的特征:修辞教育的制度化、修辞思想的系统化、修辞理论的多元化、修辞批评的诞生和开展。[2]以上几个方面的特征为修辞学的发展奠定了框架,做了重要的铺垫。此外,修辞对当时社会的影响不仅仅局限于教育领域,而且对当时的民主政治生活、法律、文化等诸多方面均起到重要影响。虽然后期柏拉图对智者学派的修辞学采取了批判的态度,但还是不能影响智者学派对修辞学的重要贡献与价值。

古希腊把"三艺"作为教育内容,这"三艺"包括文法、修辞学和辩论术,与音乐、数学、几何和天文构成了古希腊智者教育的科目。到了古罗马时代,它们被叫作"自由科目"。古罗马为了培养演说家,借鉴了智者学派的教育观。因为"人们察觉到学习希腊哲学和自然科学知识有助于提高修辞水平。同样,在罗马,如果一个人希望从事政治事业或者获得拥有权力、财产和地位的职位,那他必须学会如何使用修辞技巧。正像我们所熟知的:文字是埃及和巴比伦的标志一样,演说家或修辞学文化成为古希腊和罗马的象征。与希腊古典时代一样,接受过修辞学教育的公民与普通公民是有区别的,他们更善于运用

---

[1] 姚喜明等编著:《西方修辞学简史》,上海大学出版社2009年版,第56~57页。

[2] 刘亚猛:《西方修辞学史》,外语教学与研究出版社2018年版,第42页。

词语和修辞技巧,还懂得希腊语,能够在辩论和演讲中具有更强的说服力"。[1]所以,智者学派促进了古希腊罗马时期的修辞学教育的发展,也为当时的民主政治生活和司法实践活动输送了大批优秀人才,古希腊民主政治制度的完善也为智者学派的发展提供了更为广阔的空间。

第四节　柏拉图的法律修辞学思想

柏拉图(Plato)通过对智者修辞学的哲学反思和探索,认为智者修辞学为奉承术、蒙骗术和诡辩术,是"坏"的修辞学。而真正"好"的修辞学应该是治疗灵魂疾病的艺术,是具有良好品格和丰富知识的劝说者,通过事实、语言和逻辑技艺的使用去说服观众,使观众获得知识、确立信念、得到快乐和愉悦,最终取得影响观众心灵的效果。[2]

在《高尔吉亚》中,柏拉图对修辞学进行了批判。高尔吉亚是当时有名的智者,在这篇对话录中,苏格拉底和高尔吉亚进行辩论,争论的核心问题是"修辞术究竟是不是一种高贵的技艺"。高尔吉亚认为"修辞术"是一门真正的技艺,他给人带来自由。但苏格拉底却不认可这一点,他认为修辞术不过是一种"技巧"而已,这种技巧和其他手工艺人的技巧没有太大区别。

柏拉图通过其《对话录》(*The Dialogues*),从道德和认识论等角度对智者所讲授的言说艺术进行了尖锐的批判。他认为后者事实上主张言说者应通过操纵语言文字蛊惑受众,产生虚

---

[1] 李娅图:"古典时代智者学派的教育观研究",山西师范大学2016年硕士学位论文,第27页。

[2] 李恒灵、张守夫:"柏拉图修辞哲学探析",载《科学技术哲学研究》2016年第4期。

假的说服力,因此他们所提倡的是一种极不道德的诡辩术。[1]如果听任这种"艺术"泛滥,势必会对公共生活和社会运行造成极大的伤害。通过从哲学的角度对当时流行的言说艺术进行审视和批判,柏拉图提出了"求真务实"这一原则,要求言说者在交流中摈弃一切虚、假、浮、诡,以追求、表达和传播真知为己任。[2]

可以说,柏拉图的法律修辞学理论是建立在对智者学派法律修辞理论评判的基础上的,我们可以从柏拉图的对话录《高尔吉亚》中了解其思想内核。《高尔吉亚》是柏拉图在离开雅典之前所写的最后一篇对话录,其中主要以虚构的方式,将苏格拉底与高尔吉亚、波拉斯、卡里克里斯三人放在同一时空之下,就修辞与政治等问题进行激烈的讨论。

从这篇对话录中我们可以看出柏拉图对于修辞学的观点。在柏拉图看来,诡辩派的修辞旨在通过劝说与诡辩来掌控公众意志。对正义是建立在真理基础上为国家谋利益的这一本质视而不见,因而诡辩派的修辞不是正义的象征,而是一种对国家和个人都具有危险性的欺骗活动。[3]柏拉图认为,智者学派的修辞学只是一种为了劝说性的演说而设立的"方法",这种方法对于"正义"是什么并不关注,这种不关注会影响整个社会公正的价值评判体系。而柏拉图本人在《高尔吉亚》中所暗示的是,真正的修辞应该是以追求真理与正义为目标的,而不是一种旨在获取演说胜利的功利性方法。

可以这样说,柏拉图开创了修辞批评的先河,并在此基础上以对话录的形式阐述了自己对修辞学的理解,这种理解除了

---

[1] 刘亚猛:《西方修辞学史》,外语教学与研究出版社2018年版,第21页。
[2] 刘亚猛:《西方修辞学史》,外语教学与研究出版社2018年版,第21页。
[3] 姚喜明等编著:《西方修辞学简史》,上海大学出版社2009年版,第61页。

体现在《高尔吉亚》中，还体现在《斐多篇》中。他借助苏格拉底之口将修辞定义为"借助话语影响心智的艺术"。柏拉图所谓真正的修辞是真理正义与心灵的和谐，是只有在智慧的驾车人完全驾驭理智与激情这两匹马时才可以达到的境界。[1]柏拉图认为，修辞学是通过言辞引导人灵魂的技艺，好的演说家需要把握人的灵魂，其如何发挥作用。如何被影响，演说家的言辞应该适应于具体情境下的人的灵魂。因此，好的演说家不应该满足于可能的知识，他需要掌握真正的知识。[2]

柏拉图认为，智者在教授修辞术的时候，只注重对技巧的把握而忽视了对于学习者德性的培养，使得学习者认为修辞术的作用在于通过对修辞技巧的掌握赢得辩护和演说的最终胜利，缺乏对真知的学习。一方面，这些没有接受专门德性培养的学习者极容易在法庭上或者演说中颠倒是非、巧言令色，让司法机关作出不公正的裁决。另一方面，如果这种只注重技巧忽视德性培养的修辞术被居心叵测的人所利用，很容易成为煽动蛊惑的武器，破坏古希腊的民主制度。所以，柏拉图认为，真正的修辞术应该是将说服的艺术和对人的德性的教化结合在一起的，不能仅仅为了赢得辩论，而是应该追求真理、传承智慧、培养人的德性。换句话说，柏拉图认为修辞术除了教授人言说技巧，更应该像哲学一样，启发人、带给人们真理和智慧，培养人的德性。

同时，柏拉图也表达了自己对修辞学的理解。柏拉图认为：第一，真正的修辞学与语言艺术有关；第二，与修辞学有关的语言艺术不是纯粹的语言艺术，而是语言使用的技艺；第三，

---

[1] 姚喜明等编著：《西方修辞学简史》，上海大学出版社2009年版，第63页。
[2] George A. Kennedy, *A New History of Classical Rhetoric*, Princeton University, 1994, p.42.

语言使用的技艺不过是修辞学的手段，真正的修辞目的是劝说，而非语言本身；第四，劝说总是由劝说者向观众进行的，所以修辞学首先要关注劝说者的品格问题，坏的品格导致坏的修辞学，好的品格导致好的修辞学；第五，观众的灵魂是修辞劝说的对象，对观众心灵的分析是修辞学的关键问题。[1]

除了对修辞学表达了自己的理解之外，柏拉图还对修辞学进行了理论建构，在《斐多篇》中，柏拉图初步探索了真正修辞学所涉及的几个知识要素，即真正修辞学的构成要素：①主体（品格和知识等素质，如人格、语言和逻辑能力、洞察观众心理倾向的能力）；②受众（观众心灵结构）；③话题（真、善、美、爱、情等）；④场合或情景（公共场合、法庭、私下闲聊等）；⑤语言知识和语言使用的技巧（语词、语义、语用知识）；⑥逻辑论证能力（辩证法能力）；⑦最终的修辞说服效果（灵魂的矫正）。[2]

柏拉图在《斐多篇》总结道："修辞学的核心在于：演说者对于讨论涉及的对象有良好的知识；对于逻辑论证有很好的理解；对于人的心理有真正的知识使得通过论证说服观众成为可能。说服的目的在于让人的行动更为富有德性，正义，相信真理。"[3]

第五节　柏拉图法律修辞学的价值

柏拉图法律修辞学思想与当时的社会政治状况有着紧密的

---

[1] 李恒灵、张守夫："柏拉图修辞哲学探析"，载《科学技术哲学研究》2016年第4期。

[2] 李恒灵、张守夫："柏拉图修辞哲学探析"，载《科学技术哲学研究》2016年第4期。

[3] George A. Kennedy, *A New History of Classical Rhetoric*, Princeton University, 1994, p. 42.

关联。柏拉图会在整个希腊对修辞学崇拜和狂热追捧的时候逆潮流而动，对智者学派的修辞学进行批判，实际上与当时希腊的政治社会状况是密切相关的。柏拉图在自己的青少年时代目睹了雅典如何在巧舌如簧的政客的唆弄下深陷于战争泥沼不能自拔，一座好端端的城市因此而不断衰朽没落下去。[1]这在很大程度上导致了柏拉图对修辞学持批判态度。还有一种观点认为柏拉图对修辞学和诡辩家的敌意不仅源于他们夸大地声称教导美德和对外表的依赖，还源于他的老师苏格拉底在诡辩家的努力下被判处死刑。[2]

有一点是确定的，柏拉图本人在对修辞学进行批判的同时，也不可否定熟练地对修辞学加以运用，甚至可以说，柏拉图对修辞学的批判是通过对修辞手段的纯熟运用达成的。难怪在古罗马最杰出的修辞学家西塞罗看来，柏拉图对修辞的攻击本身就是古希腊修辞应用的一个特例和范例，他"在取笑演说家时听起来自己活脱就是一个炉火纯青的演说家"。或者我们可以说柏拉图的"反修辞"归根结底还是修辞的一种曲折、隐晦的表现形式。[3]柏拉图反对诗歌，他本人却是位诗人；他反对高吉亚斯及其修辞学，他本人却是位修辞家、文体家。

总之，柏拉图通过对智者"坏"的修辞学的哲学反思和探索，走出了创建真正科学修辞学的第一步，勾画出了科学修辞学的基本框架和方向，为亚里士多德建立修辞哲学体系奠定了坚实的基础。[4]柏拉图的"演说家应该具有关于观众心理的知识"的

---

[1] 刘亚猛：《西方修辞学史》，外语教学与研究出版社2018年版，第45页。
[2] https://en.wikipedia.org/wiki/Rhetoric.
[3] 刘亚猛：《西方修辞学史》，外语教学与研究出版社2018年版，第48页。
[4] 李恒灵、张守夫："柏拉图修辞哲学探析"，载《科学技术哲学研究》2016年第4期。

思想直接出现在了亚里士多德《修辞学》的第二部中。[1]可以说，柏拉图对修辞理论的建构对亚里士多德以及之后修辞理论的发展具有重要意义。

第六节 亚里士多德的法律修辞学思想

亚里士多德（Aristotle）是古希腊修辞学思想的集大成者，《修辞学》是他有关法律修辞学思想的重要和集中体现。修辞术或演说术是古希腊政治哲学的核心问题之一。智者派（如高尔吉亚）和柏拉图（包括苏格拉底）围绕这种"技艺"展开了激烈的争论。亚里士多德的处理方式与两派既有联系，又有不同。他超越了智者将修辞学仅仅视为"说服技艺"的理解，而将之定义为对"说服本身"的考察能力。[2]

亚里士多德认为，修辞学不仅仅是一种说服的手段，不能将其局限于文字的言辞领域，其应是一种各种学科都需要运用到的普遍技艺。他将修辞界定为使我们"不管碰到什么事情都能发现可资利用的说服手段的那种能力"。[3]显然，这种手段和能力是研究其他学科的基础和前提。

那么，亚里士多德是如何定义修辞学的？亚里士多德认为修辞学不属于某种特殊知识学科，而是各种特殊学科都需应用的普遍学问和技术。这是因为任何一门特殊的科学门类都要使用言辞，而修辞学正是一门关于"言辞的科学"。基于上述认识，他认为修辞的研究和应用并不限于文艺，也不限于诗歌和

---

〔1〕 George A. Kennedy, *A New History of Classical Rhetoric*, Princeton University, 1994, p.43.

〔2〕 何博超：“论亚里士多德对修辞术的再定义及其政治内涵”，载《浙江学刊》2018年第6期。

〔3〕 刘亚猛：《西方修辞学史》，外语教学与研究出版社2018年版，第52页。

戏剧，而是包括更加广泛的领域。〔1〕亚里士多德修辞观的独特性和深刻性突出表现在他对修辞的本质属性内涵和外延提出的一系列独到表述上。他将修辞界定为使我们"不管碰到什么事情都能发现可资利用的说服手段的那种能力"。〔2〕另外，亚里士多德开创性地将修辞学分为三类，分别是审议性言说、庭辩性言说和表现性言说。〔3〕每种修辞都有其不同的运用场景。例如，审议性言说主要适用于政治修辞领域，诉诸的对象是未来之事的裁判；庭辩性言说主要适用于法律修辞领域，诉诸的对象是对过往之事的裁决；表现性修辞则主要适用于仪典修辞领域，诉诸的对象是对现在之事的裁决。

亚里士多德认为，想要修辞取得成功有两种手段：一种是"非人工的"，另一种是"人工的"。所谓的"非人工的"指的就是那些已经客观存在的、不需要演说者费力寻找的条件，如法定的证人、证据、证言、法律条文等。而"人工的"则是属于技术范围的、需要演说者通过修辞方法而产生的条件。这种"人工的"方法又分为三种，分别是诉诸修辞者人格、诉诸观众感情以及诉诸理性的三种方式。亚里士多德将诉诸理性的方法分成了"修辞三段论"（rhetorical syllogism）、"例证法"（example）和"准则"（maxim）。〔4〕亚里士多德的修辞三段论与普通意义上的三段论有着不同，可以说它是一种省略式的三段论，将三段论中小前提的部分予以省略，这种"修辞三段论"也被称为"恩梯墨玛"（enthymeme）。例如："因为所有人都会死，

---

〔1〕 苗宝明："亚里士多德的修辞理论及其现代意义"，载《北京社会科学》1997年第1期。

〔2〕 刘亚猛：《西方修辞学史》，外语教学与研究出版社2018年版，第52页。

〔3〕 George A. Kennedy, *A New History of Classical Rhetoric*, Princeton University, 1994, p.53.

〔4〕 姚喜明等编著：《西方修辞学简史》，上海大学出版社2009年版，第69页。

所以苏格拉底会死",它是对完整三段论的省略,这里省略了"苏格拉底是人"——某种人所共知的前提。修辞三段论产生的是可能性的结论,而非必然性的结论。[1]在修辞学上,这种"恩梯墨玛"存在的意义在于将观众直接带入演说者的演说逻辑,并让他们参与其中,在小前提不给出的情况下,让观众自己进行简单的推理,增强观众与演说者的共鸣,从而收获观众认同演说者观点的效果。

针对这里的"人工的"方法,我们可以将诉诸修辞者人格、诉诸观众感情以及诉诸理性的三种方式概括为两个大类:理性因素和情感因素。诉诸修辞者人格实际上也可以被归入情感因素。这两个因素之间不是彼此割裂的,而是可以相互联系和彼此作用的。所以,在运用修辞学的时候,演说者既要考虑观众对演说内容认知和理性方面的理解,同时也要感受观众情绪的变化,通过在演说中对理性和情感因素的调整收获最优的演说效果。

除了对修辞进行界定和分类之外,亚里士多德还在《修辞学》一书中对论题(topos)这一对后期修辞学发展影响深远的概念作出了自己的阐释。他所指的论题是同类事物的所在地,每一论题包括一系列同类型的事例。他将论题分为两类:具体论题(idioi topoi)和一般论题(Koinoi topoi)。除此之外,亚里士多德还对修辞的结构和文体风格进行了阐释,至于言说的结构,亚里士多德奉行一种极简主义,认为不管是什么修辞体裁,我们都只可以区分出两个基本结构成分,即对主题作出陈述的"说明"(prothesis/statement)和对主题加以发挥论证的"证明"(pistis/proof)。最多可以再加上"引言"(prooimiom/introduction)

---

[1] George A. Kennedy, *A New History of Classical Rhetoric*, Princeton University, 1994, p. 58.

和"结语"(epilogue)。[1]至于文体风格,亚里士多德认为应当明晰而有格调。不主张用诗意的风格进行演讲,认为越是自然的话语越具说服力。

第七节 亚里士多德法律修辞学的影响

从亚里士多德的《修辞学》总的框架中我们看到了这样的三位一体:修辞-论据-劝说。修辞演说就是对观众的一种说服,让观众形成某种判断、认同、赞成并采纳自己所持的观点或采取某种行为。[2]亚里士多德从品格(ethos)、情感(pathos)、理性(logos)三个层面解析了修辞学的实际运用,[3]具体来说:品格是要建立演说者自己的品格信誉和论点的公正性,这是"伦理论证"(ethical proofs),是依靠演说者的性格产生的。"演说者要使人信服,须具有三种品质……它们是见识、美德和好意","当演说者的话令人相信的时候,他是凭他的性格来说服人,因为我们在任何事情上一般都更相信好人。如果一个演说者没有什么可信度,其语言就没有什么说服力。"[4]

亚里士多德也从情感的角度来论述修辞学的实际运用。情感是诉诸观众的感情,用言辞来打动观众,这是"情绪论证"(pathetic proofs),是依靠使观众处于某种心情而产生的。在演说过程中,演说者要根据观众的不同心理情况选择不同的说服方式,才能使演说具有说服力。这要求演说者了解观众对辩论

---

[1] 刘亚猛:《西方修辞学史》,外语教学与研究出版社2018年版,第63页。
[2] 曹京渊:"亚里士多德的实用修辞观",载《兰州大学学报》2001年第2期。
[3] George A. Kennedy, *A New History of Classical Rhetoric*, Princeton University, 1994, p.57.
[4] 曹京渊:"亚里士多德的实用修辞观",载《兰州大学学报》2001年第2期。

的问题的情感和态度,而且要善于掌握、调动,有时甚至迎合那些情感和态度。在《修辞学》第2卷中,亚里士多德对那些由社会地位、政治利益和历史背景决定的心理特质做了最概括的解释。[1]亚里士多德认为,观众是演说取得成功的关键。观众对演说者的态度不同,他们的判断也会不同。所以,演说者必须懂得观众的心理,必须把可能影响观众的演说动机考虑进去,演说者所依据的前提和观点必须是观众能接受的、符合他们的观念和知识体系的。论据、语言手段的选用以及篇章结构等都取决于对观众的分析,观众分析法有助于演说者决定使用哪种心理诉诸。[2]

从理论论证的角度来看,理性指演说词本身所包括的事据与推理证明,即"逻辑论证"(logical proofs)。逻辑论证通常包括归纳法和演绎法,前者例如例证法,后者例如修辞三段论。[3]

亚里士多德是第一个系统性地对修辞学进行阐述的人,《修辞学》也是第一部系统、完整的修辞学著作,其贡献在于对古希腊的修辞理论进行了总结和提炼,并对古罗马及后世修辞学的发展奠定了结构和框架。可以说,西塞罗的修辞学是在亚里士多德修辞学的基础和框架上发展起来的。

---

[1] George A. Kennedy, *A New History of Classical Rhetoric*, New Jersey: Princeton University, 1994, p. 59.

[2] 曹京渊:"亚里士多德的实用修辞观",载《兰州大学学报》2001年第2期。

[3] George A. Kennedy, *A New History of Classical Rhetoric*, New Jersey: Princeton University, 1994, p. 58.

第三章
法律修辞学在古罗马的发展

相对于古希腊注重思辨而不注重成文法律的发展,罗马恰恰相反,正如耶林所说,罗马曾经三次征服世界,但其中最持久的征服还是法律的征服。从《十二表法》的颁布到共和时期市民法与万民法的并立、再到优士丁尼组织进行的法律汇编,《国法大全》的诞生,罗马法的发展总是建立在实用、实践性强的基础之上。正是在这样的历史背景之下,法律修辞学在罗马有了更为充分的发展空间。法律修辞学成为当时罗马想要步入仕途的青年的必备基本技能。那些履行法律服务功能的人不以之作为谋生手段,而仅仅是提供一种慷慨的帮助,因此其一开始便享有较高的声誉。西塞罗在《论演说家》中说道:"在希腊那些卑微的人,以微薄的报酬为辩护人提供着法庭协助。而在我们的社会却恰恰相反,那些最体面的、尊贵的人正在从事着这样的工作。"[1]

除了民主制度所提供的基础外,法律修辞学与诉讼程序的完善和发展有着密不可分的关系。罗马的诉讼程序也经历了三个发展阶段,首先是王政时期,这一时期的司法权由"王"一人独享,法律修辞学的利用和发展空间不大。推翻王政进入共和时期,执政官取代王,设置了专门处理纠纷的裁判官。共和

---

〔1〕 黄美玲:"律师职业化如何可能——基于古希腊、古罗马历史文本的分析",载《法学家》2017年第3期。

早期的诉讼形式一般被称为"法律诉讼",法律诉讼依据严格的形式作出,在进行诉讼时,说固定的语言、做固定的动作,而且当事人必须亲自出庭,不能由诉讼代理人代理。到了公元2世纪左右,罗马的疆域空前扩大,伴随而来的是法律纠纷的增多。如果还停留在法律诉讼的程序中,是无法适应社会发展需求的,此时诞生了一种新的诉讼形式,即程式诉讼。程式诉讼由两个部分构成,即法律审和事实审。

此时,诉讼仍然由两部分组成:在法律审(iniure)中,先由当事人双方分别在执法官面前陈述争议的事项和诉讼请求,然后由执法官从名册中指定一名审判员并制定诉讼程式;在事实审(apud iudicem)中,由被指定的审判员根据在法律审中确定的程式来审查事实并作出裁决。但在程式诉讼时期,由于罗马领土宽广、人员流动频繁,诉讼代理已由例外制度逐渐变为普通制度,且在法律审和裁判审两个阶段都有出现。[1]这种诉讼程序的改变使得法律修辞学的运用显得比以前更加重要,不再仅仅是依靠繁琐僵硬的程序,而是需要通过案件事实和诉讼请求的呈现来完成整个诉讼程序,这个过程需要大量的法律修辞学理论知识作为支撑。

随着罗马帝制时期的到来,诉讼程序也发生了相应的变化,非常诉讼成了这一时期新的诉讼形式。这种程序的特殊之处在于,取消了程式诉讼中的法律审和事实审,整个诉讼活动都在裁判官的主持下进行,双方当事人并不是必须出庭,同时在庭审的过程中需要提供一定的书面材料,这就为法律修辞学在法律诉讼中的运用提出了更为严格的要求。

---

〔1〕 黄美玲:"律师职业化如何可能——基于古希腊、古罗马历史文本的分析",载《法学家》2017年第3期。

第三章 法律修辞学在古罗马的发展

第一节 古罗马时期法律修辞学的主要内容

如果说法律修辞学是在古希腊的民主政治体制之下孕育诞生的，那么其便是在古罗马共和制的政治环境下开始走向顶峰，并且伴随着古罗马共和制度的衰落而渐渐衰落的。其中，帮助法律修辞学从古希腊引入罗马的重要的人物就是西塞罗。西塞罗的演说老师墨伦曾经说过这么一段话："西塞罗，我钦佩和赞美你；希腊，我可怜她。因为她唯一剩下的荣耀，也就是文化和辩才，将随着你转向罗马。"可见，将希腊的法律修辞学引向罗马，西塞罗功不可没。

马尔库斯·图利乌斯·西塞罗（Marcus Tullius Cicero），出生于公元前106年1月3日，他的家乡在罗马城东南大约一百公里外一个叫阿尔皮努姆的小镇，他的父亲属于骑士等级，是当时罗马知名的政治家马略的老乡。这也激发了西塞罗从小对于政治生活、对于荣誉的渴望。在少年时代的学习结束后，父亲将西塞罗兄弟二人送到罗马去接受教育，相比于西塞罗的老家，罗马有更多的机会接受更良好的教育。西塞罗在这里跟随当时罗马著名的演说家学习演说原理，其中包括伊壁鸠鲁派的哲学家斐德罗斯、第四学园的创立者拉里撒人菲隆、廊下派哲学家狄奥多托斯、修辞家墨伦。[1] 随后，西塞罗又离开罗马前去希腊和小亚细亚拜访名师，苦练演说术。当西塞罗学成回到罗马时，他依靠他的雄辩成了一名律师，并且受到了政界的赏识，得以崭露头角。

他是古罗马伟大的演说家、政治家、律师，他是古希腊修

---

〔1〕 林志雄："修辞术与哲学之争及'理想的演说家'——西塞罗《论演说家》的政治哲学解读"，浙江大学2007年博士学位论文，第44~45页。

辞学思想在古罗马的传承者。同时，他通过自己的理解和思考，继承了古希腊修辞学思想并在此基础上予以罗马化，成为能够为罗马人所接受的修辞学理论。由于其担任过执政官和辩护律师，这使他有机会将其修辞理论予以实践，更好地显现了西塞罗法律修辞学的实用性能。可以说，西塞罗的修辞思想和理论既标志着古罗马修辞发展的高峰，也为西方修辞学接下来近两千年的发展提供了最重要的参照点和灵感源泉。[1]

纵观西塞罗六十多年的生命历程，其中四十余载的政坛生涯见证了罗马共和国走向彻底的衰亡，并与当时的重要人物、事件紧密交织在一起。作为历史风云人物之一的西塞罗，虽非出身望族权贵，但为实现自己阶级和谐的共和理想，照样凭着自己的深邃智慧和雄辩之才，为国家安危殚精竭虑，摇唇鼓舌，义无反顾地奔走周旋于强权暴力的刀光剑影之间，直至献上自己的头颅和双手。客观说来，在政治实践上，与恺撒、庞培等比起来，西塞罗发挥的历史作用并非最大，但是作为一名具有哲学头脑的思想家，西塞罗却用自己的笔为后世记下了最为深刻的反思，并为人类留下了永恒的共和主义理想。[2]西塞罗的雄辩才能一方面源于自己的刻苦训练和实践，更重要的是来自希腊修辞学和哲学思想的双重熏陶。无论是青年时期前往雅典的游学经历，还是一生中与当时活跃的哲学流派的哲学家的频繁交往，无论是早年对狄摩西尼和埃斯基涅斯的演说词的翻译，还是后来对柏拉图以及亚里士多德著作的翻译和研究，抑或是对斯多葛学派一如既往的大加赞赏以及对伊壁鸠鲁学派从不休止的批评，所有这一切无不令人惊叹西塞罗的好学精神和广博

---

〔1〕 刘亚猛：《西方修辞学史》，外语教学与研究出版社2018年版，第100页。
〔2〕 Richard O. Brooks（ed.），*Cicero and Modern Law*, TJ International Ltd, padstow, 2009, Xviii.

学识。[1]

西塞罗有几部典型的代表作品反映出了他在法律修辞学上的发展方向和脉络。他在20岁的时候就写出了《论发现》(De Inventione)一书,虽然这部作品和其后期同类的修辞学著作相比略显稚嫩,与当时在罗马流行的修辞手册相似,都是从说服技巧的角度对修辞学进行了阐释,可以说是一部技术性手册。

从公元前55年到公元前44年是西塞罗修辞理论创作最为辉煌的时期。在这一段时间内,他写下了使他成为西方有史以来最伟大修辞学家之一的所有不朽作品,展示出了他对修辞学的非凡理解和洞察,对修辞学科地位的巩固、对西方修辞传统的确立和发展做出了巨大而独特的贡献。[2]西塞罗在这一时期的代表性作品包括:《布鲁图斯》《论演说家》《论题学》等。[3]在《论演说家》中,西塞罗梳理了演说术的理论,同时针对在培养演说家的过程中需要哪些知识(即除了掌握必备的演说原理之外,是否还需要其他诸如德性方面的培养)作出了讨论,西塞罗甚至还在其中谈到了演说家与罗马共和之间的联系。西塞罗在《论演说家》中综合了之前柏拉图对修辞学的否定观点并结合了亚里士多德对修辞学的正面肯定。西塞罗的观点是培养"理想演说家",企图由此来化解修辞学与哲学的对立关系,倡导在掌握演说技巧的同时也应该从哲学的角度来培养人的德性,通过修辞来掌握真理和智慧。西塞罗希望,真正的演说家必须也是伟大的法官,这个辩称需要根据他个人的经验而加以

---

[1] 林志雄:"修辞术与哲学之争及'理想的演说家'——西塞罗《论演说家》的政治哲学解读",浙江大学2007年博士学位论文。

[2] 刘亚猛:《西方修辞史》,外语教学与研究出版社2018年版,第101页。

[3] Richard O. Brooks (ed.), *Cicero and Modern Law*, TJ International Ltd, padstow, 2009, XXiv.

限制，对他的如下主张也要如此看待：伟大的演说不可能离开哲学研究。〔1〕

西塞罗对于法律修辞学的五个步骤是这样进行阐释的："所谓开题就是去发现那些有效的或者似乎有效的论证，以便使一个人的理由变得比较可信。所谓布局就是论证的安排，并在恰当的秩序中做出发现。所谓表述就是选用恰当的语言对发现的事情进行陈述。所谓记忆就是对事情和语词的牢固把握。所谓表达就是以适合主题庄重程度和文雅的方式对声音和身体进行控制。"〔2〕

昆体良（Marcus Fabius Quintilianus）是继西塞罗之后另一个对罗马法律修辞学有重要影响的人，他是著名律师、教育家和皇室委任的第一个修辞学教授。他的父亲是教授修辞学的老师，少年的昆体良跟随父亲来到罗马求学，接受修辞学教育，也曾和西塞罗一样当过律师。在公元 70 年的时候，他被任命为当时罗马国立拉丁语修辞学校的主持人。昆体良在这所修辞学学校工作了二十年时间，后来退休后主要从事著述工作。

昆体良的代表作品是《雄辩术原理》，这部著作可以说是昆体良在修辞学校二十年工作中教学经验的总结，其中涵盖了大量他关于教育理论和如何培养雄辩家的理论和实践经验的总结。可以说，《雄辩术原理》是古代西方第一部系统性反映古罗马学校教育实际和如何培养演说家思想的书籍。在这部书中，西塞罗主张教育的目标是培养"善良的精于雄辩的人"，昆体良认为雄辩家首先必须是善良的、有德行的人。具备良好的德性是学习雄辩术的前提，这一点实际上和西塞罗认为演说家不仅仅需

---

〔1〕 [英] 葛怀恩：《古罗马的教育——从西塞罗到昆体良》，黄汉林译，华夏出版社 2015 年版，第 88 页。

〔2〕 参见 [古罗马] 西塞罗：《西塞罗全集·修辞学卷》，王晓朝译，人民出版社 2007 年版，第 147 页。

要掌握修辞的技艺，更应该将德性的培养放在重要的位置不谋而合。其次，昆体良还认为，要想让学生对演说术的掌握达到较为理想的境界，除了专业的修辞学技巧和德性的培养之外，还需要将专业的学习建立在宽广、扎实的通识教育上。例如，音乐、数学、逻辑学、伦理学等。

昆体良认为只有具有较为宽泛的通识性知识，才能够更好地为演说术服务。通识性知识是良好演说能力的基础。昆体良也将他的这种教育理念运用到了实际的教学活动中。

昆体良还主张，在教育中要注重人的天性，认为天性在人的成长中发挥着非常重要的作用，要培养一个成功的演说家，必须将天性和教育结合起来，只有注重天性才能更好地将天赋显现出来，如果没有对天性的重视，便不能使天性和教育二者相互依赖，很难取得演说上的重大成就。

第二节　古罗马时期法律修辞学的产生原因

一、古罗马的民主政治为法律修辞学的适用提供了政治环境

法律修辞学的发展与民主政治生活的兴衰是紧密联系在一起的。西塞罗法律修辞学的发展也与当时罗马城邦的政治生活环境息息相关。可以说是罗马民主政治的社会生活环境为修辞学的发展提供了前提条件。西塞罗时代的罗马政制形式被称为共和宪制，是一种混合制政府，执政官、元老院、公民大会都享有政治权力。这种宪制虽是不成文的，但被历史、传统和具体的立法所确立。[1]

---

［1］　Richard O. Brooks（ed.），*Cicero and Modern Law*，TJ International Ltd, padstow, 2009, XXi.

在关于亚里士多德《修辞术》的讲学录中，施特劳斯是这么认为的："自由和修辞术是同外延的（coextensive）。塔西佗（Tacitus）就立足于政治基础充分看到了这一点。他说修辞术的繁荣时期在罗马帝国之前。当罗马帝国掌控在皇室——连同皇帝的老婆和情人——的手中时，修辞术就没有用武之地了。也许当事情放在公共论坛上时，他才会繁荣。只要有自由，修辞术就有发挥的领域，而且只有它能发挥。"〔1〕

施特劳斯的阐述充分说明了民主自由的公共生活对于修辞学发展的重要意义，然而，更充分的阐释应当包括由这些自由的民主政治生活所带来的，包括进入政界所必需的演说。例如，想要争取政治职位所需要发表的演说，执政官关于新制定政策的阐释和演讲，由诉讼中的公民为自己的权益争辩带来的法庭演说。这些都是以自由的公共生活为前提的，为修辞学的发展提供了重要的保障和依据。

二、古罗马诉讼程序中"保护人"的纳入为法律修辞学的发展提供了市场

在罗马，精通法律规定、受过良好教育的是社会中的贵族阶层。普通公民如果被牵扯到诉讼活动中往往会寻求这批人的保护和帮助，由他们代表自己在法庭上起诉和应诉，这就是罗马诉讼中的保护人制度。保护人往往精通修辞学。古希腊与古罗马最大的不同之处即在于，在希腊的法庭中是自己给自己辩护，没有聘请代理人或保护人的机会和权利，而在罗马则不一样，罗马公民可以聘请有口才的人为自己辩护，以维护和争取自身的合法权益。可以说，在罗马共和时期，保护人与顾客之

---

〔1〕［美］施特劳斯讲疏，［美］伯格编订：《修辞术与城邦——亚里士多德〈修辞术〉讲疏》，何博超译，华东师范大学出版社2016年版，第71页。

间的关系,实际上就相当于现在的律师和被代理人之间的关系。律师或者说保护人要具备法律修辞学方面的技能或者优势。共和时期的罗马法很多并没有公布出来或者说很难被知晓,当事人在涉案以后不知道法律程序,在一个依赖个人权威的社会,他们缺乏社会特权保护自己的权利。[1]可以说,修辞学家的出现在很大程度上为当事人救济自身的合法权利提供了途径。而作为保护人,他们的任务是像现在的出庭律师一样出庭,根据案件的不同情况制定不同的演说策略,并公开对案件发表演说,以达到维护当事人权益的目的。

三、古罗马共和时期的法律为法律修辞学的发展提供了背景和依据

为什么说共和时期的法律会为修辞学的发展提供背景和依据?这一点可以从两个层面加以分析。首先,公元前450年,罗马颁布了《十二表法》,这是罗马历史上第一部成文法,对罗马法的发展产生了深远影响。[2]《十二表法》在共和晚期依然在发挥作用,是成文法的重要渊源。此外,成文法还有公民大会法令(statutes),元老院和执政官的命令、法学家的解答和论著,然而共和晚期的绝大多数罗马法律都是不成文的(unwitten)。[3]普通民众难以清楚地了解法律的内容和程序。在这样的背景之下,普通民众只有借助接受过专门修辞学训练的演说家才能更好地维护自己的合法权益。

---

[1] George A. Kennedy, *A New History of Classical Rhetoric*, Princeton University, 1994, p. 41.

[2] 兰奇光:"重评《十二表法》",载《湖南科技大学学报(社会科学版)》2004年第2期。

[3] Jill Harries, "Cicero and the Defining of the Ius Civile", in Richard O. Brooks (ed.), *Cicero and Modern Law*, Ashgate Publishing Limited, 2009, p. 99.

其次，从共和时期罗马法庭对案件的裁决方式和结果中我们可以看到，要作出各方都满意的公正裁决，仅依据成文法是不够的。可以说，修辞学发生于直接使用法律不公正时，不诉诸字面意思，诉诸精神，甚至在很大程度上可以对法律的定义作出另外的理解。正是因为法律的阐释存在很大空间和不确定性，才需要修辞学对法律存在遗漏的地方用衡平的精神予以弥补，由此才能进一步彰显法的公平和正义的价值理念。可以说，修辞学在罗马时期的法庭中有巨大的发挥空间，发挥了重要的作用，对于案件的审判结果有重要影响。

第四章
古罗马视域下法律修辞学的构成和主要内容
——以西塞罗为视角

第一节 古罗马视域下法律修辞学的构成

一、理性说服和情感说服的含义

理性说服中的"理性"准确地说是指人的一种认知（cognition）能力。认知是诸如记忆、注意、语言、问题解决和推理等心智功能和加工过程。认知的过程分为注意、记忆以及思维等一系列认知过程。注意是心理资源的集中。[1]在修辞学中，理性能力体现在运用演绎、归纳等逻辑手段论证和说服的过程中。[2]

情感说服中的"情感"（emotion）是人际交往中的一种诸如喜、怒、哀、乐的心理上自发的主观体验，它属于人类的一种经验（human experience）。[3]"情感包含了对价值的正确观察，值得用来做审议的指引。情感是对某些事情做出良好推理的必

---

[1]〔美〕约翰·W. 桑特洛克：《毕生发展》（第3版），桑标等译，上海人民出版社2009年版，第231页。

[2] George A. Press Kennedy, *A New History of Classical Rhetoric*, Princeton University, 1994. p. 121.

[3] Martha Nussbaum, *Hiding from Humanity: Disgust, Shame and the Law*, Princeton University Press, 2004, p. 23.

需因素。"[1]

理性说服指的是什么？理性说服是运用理由、逻辑和论证来达成使观众接受自己观点的目的。修辞学中的理性因素，西塞罗认为属于哲学，他特别强调修辞学离不开哲学，好的修辞家同样要精通哲学。"所有那些被称为修辞家、讲授演说规则的人如果不预先研究哲学原理，那他们便会什么都不可能理解，也不可能掌握任何演说本领。"[2]西塞罗认为，演说家必须知道"存在多少手段，采用怎样的手法，利用什么类型的演说才能够激励人们的心境倾向某一方面；而这些知识都深深地隐藏和幽闭在哲学里"。[3]

情感说服指的是什么？西塞罗认为："人们在判断时，在大部分情况下更为经常地遵循的是自己的情感——憎恶，喜爱，意愿，愤懑，悲痛，喜悦，希冀，恐惧，迷惑或是其他某种心灵的激越。"[4]情感说服就是利用人们在判断时被情感左右的这种特点来达到说服的目的，而"演说家的力量特别表现在激励人的心灵趋向，或是愤怒，或是憎恨，或是忧伤，或者使他们从这些心灵情感恢复到温和与怜悯"。[5]

西塞罗法律修辞学中理性说服的核心内容体现为他的"论题学"理论。西塞罗在公元前44年应其好友特雷巴求斯的请求

---

[1] [美]玛莎·努斯鲍姆：《诗性正义——文学想象与公共生活》，丁晓东译，北京大学出版社2010年版，第102页。

[2] [古罗马]西塞罗：《论演说家》，王焕生译，中国政法大学出版社2003年版，第61页。

[3] [古罗马]西塞罗：《论演说家》，王焕生译，中国政法大学出版社2003年版，第63页。

[4] [古罗马]西塞罗：《论演说家》，王焕生译，中国政法大学出版社2003年版，第337页。

[5] [古罗马]西塞罗：《论演说家》，王焕生译，中国政法大学出版社2003年版，第43页。

第四章　古罗马视域下法律修辞学的构成和主要内容

撰写了一部同名著作《论题学》(*Topica*)。具体来说，"论题学"实际上为问题寻找了一个切入点，是问题解决的一个"把手"。例如，"可能性与不可能性""过去的事实""将来的事实""某物是不是重要的"等。[1] "关于论据或明显的论据所达到的说服：正如在辩证法中一方面是归纳，另一方面是三段论或明显的三段论。因此，它就在修辞中。事例就是归纳，省略三段论就是三段论，明显的省略三段论就是明显的三段论，我将省略三段论称为修辞的三段论。每个通过论据进行说服的人实际上都在运用省略三段论或事例：没有其他的方法。由于证实事物的人都必定要使用三段论或归纳，因此必须遵循省略三段论是三段论，事例是归纳的原则。"[2]

西塞罗认为修辞学离不开理性因素的另一个例子是修辞学要运用归类、抽象（一般化）和推理的能力。他指出："无论是证据、控告或辩护，都需要回到普遍的类型和普遍的特性。"[3] 为当事人辩护所说的一切也必须由个别的时间和人物引向事物的普遍概念和一般类型。[4] 整个案件分析以事件和案情的普遍性质为基础，而不是以具体的情境和人物为基础。[5] 西塞罗还举出了推理论证的一些基本模式：由相关联词语进行的推导，由

---

〔1〕 George A. Kennedy, *A New History of Classical Rhetoric*, Princeton University Press, 1994. p. 61.

〔2〕 马晓明：《英语修辞模式及比较研究》，科学技术文献出版社 2015 年版，第 39 页。

〔3〕 [古罗马] 西塞罗：《论演说家》，王焕生译，中国政法大学出版社 2003 年版，第 305 页。

〔4〕 [古罗马] 西塞罗：《论演说家》，王焕生译，中国政法大学出版社 2003 年版，第 307 页。

〔5〕 [古罗马] 西塞罗：《论演说家》，王焕生译，中国政法大学出版社 2003 年版，第 309 页。

类进行的推导,由属进行的推导,由相似性进行的推导,[1]由不相似性进行的推导,由一致性、先时性和矛盾性进行的推导,由事物的原因进行的推导,由较大、较小和相等进行的推导,由相等的事物进行的推导等。[2]西塞罗注重运用证据的证明、对事实和观点的论证,也注重在这个过程中形式逻辑的运用。很显然,在这个过程中运用了人的理性能力,它是诉诸理性的说服。

二、理性说服和情感说服构成了法律修辞学的内在结构

最早从柏拉图开始,对人的灵魂(内在心里)就有了理性、欲望和激情的划分,考虑到激情是因为欲望而产生的,这种区分可以分成两类:理性和情感。从柏拉图开始,从理性和情感方面来探讨人的灵魂和内心世界成了一个惯常的做法。托马斯·阿奎那在对人行为和判断的研究中明确区分了认知(cognition)和情感(emotion)两大类。这种观念也影响着人们对脑功能的认知,人们普遍认为存在着认知脑和情绪脑的分离。现代心理学和神经科学的研究也一致支持着这一点,并且认为认知和情感的加工过程不但彼此交互,而且存在着功能整合,共同构成了人类行为活动的基础。"无论是功能水平,还是神经水平,认识和情绪的交互作用和功能整合均是人类发展的必要基础,影响着人类生活的方方面面。"[3]

修辞学的目的是实现说服,实现对受众的说服要考虑到受

---

[1] Jill Harries, *Cicero and the Jurists from Citizens Law to the Lawful State*, MPG Books Limited, 2006, p. 128.

[2] [古罗马] 西塞罗:《论演说家》,王焕生译,中国政法大学出版社2003年版,第331~333页。

[3] 刘烨、付秋芳、傅小兰:"认知与情绪的交互作用",载《科学通报》2009年第18期。

众的心理。对于受众的心理来说,他们对某事的看法或意见发生改变,是因为他们心理的认知因素和情感因素发生了改变。认知和情感构成了人心理的二元结构,这种二元结构被现代心理学和神经科学所证实。而认知和情感的二元结构恰好对应修辞学中的理性说服和情感说服,理性说服影响人心理的认知因素,情感说服影响人心理的情感因素。

在人们的判断过程中,认知和情感都是不可或缺的。人们对事物的判断(是否道德、是否合法)具有规定的性质,不仅仅是态度和情绪的表达,也是认知的和理性的。[1]单独依赖它们任何一种都无法有效地作出判断。如果只依赖情感,我们无法保证作出判断的正当性或是非性,判断的是非依据依赖于提供的理由,[2]这需要理性,需要从"原则到原则的推理"。[3]

只依赖理性:"抛弃情感,人就会变得盲目,这是一种价值的盲目,主体就没有能力看到自身之外的东西的价值和重要性,没有能力看到她需要什么和不需要什么,没有能力看到在哪些地方她的生命需要通过和他人的联系来完善。"[4]对应于认知和情感对人心理因素的二分是合理的、科学的、周延的;修辞学中理性说服和情感因素说服的二分也是合理的、科学的和周延的。

然而,需要注意的是,正如理性和情感的区分不是绝对的,

---

〔1〕 〔美〕L. 科尔伯格:《道德发展心理学:道德阶段的本质与确证》,郭本禹等译,华东师范大学出版社 2004 年版,第 275 页。

〔2〕 Martha Nussbaum, *Hiding from Humanity*: *Disgust*, *Shame and the Law*, Princeton University Press, 2004, p. 33.

〔3〕 〔美〕L. 科尔伯格:《道德发展心理学:道德阶段的本质与确证》,郭本禹等译,华东师范大学出版社 2004 年版,第 273 页。

〔4〕 〔美〕玛莎·努斯鲍姆:《诗性正义——文学想象与公共生活》,丁晓东译,北京大学出版社 2010 年版,第 98 页。

情感在发挥作用的过程中需要认知因素，理性发挥作用也无法脱离开人的情感功能，理性和情感的区分只有相对性。因此，理性说服和情感说服两者的关系也是相对的，某些时候只能由情感说服发挥作用，某些时候只能由理性说服发挥作用。更多时候，理性说服和情感说服在修辞学的实际运用过程中是同时发挥作用的，虽然在理论上它们具有一定的独立性和可分性。就比如，演说家在运用修辞学的过程中要通过激发情感来说服陪审团成员，这属于情感说服，但是在运用修辞学的过程中，他需要理性地计算，什么放在第一位说，用什么韵律、语音、声调，表达什么内容；而在理性论证的过程中，演说家有时"借助于人们的激愤来否定特定的证言"，[1]这时理性说服又利用了情感因素。可见，在实践中，修辞学是将理性说服和情感说服交织在一起使用的。但是，这并不构成对"理性说服和情感说服分别探讨修辞学"的否定，因为修辞学中的理性因素和情感因素各具特点，具有相对的独立性，而这种独立性足以建立起完整的关于修辞学的理论。

可以说，理性说服和情感说服结合在一起可以完整地把握和勾画出法律修辞学的最核心内容。理性说服和情感说服并不是从外部对法律修辞学的规定和建构，而是构成了法律修辞学的内在结构。

三、理性说服和情感说服对法律修辞学的把握具有合理性

以亚里士多德为代表的传统修辞学将修辞学分成了三部分——发现、排列、风格。

第一部分是发现（invention），它关注识别当前的问题，哪

---

〔1〕［古罗马］西塞罗：《论演说家》，王焕生译，中国政法大学出版社2003年版，第359页。

一个可被称为演说的论题（stasis），什么是说服观众接受演讲者立场的可运用的手段？[1]说服的手段包括：首先，直接证据，例如见证与契约；其次，说服的"艺术"手段，包含演说者的性格（是值得信赖的）、可说服观众的逻辑证明，还有演讲者可以在观众那里唤起的情感。[2]

第二部分是排列（arrangement），指的是将一个演讲排列成部分，论据依次呈现，最强的论据排在首位或者放到高潮部分。一旦讲演者已经计划好说"什么"，还有按照什么顺序去说，第三个任务便是决定"如何"去说，即怎样将它显现为词语和句子，这就是修辞术的"风格"（style）。

第三部分是"风格"，指将主题变成语言的深思熟虑的过程。相同的意思可以以不同的词语表达，同时有不同的效果。[3]风格可以被分为两个部分，措辞（diction）和作文（composition）。"措辞"是对词语的选择，"作文"是将词语组合成句子，其包含了循环的结构、散文式的韵律等。[4]古典修辞学对于风格的要求是准确（语法和使用）、清晰、修饰和得体。风格要求合理使用各种不同的修饰或语言表现手段，例如比喻；改变发音或者排列词语的顺序，比如首语重复，或者连接词省略；还有通过重复一个陈述来强调它，以抓住观众的注意。[5]

---

[1] George A. Kennedy, *A New History of Classical Rhetoric*, Princeton University Press, 1994, p. 4.

[2] George A. Kennedy, *A New History of Classical Rhetoric*, Princeton University Press, 1994, p. 5.

[3] George A. Kennedy, *A New History of Classical Rhetoric*, Princeton University Press, 1994, p. 5.

[4] George A. Kennedy, *A New History of Classical Rhetoric*, Princeton University Press, 1994, p. 6.

[5] George A. Kennedy, *A New History of Classical Rhetoric*, Princeton University Press, 1994, p. 6.

在公元前1世纪的时候，修辞学家在原来的三部分外又增加了两个部分：记忆（memory）和传达（delivery）。第四部分"记忆"指的是一旦演说被计划好并写出来，修辞学的学生便应该逐字逐句地背诵，以便口头说出来。为了达到这一目的，一种关于背景和图像的记忆术随之发展起来了。第五部分是"传达"，这可以被分为对声音的控制、引领、停顿等，还有姿态（对于眼睛和嘴唇的有效控制）。[1]

西塞罗也继承了以亚里士多德为代表的修辞学的这种区分，他本人最早写的一本修辞学著作就是关于这里第一部分的《论发现》，在《论演说家》一书中，他就如何有效地发现、排列、措辞、表达、记忆发表了自己的看法。既然如此，为什么不分别按照这五部分来把握法律修辞学，而要诉诸情感说服和理性说服呢？

有两个原因：第一，西塞罗修辞学的重心在于这五个部分的第一部分"invention"。他写下了三本专门的修辞学著作，第一本就是《论发现》，第二本是《论演说家》，第三本是《布鲁图斯》。《论演说家》和《布鲁图斯》着重讨论的也是"invention"（论发现），即如何说服。演说家说服他人需要具备哲学家的能力，需要对人性、习俗、法律有所了解。可以说，法律修辞学的重心在于"如何说服"，这也符合修辞学最为根本性的含义"运用各种手段实现说服的能力"。与围绕着"如何说服"（论证，德性和情感）的"发现"相比，无论是排列、措辞，还是记忆、传达，都是附属的，其余四个部分是围绕第一部分的辅助性手段。第一部分"发现"是灵魂、是实质、是内容，其他部分只是形式性的、修饰性的手段。其余四部分的缺少不影响修辞学的正常展开，而离开了第一部分，整个修辞学就无法施

---

[1] George A. Kennedy, *A New History of Classical Rhetoric*, Princeton University Press, 1994, p. 6.

展,它既缺少针对的对象,也缺少感动人和达到目的的力量。"发现是给演讲提供、涉及或者计划(devising)内容和材料的。"[1]本书是通过"说服的力量或技艺"来界定修辞学是什么的,而这一时期的法律修辞学最具独特性,对于整个修辞学历史发展来说最具贡献的部分恰好在于第一部分,即以情感说服和理性说服为核心的"论发现的部分"。

　　第二,本书对法律修辞学的探讨是在法律语境下进行的,也就是说,本书探讨的法律修辞学,对于修辞学的内涵和特征的界定要服从或者受到这样一个目的的界定,它对法律产生了意义。在传统修辞学五部分的划分之中,除了第一部分,其余部分主要集中于"语句和表达的顺序、风格、记忆和演说的声调和姿态等"。它们一方面属于文学,探讨文字的表现、修饰和感染力;另一方面属于表演技术,和戏剧艺术中的演员表演关系紧密,它们很难和法律发生关联。它们属于语言学或者是文学领域,很难和社会生活中人们的权利、义务分割,或者和社会权力的分配产生联系,或者对上述活动中人们的行为或选择产生意义。而修辞学的第一部分"论发现"为什么能和法律产生关联,以及怎样和人民的法律生活发生关联?

　　西塞罗将"发现"分成了三种"说服手段":论证(argument)、品性(ethos)和情感(pathos)。[2]这三者都和法律发生着紧密的关联。

　　法官或陪审团成员的情感往往会决定他们的判断和选择,他们的判断和决定会产生法律效果,会使财物的归属发生变更,使人被判有罪或无罪,也会影响刑罚的轻重。用西塞罗的话来说,通过修辞学激发起来的情感能够"用刑罚抑制作恶和欺诈

---

[1] Jakob Wise, "De Oratore: the Orator", *Rhetoric and Philosophy*, 2002, 385.
[2] Jakob Wise, "De Oratore: the Orator", *Rhetoric and Philosophy*, 2002, 385.

之人，能够以自己才能的力量保护无辜，使其免遭法庭的惩罚"，[1]"他不利用孩子和眼泪，他就会受到惩罚"。[2]在法律的场景中，特定主体的情感表达会产生法律意义。而这个法律的场景正是修辞学在其中发挥作用的场景。

  法律的价值是公正，为了实现公正性，需要对法官或陪审团成员不合理的情感进行限制。情感是否合理和个体的品行或德性有关。理性的人不会因为他人的鼓动和感染丧失判断力。有品行的人中道并有节制，不会成为情感和欲望的奴隶。德性和情感的关联在于，只要法律是由人制定的，或者人还在法律中发挥主导性影响（在西塞罗那里，肯定是这样的，元老院会议、民众大会的决议就是法律，具有法源的地位），那么德性对于法律的维持、好与坏、善与恶、智慧还是浅视就会产生深深的影响。在古希腊罗马哲学（例如柏拉图）那里，最正义的法律，最好的立法者，同时是最有德性的人，德性、品性同时意味着正义和智慧。柏拉图也认为，想要在修辞艺术方面有所成就就必须有高尚的德性（noble character）。[3]

  西塞罗认为："搜寻证据对它们进行安排和组织。"[4]"首先把事物分成类，然后把类分成属，最后是给所有的词语做界定。"[5]"我能够更容易地使承审法官听取我的意见，不是在

---

〔1〕［古罗马］西塞罗：《论演说家》，王焕生译，中国政法大学出版社2003年版，第145页。

〔2〕［古罗马］西塞罗：《论演说家》，王焕生译，中国政法大学出版社2003年版，第171页。

〔3〕George A. Kennedy, *A New History of Classical Rhetoric*, Princeton University Press, 1994, p. 43.

〔4〕［古罗马］西塞罗：《论演说家》，王焕生译，中国政法大学出版社2003年版，第229页。

〔5〕［古罗马］西塞罗：《论演说家》，王焕生译，中国政法大学出版社2003年版，第265页。

第四章 古罗马视域下法律修辞学的构成和主要内容

我承诺提供证据的时候,而是在我真正提出证据,并进行说明的时候。"[1]对证据的排列、证明即论证的过程。西塞罗认为,论证会改变法官的意见,说服法官,从而取得自己想要的结果。在西塞罗看来,论证是在法官审判的场合,是诉讼修辞的重要方法,是律师的重要技能,是影响陪审团成员和法官作出决定的重要思维过程。它影响或者在相当程度上塑造了法律的理性内涵。论证是法律的内在部分,法律的合理性、法律的理性就体现在对论证的强调和重视之中。法律决定的说服力,可预期性也在于对论证的吸收和融入。

西塞罗还特别强调,论证过程中整个问题都是从"合法性"的角度辩护,[2]对证据的使用和推理必须依赖于当时罗马法的规定。证据及其使用的隐含前提是"合于罗马法",离开了法律的规定性指引,论证便无法展开。拿典型的三段论推理来说,大前提即是法律规定。离开了大前提,法律论证无法开始。因此,无论从哪个方面来说,法律和修辞学中的论证均有着不可分割的联系。

为什么不通过论证、品性和情感这三者来把握这一时期的修辞学,而只是用其中的两者——理性说服和情感说服呢?这里有两个原因:第一,品性和情感本质上是一致的,因此情感说服涵盖了用品性达到说服的目的。第二,亚里士多德已经有了通过论证、情感和品性来进行说服的说法了,这不适合作为这一时期法律修辞学独一无二的东西。

利用演讲者的品性来说服,指的是演讲者表现出自己是一

---

[1][古罗马]西塞罗:《论演说家》,王焕生译,中国政法大学出版社2003年版,第265页。

[2][古罗马]西塞罗:《论演说家》,王焕生译,中国政法大学出版社2003年版,第289页。

个有德性和操守的人,能够获得法官和陪审团成员的好感和信赖,陪审团成员和法官更容易相信具有这样一种品性的演讲者的观点和意见,从而产生一种说服效果。在西塞罗那里,品性指向了一种温和与和善,是一种剧烈程度比较低的情感。[1]因此,可以看出,利用品性的说服不是基于逻辑和论证,不同于理性说服,它达成其目的靠的是观众或陪审团成员的好感和信赖,这更多地属于情感,也可以归属于情感说服的领域。

雅各布·维瑟(Jakob Wisse)将"发现"分成了三种"说服手段":论证(argument)、品性(ethos)和情感(pathos)。[2]这种划分可以追溯到亚里士多德。西塞罗也进行了这三种划分,并且在一个比较小的程度上与亚里士多德的做法有所不同。而对于这三者的理解,使得将说服方法分为情感说服和理性说服更为合理。

在亚里士多德那里,品性(ethos)被限定为某些性格特征,它们会驱使观众相信演讲者是值得相信的——这不是某种情感性的东西,因为观众可以理性地决定发言者是不是可信赖的,他们是否可以相信他所说的。情感包含了唤起观众的所有情感,不管是温和的还是强烈的。[3]在西塞罗那里,品性包含的含义更广,他关注的是演讲者所有积极的性格特征还有其客户的性格特征,以确保观众会产生好感(goodwill)。西塞罗对于品性(ethos)的界定没有遵循亚里士多德的观点,而是更受罗马环境的影响,并且不只是考虑客户的品性的影响,还要考虑保护人(也即演讲者)品性的影响。西塞罗认为,品性(ethos)存在

---

[1] George A. Kennedy, *A New History of Classical Rhetoric*, Princeton University Press, 1994, p. 144.

[2] Jakob Wisse, "De Oratore: the Orator", *Rhetoric and Philosophy*, 2002, p. 385.

[3] Jakob Wisse, "De Oratore: the Orator", *Rhetoric and Philosophy*, 2002, p. 386.

于一种温和的情感呈现中：它安抚和劝慰观众，与体现了和善（good natured）与情感（pathos）的剧烈程度相比，它的突然和剧烈程度较低。[1]

西塞罗的情感概念较为狭窄，仅仅包含唤起观众强烈的情感。造成这种差异的原因并不清楚，但是可以确定的是，西塞罗的概念更适应他的修辞学实践。比如，在西塞罗的演讲中，他无处不在使用他自己的人格魅力以获得观众的善意，唤起观众的强烈感情是其修辞学的最重要力量之一。[2]如果在亚里士多德那里，将品性和情感同归于情感说服是不那么准确与合理的，那么在西塞罗这里便是可以的。因为，亚里士多德强调了品性的理性面，而西塞罗没有，在他那里品性完全服务于唤起观众的善意和好感这种实际目的，而"goodwill"，一旦被放到实际的语境中，就是情感。我们如何对某人产生好感或者善意，这是基于一种特殊的情感"同情"或者"移情"。首先，基于信任感，相信讲演者将我们带入的情景是真实的；其次，通过设身处地的想象对当事人产生了同情，从而产生善意或好感（goodwill）。信赖感不是某种理性的东西。经常会发生的情况是，对于某个我们一直信赖的人，对他告知我们的谎言，我们也会信以为真。

因此，情感说服和理性说服，不是传统修辞学中的五分法或三分法，是对西塞罗修辞学的适当把握。这并不意味着排列、风格、记忆和传达这些传统修辞学技术在西塞罗的修辞学中不存在，只是说它们不能成为独立的、有特性的东西。作为修辞学的一部分，它们也会在西塞罗的修辞学中发挥作用，但是以

---

[1] George A. Kennedy, *A New History of Classical Rhetoric*, Princeton University Press, 1994, p.144.

[2] Jakob Wisse, "De Oratore: the Orator", *Rhetoric and Philosophy*, 2002, p.386.

伴随着理性说服和情感说服的实际需要的方式发挥作用。比如说,西塞罗指出,情感说服时在表达方面要做到:声音柔和、面部表情谦恭、语言亲切;[1]在理性说服时,语言要有力量。[2]

第二节 法律修辞学的主要内容——情感说服

所谓"情感说服"是指将"情感因素"加入法律修辞学的运用过程,并通过不同情绪的诱导,达到演说者想要达到的目的。对于"情感"包括哪些内容,亚里士多德在《修辞学》中曾经这样提到:"情感包括所有使人改变看法另作判断的情绪,伴之而来的是苦恼或者快感,例如愤怒、怜悯、恐惧和诸如此类的情绪以及和哲学情绪相反的情绪。"[3]同时,西塞罗在《论演说家》中也同样提及了情感在法律修辞学运用中的重要价值。我们需要在承审法官或者观众心里激起类似这样的情感——敬爱、憎恶、愤怒、敌意、同情、希望、兴奋、恐惧、不安等。[4]

同样的原则也适用于希望、欢乐、烦忧。不过嫉妒也许是所有心理活动中最为激烈的,并且为了抑制它需要花的力量并不亚于为了激发它。[5]

---

[1] [古罗马]西塞罗:《论演说家》,王焕生译,中国政法大学出版社2003年版,第339页。

[2] [古罗马]西塞罗:《论演说家》,王焕生译,中国政法大学出版社2003年版,第301页。

[3] [古希腊]亚理斯多德:《修辞学》,罗念生译,生活·读书·新知三联书店1991年版,第70页。

[4] [古罗马]西塞罗:《论演说家》,王焕生译,中国政法大学出版社2003年版,第361页。

[5] [古罗马]西塞罗:《论演说家》,王焕生译,中国政法大学出版社2003年版,第363页。

第四章　古罗马视域下法律修辞学的构成和主要内容

西塞罗认为:"人们在判断时,在大部分情况下更为经常地遵循的是自己的情感——憎恶、喜爱、意愿、愤懑、悲痛、喜悦、希冀、恐惧、迷惑或是其他某种心灵的激越。"[1]情感说服就是利用人们在判断时会被情感左右的这种特点来达到说服的目的,而"演说家的力量特别表现在激励人的心灵趋向,或是愤怒,或是憎恨,或是忧伤,或者使他们从这些心灵情感恢复到温和与怜悯"。[2]可见,不论是古希腊还是古罗马,都将诉诸情感因素的情感说服作为法律修辞学非常重要的一个方面。

一、情感说服的理论来源与基础

情感说服中的"情感"(emotion)是人际交往中的一种诸如喜、怒、哀、乐的心理上自发的主观体验,它是属于人类的一种经验(human experience)。[3]"情感包含了对价值的正确观察,值得用来做审议的指引。情感是对某些事情作出良好推理的必需因素。"[4]

(一)以亚里士多德的"人为证明"为基础

西塞罗的情感说服理论在很大程度上是在古希腊特别是亚里士多德的说服理论的基础上形成的。具体来说,亚里士多德修辞学中的一个核心问题是说服方式:一名演说者,究竟采取什么样的方式或者手段才能打动观众并赢得演说的成功?这是

---

[1] [古罗马]西塞罗:《论演说家》,王焕生译,中国政法大学出版社2003年版,第337页。
[2] [古罗马]西塞罗:《论演说家》,王焕生译,中国政法大学出版社2003年版,第43页。
[3] Martha Nussbaum, "Hiding from Humanity: Disgust", *Shame and the Law*, Princeton University Press, 2004, p.23.
[4] [美]玛莎·努斯鲍姆:《诗性正义——文学想象与公共生活》,丁晓东译,北京大学出版社2010年版,第102页。

一个值得思考的问题。亚里士多德将这种手段分为两种，分别是"人为方式"和"非人为方式"。这两种方式在前文已做过简要介绍，情感说服理论包含的是人为方式的证明，即人为证明，亚里士多德认为人为证明主要分为三种，分别是人格证明、情感证明和理性证明。其中，人格证明和情感证明可被列入西塞罗的情感说服理论。

亚里士多德认为，人格证明指的是演说者利用本人的品格来说服观众。取决于说服者是否具备下列三个条件：明智、品德、善意。明智，指演说者对所谈话题的判断能力；品德指演说者的个人道德品质；[1]善意指演说者对观众的态度。这三个条件是密切联系着的，对所谈话题并不真懂，缺乏明智的判断力，就可能提出错误的见解或意见；演说者虽然具有正确判断的能力，但如果他品行不端，就可能会隐瞒正确的判断，有意将人引入歧途；演说者既明智又有道德，却对观众怀有芥蒂，在这种情况下其可能不愿意讲出自己的真知灼见。缺少这三个条件中的任何一个都可能使演说者提出不可信的见解。[2]上述亚里士多德谈到的这些实际上是道德人格因素对演说者自身的约束和对演说起到的重要作用。亚里士多德要表达的是，信誉证明是一种利用演说者本人的品格来说服观众的方法。

亚里士多德的情感证明指的是演说者通过调动观众的情感来达到说服的目的。[3]亚里士多德说："富有激情的演说者总能让观众在感情上与自己产生共鸣，即使他的讲演内容空洞。"所

---

〔1〕 George A. Kennedy, *A New History of Classical Rhetoric*, Princeton University Press, 1994, p.60.

〔2〕 龚文庠：《说服学——攻心的学问》，东方出版社1994年版，第21页。

〔3〕 George A. Kennedy, *A New History of Classical Rhetoric*, Princeton University Press, 1994, p.57.

以,许多讲演者都爱用大喊大叫的办法来感染观众。[1]亚里士多德认为,每一种情感都可以通过三个方面予以分析:第一,这种感情的含义是什么;第二,什么人会比较容易产生这种情感;第三,在什么条件下会产生这种情感。可以说,西塞罗的情感说服理论实际上就是以亚里士多德的人格证明和情感证明理论为基础建立起来的,相比于亚里士多德本人在修辞学理论上的贡献,西塞罗在理论方面的贡献表现得并不是那么突出和明显。可以说,在情感说服方面,亚里士多德针对人格证明和情感证明这两个证明方式进行了理论上的构建,为这一理论搭建了重要的理论框架,而西塞罗本人正是在此基础上发展,并结合自己政治家和演说家的特殊身份,对这一理论进行了实践。

(二)古罗马时期完善和细化了亚里士多德的情感说服理论

可以说,亚里士多德为情感说服理论搭建了基本的框架,为后世的修辞学研究者提供了重要的前提,而西塞罗正是在这一前提之下对情感说服理论进行了完善与细化,特别是将这种理论运用到了自己的演说实践中。那么,西塞罗这种对亚里士多德情感说服理论的完善和细化究竟表现在哪些方面呢?

第一,西塞罗更加注重情感说服在法律修辞学中的重要性。亚里士多德认为激情对于演说而言是十分必要的,但是他更认为观众应当归于理性。作为拥有演说家、政治家以及律师等多重身份的西塞罗则更加注重演说实践,追求演说现场观众的情绪反映与调控,以收获最好的演说效果。罗马的修辞学在这一点上比亚里士多德的修辞学或比整个亚里士多德学派更加注重情感因素、更具现场性,因此其对人性或心理学更具洞察力。

---

[1] 龚文库:《说服学——攻心的学问》,东方出版社1994年版,第22~23页。

这也是现代政治思想家感受不到或不去认真思考的地方。[1]

西塞罗在《论演说家》中借用安东尼的话表达了这一想法：

> 对于演说家来说，没有什么比发表演讲时能博得听众的称赞，能使听众陷入主要是由心灵的某种冲动和兴奋支配，而不是由判断和理智支配的激动更重要的了。这是因为人们在进行判断时，在大多数情况下更为经常地遵循的是自己的情感——憎恶、喜爱、意愿、愤懑、悲痛、喜悦、希冀、恐惧、迷惑或是其他某种心灵的激越，而不是公正、规定、某种司法准则、判断标准或纪律。[2]

第二，细化了亚里士多德的人格证明和情感证明理论，使这种证明方式更加丰富。主要手段包括：运用道德人格的方式、运用同情的方式、运用愤怒的方式、运用民族精神的方式来达到情感说服的目的。在这里，西塞罗强调了情感说服在整个演说过程中对于观众和诉讼成败的重要意义。

亚里士多德在人格证明方面强调的内容是演说者必须具备良好的个人道德素质和品格，这才是在演说中取得成功的重要条件。他甚至认为，演讲者的个人素质可以说是"最有效的说服手段"。由于观众是裁决者，演讲者的目的是按照自己的意图影响观众的判断，所以讲演者给观众的"人格印象"至关紧要。这个人格印象也就是上面所说的信誉证明。[3]西塞罗也认为，演说者的个人道德人格在整个演说中能发挥重要作用。同时，

---

〔1〕 胡传胜：《公民的技艺——西塞罗修辞学思想的政治解读》，上海三联书店2012年版，第147页。

〔2〕 [古罗马]西塞罗：《论演说家》，王焕生译，中国政法大学出版社2003年版，第337页。

〔3〕 龚文库：《说服学——攻心的学问》，东方出版社1994年版，第20页。

他认为这种对个人道德人格的要求和在演说中的运用，不应当仅仅局限于演说者，还应该在演说涉及的当事人身上予以实践和运用。让观众产生好感的主体除了演说者本人之外，还应该包括演说涉及的当事人，这样更有利于观众好感的产生和演说的成功。

例如，他在《论演说家》中提道："就这样，在我知道了接受的案件的类型，并开始分析案情时，我首先要决定的不是别的，正是我的演说的整个用于调查和判断的那部分应该集中在什么问题上；然后我再极其认真地考虑两点，其一是要引起对我自己和我所辩护的人的好感，其二是要使我讲演的人们的心灵倾向于我所希望的方向。就这样，整个演说的结构以下述三个方面为基础，以达到说服的目的：证明我们辩护的东西是真实的；使听讲演的人对我们产生好感；使观众的心灵产生案件所要求的触动。"[1]

二、情感说服的主要方式

对情感说服的重视与强调实际上是与西塞罗个人的政治生活和司法实践的经历息息相关的。西塞罗的这种对情感说服的重视也体现在了他的著作中。纵观西塞罗的修辞学著作，可以得知，《论发现》和《论演说术的分类》是两种类似于修辞手册的技术性的著作，其中的情感说服理论非常之少。而《论演说家》是西塞罗比较成熟时期的作品，是西塞罗借用罗马杰出人物之口讨论修辞学，是罗马公共生活的一场思想上的宴会。《论演说家》的重要议题之一是以罗马的方式，强调情感因素在

---

[1] [古罗马]西塞罗：《论演说家》，王焕生译，中国政法大学出版社2003年版，第291页。

说服中的重要作用。[1]在该书的第 2 卷，西塞罗利用大量的篇幅对情感说服进行了论证。

仅就分量而言，对情感的处理（包括嘲笑对手在内）占全书的 1/6，占整个第 2 卷的近 2/3。[2]可以看出，西塞罗对情感说服理论的讨论比对修辞学其他部分的讨论的总和还要多。这反映出：一方面，西塞罗对具有强烈现场表现性的情感说服抱有较强的兴趣；另一方面，他突出了情感说服在整个修辞理论和结构中的重要价值，这点与亚里士多德的观点恰好相反。西塞罗的情感说服方式应该主要包括以下四种。

（一）道德人格

西塞罗认为，赢得好感是获取演说成功的第一步，获取观众好感、赢得善意的方法是将自己的最优秀一面呈现在观众眼前，特别是其道德人格因素中的有利一面。与此同时，将对手不好的一面暴露出来，以期得到观众的否定。"为了赢得胜利，非常重要的是要使诉讼当事人和为他辩护的人的习惯、原则、行为和生活能令人赞赏，而对手的这些方面则遭到否定，以便尽可能地使承审案件的人心里不仅对演说家，而且对演说家为之辩护的人产生好感。"[3]

那么，要讨论的是，"什么是道德人格因素"？演说者何以通过将道德人格因素作为依据从而达到说服观众的目的？首先应该正确理解，什么是道德人格因素？它应该包括哪几个方面的内容？

---

[1] 胡传胜：《公民的技艺——西塞罗修辞学思想的政治解读》，上海三联书店 2012 年版，第 138 页。

[2] 胡传胜：《公民的技艺——西塞罗修辞学思想的政治解读》，上海三联书店 2012 年版，第 139 页。

[3] [古罗马]西塞罗：《论演说家》，王焕生译，中国政法大学出版社 2003 年版，第 339 页。

第四章 古罗马视域下法律修辞学的构成和主要内容

首先,"人格"一词,来源于拉丁文"Persona",该词最早出现于希腊戏剧,有"面具"的意思,意味着"给定的场景下一个演员所设想成为的角色"。它包括两层涵义:一是指虚构的文学和戏剧中的角色;二是指在特定社会场景下个体所选择的行为模式。[1]"道德"一词也源自拉丁文"mōrālis",道德可以被认定为一系列标准或原则,而这些标准或原则实际上是根据一定的哲学、文化和宗教因素产生的一种普遍性标准,道德在很大程度上与"善""正确"有着相同的意思。所以,可以这么说,道德人格实际上就是个人所显现出的一种被普遍认可的基于一定的哲学、文化和宗教因素产生的具有普遍性的好的、善良的标准。

罗马人所认为的道德人格和现代人的理解是不尽相同的。为什么会出现这种情况?原因在于,当时的罗马人将个人的道德人格与国家荣誉紧密地结合在一起,他们所认为的个人的道德人格应该只存在于与国家利益相符合的活动之中,个人的价值只能在国家的利益中实现。那么,这种个人的道德人格应该包括哪些方面的内容呢?分别是:第一,对神灵的虔诚;第二,勤劳质朴、崇尚节俭;第三,高贵的道德品质与名望。

对神灵的虔诚对古罗马人来说具有重要意义。因为宗教是古罗马人生活中所不可或缺的一个重要组成部分。西塞罗曾经在《论善与责任》中这样提到:"我们首先应当对不朽的诸神负责;其次,应当对国家负责;第三,应当对父母负责;然后才依次对其余对象负责。"我们可以从西塞罗的排序中看出神灵在罗马人心中的地位和分量。对神灵的虔诚占据了罗马人生活的方方面面。例如,在罗马,人们是否能够召开公民大会首先要

---

[1] 参见斯坦福哲学百科"personalism"词条,载https://plato.stanford.edu/entries/personalism,最后访问日期:2023年3月3日。

看神灵的意思,只有获得神灵首肯才可以举行会议。因而开会之前必须先由巫师举行祝祷和鸟占,如果此时空中出现凶兆,则需要即刻解散大会。在战事开始之前,必须先进行占卜,选择合适的时机开战,如果战争取得胜利,则需要由主帅向神灵举行献祭仪式。总之,不论是在罗马人的日常生活中还是在战时,宗教和神灵都对罗马人的生活起着重要的作用。所以,对神灵的虔诚是道德人格说服方式中的一个重要的内容:一个对神灵虔诚的人必定在罗马的政治和个人生活中是具有较高可信度和容易受到大众尊敬的。同时,这也是作为罗马公民所应当具备的基本道德品质。

其次,勤劳质朴、崇尚节俭。可以说,罗马人的勤劳与质朴是他们创造伟大文明的重要原因之一。罗马人的伟大箴言:"勤奋与功绩。"这也是他们征服世界的秘诀。在那个时候,所有凯旋的将军都要回乡务农。当时,农民是受人尊敬的职业,罗马人被称为优秀的农业家,其原因也正在于此。正是由于罗马人的勤劳品格,罗马才逐渐变得强大。[1]除了勤劳质朴之外,罗马人同样崇尚节俭,在生活和饮食方面都力求简易、不铺张浪费,甚至将这种节俭的品性上升到了法律层面予以保障。

最后,高贵的道德品质与名望。在古罗马时期,公民十分看重自己的道德品质以及自己或者家族对于国家的功绩,在他们看来,这是个人和家族荣光的表现。特别是在法庭案件的审理过程中,高贵的道德品质与名望在很大程度上能够为自己减轻甚至是免除刑罚。

诚实守信作为一种美德是被罗马人所崇尚的。在法律拉丁文中,"诚信"被大量使用,在优士丁尼(Justinianus)《法学阶

---

[1] [美]阿尔伯特·哈伯德:《哈伯德,致加西亚的信》,文轩译,中国书籍出版社2017年版,第86页。

梯》中有38处；在《优士丁尼法典》中约有117处；在《学说汇纂》中约有462处。[1]在当时罗马人的生活中，诚信被认为是一种非常重要的个人品质。古罗马人非常遵守自己的诺言，这点表现在许多方面。例如，对自己许诺过的事情一定要完成，这包括誓言或者以文字方式存在的契约，这种对于诚实守信品质的看重在很大程度上是基于自身所信奉的道德品质。西塞罗曾在《法律篇》中说道："正义和诚信应当至高无上。"

（二）同情

同情的含义是什么？这种情感是如何产生的？可以说，同情是人与生俱来的本性，相比于其他道德情感，它显得比较特殊。同情在很大程度上与"怜悯"具有相同的含义。无论人如何自私，在天赋中，我们总能看到其对于别人命运的关心，如果他人获得幸福，他也会十分高兴，虽然别人获得幸福并不能为他带来什么好处，但他依然会付出这种情感。亚当·斯密给同情概念赋予了新的涵义，他把同情普遍化，把同情看作是任何一种感情的旁观者与当事人之间激起的同情共感（相同或相类似的情感），从而把同情引申为同感，把同情作为一种心理上或认识上的想象力。[2]

那么，同情是如何产生的呢？实际上，一个人对他人表示出同情，是在实现自己的情感转移。因为人们只能对自己身上发生的事情作出直接性的感受，对于他人的遭遇和不幸，要表示出同情，就必须将自己设身处地地放在对方的境遇和感情中予以考量。在这个过程中，实际上是通过"想象"这一媒介取得一种换位方式的心理认同感。

---

[1] 徐国栋：《诚实信用原则研究》，中国人民大学出版社2002年版。
[2] 郝丽红："浅析亚当·斯密的同情思想"，陕西师范大学2011年硕士学位论文。

由于"同情"这种情感需要"想象"并通过换位的方式予以实现，这为西塞罗在修辞学中的运用留下了空间。修辞需要观众的聆听和参与才能实现，通过演说者与观众之间的互动，特别是通过演说者的叙述和表达，不幸和遭遇会被转移给观众，观众则会通过换位的方式萌生一种心理上的认同感。在这种情况下，同情心理就产生了。可以说，同情是演说者经常和广泛使用的一种重要的情感说服方式。

（三）愤怒

除了同情之外，愤怒也是修辞学经常运用的情感说服方式。亚里士多德认为，愤怒是一种与同情恰好相反的情感。他说："所谓的义愤最直接地与怜悯相反，因为因别人得到其不应得的好事而感到痛苦在某种意义上正好与因别人遭遇其不应遭遇的坏事情而感到痛苦相反，而且是同一种性情的结果。"[1]

那么，愤怒这种情感是在什么情况和条件下产生的呢？亚里士多德认为，愤怒源自那些被普通的人认为只有善良的人才能够拥有的东西（例如先天形成的善、高贵的出身、美丽的容貌）被一个新近走运的人获得。这种善事包含的范围比较广，还包括官职、权力、朋友、有出息的子女等等。感到义愤者是这样一些人，他们正好应该得到最大的诸善或已经得到它们，可是与他们不同等的人竟然也被认为应当得到同等的诸善，这就是不公正了。[2]

除了亚里士多德所提到的这种产生愤怒的情况之外，还有一种情况是，某人的行为严重背离了公共生活中被大多数公民

---

[1] 苗力田主编：《亚里士多德全集》（第9卷），中国人民大学出版社1994年版，第438页。

[2] 苗力田主编：《亚里士多德全集》（第9卷），中国人民大学出版社1994年版，第440~441页。

所认同的道德底线。例如，某人杀人放火，打家劫舍，虐待父母、妻儿等，这种道德上的明显缺陷和瑕疵行为在公共生活中是为人们所不齿和鄙视的，自然会引起人们的愤怒。这种与同情相反的情感特质在西塞罗法律修辞学中也发挥了重要作用。在法律修辞实践中，西塞罗认为可以通过将这种愤怒运用到对方当事人身上，从而引发观众的负面情绪，获取对自身辩护有利的结果。

（四）民族精神

在古罗马时期，特别是西塞罗所处的共和晚期，罗马内外战事不断，正是在这种大的社会背景之下，罗马人的爱国精神和民族感情得到了进一步彰显。如果说希腊民主政治的基石是建立在理性的基础之上，那么罗马的民主共和制度就是建立在罗马人强烈的民族精神和爱国情感之上。

可以从两方面进行分析：一方面，在古罗马时期，城邦利益和个人利益是紧密联系在一起的，没有脱离于城邦利益的个人利益，个人利益要在大的城邦利益框架之下实现。另一方面，正是因为罗马公民具备了这种强烈的民族精神，才使得罗马在多次对外战争中取得了无数的胜利。在战场上，罗马人首先想到的并不是个人的安危而是整个城邦的利益。可以说，民族精神是罗马城邦发展壮大的重要保障。

在法律修辞学的实践中，这种容易在整个罗马人中引起共同情感的说服手段较容易引发观众的共鸣。无论要论述的对象具有还是不具有民族精神，都能引发观众的兴趣和热情，从而将自己的情感灌注其中。可以说，这是一种十分重要的情感说服手段。

第三节　法律修辞学的主要内容——理性说服

和情感说服相反，理性说服是演说家运用逻辑、推理、判断实现说服目的的重要手段。柏拉图将个人灵魂分为三部分：分别是理性、激情和欲望。这里可以看出理性在人的性格成分中占据重要地位。而这种性格也会最终影响判断的作出。修辞学中的理性因素，西塞罗认为属于哲学。他特别强调修辞学离不开哲学，好的修辞家同样要精通哲学。"所有那些被称为修辞家、讲授演说规则的人如果不预先研究哲学原理，那他们便会什么都不可能理解，也不可能掌握任何演说本领。"[1]西塞罗认为，演说家必须知道"存在多少手段，采用怎样的手法，利用什么类型的演说才能够激励人们的心境倾向某一方面；而这些知识都深深地隐藏和幽闭在哲学里"。[2]

在人的认知体系中，除了情感还有理性，二者缺一不可，共同影响人最终判断的形成。理性说服中的"理性"准确地来说，是指人的一种认知能力。认知是诸如记忆、注意、语言、问题解决和推理等心智功能和加工过程。认知的过程分为注意、记忆以及思维等一系列认知过程。注意是心理资源的集中。[3]在修辞学中，理性能力就体现在运用演绎、归纳等逻辑手段论证和说服的过程中。[4]

一、理性说服的理论来源

理性说服理论主要蕴含在作为修辞学五个组成部分之一的

---

[1] [古罗马]西塞罗：《论演说家》，王焕生译，中国政法大学出版社2003年版，第61页。

[2] [古罗马]西塞罗：《论演说家》，王焕生译，中国政法大学出版社2003年版，第63页。

[3] [美]约翰·W. 桑特洛克：《毕生发展》（第3版），桑标等译，上海人民出版社2009年版，第231页。

[4] George A. Kennedy, *A New History of Classical Rhetoric*, Princeton University Press, 1994, p.121.

"发现"中。[1]对此，有论者认为："发现"（invention）一直是西方修辞学理论和实践的核心，是古代修辞学五个步骤或法则的第一部分，也是最重要的部分。[2]诚如理查德·杨（Richard Young）和阿尔顿·贝克尔（Alton Becker）在《论一种现代修辞学理论》一文中所指出的："修辞的力量和价值看起来……是与开题术联系在一起的：一旦修辞与探讨的系统方法和内容问题相分离，那它就会成为一种表面的、边缘的事情。"[3]

那么，这种构成理性说服的"发现"理论的来源是什么？

（一）以亚里士多德《论题篇》与《修辞学》的理论为基础

从理论上来说，西塞罗的《论题学》（Topica）是以亚里士多德的《论题篇》和《修辞学》为理论依据的。西塞罗在阐述《论题学》的写作缘由时明确指出了自己写作该书是应好友特雷巴求斯的请求，讲授亚里士多德《论题篇》中的学问。[4]对亚里士多德理论的借鉴和吸收是很自然的。

但西塞罗并不是简单地将亚里士多德的思想模仿、搬运到罗马，而是建构了自己对这一问题的理解与实践。西塞罗的《论题学》不论是在内容上，还是在结构上都与亚里士多德的《论题篇》有着明显的差异。

徐国栋教授认为，亚里士多德的理论区分共同的地方和专有的地方，共同的地方通用于各个学科，专有的地方只能运用

---

[1] George A. Kennedy, *A New History of Classical Rhetoric*, Princeton University Press, 1994, p. 61.

[2] George A. Kennedy, *A New History of Classical Rhetoric*, Princeton University Press, 1994, p. 118.

[3] 舒国滢："论题学：从亚里士多德到西塞罗"，载《研究生法学》2011年第6期。

[4] 徐国栋：《地方论研究——从西塞罗到当代》，北京大学出版社2016年版，第28页。

于某个学科。西塞罗的《论题学》不做这样的区分。[1]此外，西塞罗的定义理论与亚里士多德在《论题篇》中的定义理论不仅在定义类型的数量上而且在定义类型本身上都不同。[2]

菲利普·德·雷西认为："西塞罗对主题的论述完全与亚里士多德相异，因为西塞罗不考虑哲学的地方与修辞学的地方的差异，而亚里士多德注重这一差异，西塞罗采用的一些地方——例如关联、前件、后件、排斥——就是亚里士多德《地方论》中没有的。"[3]

从内容上看，亚里士多德的《论题篇》可以说是一部关于逻辑与论辩的教科书，更加侧重于逻辑性和推理性，"辩证法"色彩浓厚，书中涉及大约三百多个论题。亚里士多德的"论题"（topoi）概念侧重指任何讨论中都会有用的论证策略（strategies of argument）。[4]相对而言，西塞罗的《论题学》则更加具有"修辞属性"，更加注重对"发现"的研究而不是对作为明证逻辑的判断的研究。具体来说，西塞罗在《论题学》中所论述的某些论题的名称（比如"矛盾"论题）与亚里士多德在《论题篇》中所讲的相关论题是平行的。而且，亚里士多德在《修辞学》第2卷第23章所列的29论题很多在西塞罗的著作中并未出现。[5]亚里士多德的关注重点在于对论题学理论的建构，他提

---

[1] 徐国栋：《地方论研究——从西塞罗到当代》，北京大学出版社2016年版，第66页。

[2] 徐国栋：《地方论研究——从西塞罗到当代》，北京大学出版社2016年版，第66页。

[3] 徐国栋：《地方论研究——从西塞罗到当代》，北京大学出版社2016年版，第66页。

[4] George A. Kennedy, *A New History of Classical Rhetoric*, Princeton University Press, 1994, p. 61.

[5] 舒国滢："西塞罗的《论题术》研究"，载《法制与社会发展》2012年第4期。

出了一种结构较为松散的论题学目录,但他并没有将这种建构的理论与实践结合并使之服务于实践。相反,西塞罗则更关心论题在实践中的运用,他将论题理解为论辩中的实践。可以说,相比于亚里士多德,西塞罗更像一个论题理论的实践家。西塞罗的《论题学》与亚里士多德的一个显著不同是西塞罗除了采用亚里士多德的《论题篇》之外,也采用了斯多葛学派的论题学理论,例如前件、后件、相斥三个地方就源于斯多葛学派的论题学理论。[1]

(二) 接受并融合了斯多葛学派的思想

西塞罗作为古希腊文化向古罗马文化传播的关键性使者,将希腊文化中的逻辑学、修辞学等文化传入罗马,并通过自己的理解将其罗马化,变成了能够为罗马人所接受的思想。西塞罗的《论题学》思想在很大程度上融合了斯多葛学派的辩证法理论。正是在这个意义上,可以说,西塞罗的《论题学》在一定程度上是含有杂糅性逻辑成分的(法律)修辞学著作。[2]

斯多葛学派认为修辞学可以被划分为发现、表达、排列和传达四个部分。优秀的演说包含了五点:语法正确(hellenism)、清楚、简洁、适当和修饰。斯多葛学派尤其强调语法正确的重要性。[3]这些都影响了西塞罗的修辞学。西塞罗提出过这样的观点:"法庭是演说家挣得荣誉的最重要场所,演说家不能迫害无辜的人,也不能替人类情感或习俗认为有罪的人辩护。"这一观点

---

[1] 参见徐国栋:《地方论研究——从西塞罗到当代》,北京大学出版社2016年版,第67页。

[2] 舒国滢:"西塞罗的《论题术》研究",载《法制与社会发展》2012年第4期。

[3] George A. Kennedy, *A New History of Classical Rhetoric*, Princeton University Press, 1994, p.90.

来自斯多葛学派的著名代表人物帕耐提乌斯（panaetius）。[1]

西塞罗还向罗马人介绍了斯多葛学派的逻辑，列举了斯多葛学派的 5 个非证明的推理形式，指出由此可派生出无数推理形式，并列出了可以派生出的第六式（the sixth mode）和第七式（the seventh mode）。[2] 那么，这种对于斯多葛学派辩证法的接受和融合是如何体现在《论题学》中的？

我们可以从西塞罗《论题学》第 13～14 章来寻找答案，这两章讨论的是前件、后件和相斥的问题，西塞罗称之为"专属于辩证论者的地方"。西塞罗的论题包括"前件"的论题和论证、"后件"的论题和论证，以及"相斥"的论题和论证。除此之外，他还对斯多葛学派辩证法学家经常论述的逻辑推论的"第一式"到"第五式"的内容进行了介绍性说明，并根据自己的理解发展出了第六式和第七式。可以说，西塞罗的《论题学》将斯多葛学派修辞学理论予以融合和创新，并开创性地将罗马法中的内容与《论题学》的理论论证构架相联系，将法律与论证相结合，将《论题学》作为一部可以指导实践的法律修辞学著作。

二、理性说服的特点和主要方式

"发现"实际上是一个寻找论点（stasis）的过程，[3] 西塞罗的"论题学"理论讨论的就是"发现"的一种方式，它包括了相关的论点和论证。正如西塞罗在《论题学》第 2 章开篇所

---

[1] George A. Kennedy, *A New History of Classical Rhetoric*, Princeton University Press, 1994, p. 92.

[2] 舒国滢："西塞罗的《论题术》研究"，载《法制与社会发展》2012 年第 4 期。

[3] George A. Kennedy, *A New History of Classical Rhetoric*, Princeton University Press, 1994, p. 120.

提到的那样:"任何理论论辩的方法论探讨均涉及两门技艺:一个是开题(发明),另一个是判断。在我看来,亚里士多德最先触及这两门技艺。而斯多葛学派只关注这两门技艺中的一个,也就是说,他们凭借他们称为辩证法的这门学问,勤勉地追寻判断(论证)之途。然而他们却完全忽视了被称为论题术(topica)的开题之术(ars inveniendi),这门技艺既是更加直接有用的,而且在自然秩序上(ordine naturae)也是肯定在先的。……我们应当从在先的那一部分开始。"〔1〕

可以看出,西塞罗在《论题学》中的论述重点在于发现,主要侧重点在于如何寻找论题并进行论证。西塞罗把"论题"定义为"论证的地点"(sedes, e quibus argumenta promuntur),相应地把"论证"(argumentum)定义为"在某些存疑的问题上由此形成确信的推理过程"(autem orationem, quae rei dubiae faciat fidem),论证包括在论题之中。〔2〕那么,这种寻找论题并进行论证的过程实际上就是一个理性说服的过程。这个过程又是如何来实现理性说服的呢?具体方法是怎样的呢?可以说,西塞罗在《论题学》中所阐述的"发现"的内容,只是完成了理性说服中最开始的确定论证方式,是一个对论证框架进行构建的过程。〔3〕在论证构建之后,需要通过修辞三段论和归纳的方式对已构建的论证进行推理。下面,笔者将对理性说服的三种方式分别进行阐述。

---

〔1〕 舒国滢:"西塞罗的《论题术》研究",载《法制与社会发展》2012年第4期。

〔2〕 舒国滢:"西塞罗的《论题术》研究",载《法制与社会发展》2012年第4期。

〔3〕 George A. Kennedy, *A New History of Classical Rhetoric*, Princeton University Press, 1994, p. 120.

(一)运用论题学确定论证的方式

西塞罗的论题学是寻找论证的地方的理论,而寻找到的这些论证的地点实际上是经过实践的总结所归纳出的各种推理格式。具体来说,西塞罗将论题分为两类:第一类是指附属于当下所讨论的主题本身的论题;第二类则是来自外部的论题。这两类论题又分别涉及不同的论证:分别是附属于当下所讨论的主题的论证和来自外部的论证。前者有时来自讨论对象的整体,有时来自其部分,有时来自符号,有时来自与讨论对象以任何某种方式相关的东西。相反,从外部取得的是与讨论对象相隔遥远并完全分离的论据。[1]而从外部取得的这些证据则是主要依靠权威获取的。

本书将目光主要集中在第一类论证上,即关于附属于当下所讨论的主题本身的论证。它可以被分为两类:一是来自整个主题、主题的组成部分或来自主题的名称;二是来自与讨论主题相关事情的论题和论证。很显然,第一类论证由定义、主题的组成部分、主题的名称三个方面构成。而第二类论证则包括许多种,例如"同一词根"的论题和论证、"属"的论题和论证、"种"的论题和论证、"相似"论题和论证、"差异"论题和论证、"对立"论题和论证、"伴随条件"的论题和论证等等。

通过上述介绍,我们大致了解了西塞罗"附属于(内在于)当下所讨论的主题"和"来自外部"的每个具体论题,以及其对每个论题应用可能的分析。实际上,西塞罗介绍的每一个论题都是一种发现论证方式的方法。可以说,这些不同类别的论题的形成,是在实践中针对不同类别的论题进行分类和归纳的

---

[1] 徐国栋:《地方论研究——从西塞罗到当代》,北京大学出版社2016年版,第30页。

结果，为后期在实践中遇到相同事实时的运用提供了便利。同时，需要注意的是，西塞罗在介绍这些具体论题的时候，借用的基本都是与法律相关的材料和事例。这就为论题学在法律领域的应用提供了前提和指导。

（二）运用修辞三段论（修辞演绎）进行论证推理

西塞罗的《论题学》为在纷繁复杂的事实中寻找论题这一论证的"把手"提供了便利，但是仅仅依赖论题学中的方法只能停留在寻找论题这个层面上，待证的事实往往是复杂多样的。对更深层次的所涉事实的论证和推理则需要借助于修辞三段论和归纳的方法来进行。亚里士多德曾在其《修辞学》中指出，修辞学所使用的论证手段有二：一是例证法（归纳法）；二是修辞三段论（演绎法）。[1]其中，归纳法是由特殊到一般的论证方法，而演绎法则刚好相反，是一般到特殊的论证方法。可以说，这是演说者在推理论证中经常运用到的最为重要的两个逻辑推理基本方式。此外，还包括了非构造的证明（nonartistic proof），包含证人、文件和法庭上的证据。[2]

那么，究竟什么是修辞三段论？这种演绎的方法在实践中是如何运用的呢？实际上，修辞演绎来自一种特殊的三段论，这种三段论相较于普通的三段论缺少了前提或者结论。这是因为在修辞学的运用过程中，特别是在演说环境之中，前提往往来自政治领域和伦理领域众所周知的知识。[3]然而，正是基于这种或然性，观众在听取演说者发表的内容时，会自动将这个

---

[1] George A. Kennedy, *A New History of Classical Rhetoric*, Princeton University Press, 1994, p.58.

[2] George A. Kennedy, *A New History of Classical Rhetoric*, Princeton University Press, 1994, p.60.

[3] George A. Kennedy, *A New History of Classical Rhetoric*, Princeton University Press, 1994, p.58.

为公众所知的前提在思考的时候予以加入，经过自己简单的推理后得出结论。所以，修辞三段论和普通的三段论比起来缺少前提或者结论，但这并不影响观众对修辞三段论的理解。在亚里士多德看来，修辞三段论存在两种形式：一种是证明式的，另一种是反驳式的。其中，证明式的推论是从公认的前提中推导出结论，而反驳式的推论则是从没有得到公认的前提中推导出结论。

这种修辞三段论在实际中的运用是怎样的呢？例如，要证明多里尤斯是一场以桂冠为奖品的竞赛的胜利者，只需言及他在奥林匹亚赛会上获胜就足够了，而不必赘言奥林匹亚赛会的奖品是桂冠，因为这一点人皆尽知。[1]从上面的例子中可以知道，在推理的过程中省略小前提并不会影响最终结论的得出。这种对部分前提的省略会增强观众对演说式推论的参与感和代入感，将自己的思考加入演说过程，从而增强对演说过程的参与。

除了修辞三段论之外，西塞罗的法律修辞学还运用到了另一种重要的演绎推理方法，那就是普通三段论。普通三段论应当是由大前提、小前提、结论三部分构成的，而这里的大前提应该是当时罗马法的规定、小前提是待证的事实、结论是通过以大前提为依据结合小前提的待证事实最终推出所需要的结论。

（三）运用例证法（归纳法）的方法进行论证推理

例证法（paradigms）属于归纳方法（induction），即举出例子，从一个具体的问题讨论到它一般或普遍的可适用性（applicability）。[2]它既不作为部分对整体的关系，也不作为整体对部

---

[1] 苗力田主编：《亚里士多德全集》（第9卷），中国人民大学出版社1994年版，第342页。

[2] George A. Kennedy, *A New History of Classical Rhetoric*, Princeton University Press, 1994, p. 58.

第四章 古罗马视域下法律修辞学的构成和主要内容

分的关系或整体对整体的关系，而是作为部分对于部分、同类对同类的关系。这种情况下，两者都源于同一个种，但一者比另一者更加为人所知，这便是例证。[1]

那么，这种例证法在实际的修辞实践中又是如何运用的呢？龚文庠在《说服学——攻心的学问》中对此进行了说明："演说者为了证明任人唯贤的必要，可以说：挑选优秀运动员，不能用抓阄的办法；选择航海的舵手，不能靠抓阄的办法。所以任命官吏也不能用抓阄的办法。这就是例证法。"[2]可见，例证法是一种从特殊到普遍，与演说式推论恰好相反的方法。

而例证法本身又包括两种方法：一是从前发生过的事情；二是被演说者虚构的事情。这种虚构的事情包括：寓言、比喻等。[3]无论是发生过的事情还是虚构的寓言，最终都要服务于演说目的，即通过列举不同的例证得出想要得出的结论，从而使演说获得成功。实际上，演绎和归纳是相互联系的，因为演绎的前提不能凭空虚构，要靠归纳得来。无论是演说式推论还是例证法，都是在总结人类思维格式和规则的基础上得出的。换言之，只有符合人类理性思维规律的论证才具有说服力。[4]

---

[1] 苗力田主编：《亚里士多德全集》（第9卷），中国人民大学出版社1994年版，第344页。

[2] 龚文庠：《说服学——攻心的学问》，东方出版社1994年版，第27页。

[3] 龚文庠：《说服学——攻心的学问》，东方出版社1994年版，第27页。

[4] 龚文庠：《说服学——攻心的学问》，东方出版社1994年版，第28页。

第五章
古罗马视域下法律修辞学中情感说服和理性说服在法律场景中的运用条件

第一节 法律修辞学中情感说服在法律场景中的运用条件

一、古罗马的审判程序为情感说服提供了司法剧场的环境

古罗马刑事诉讼审判的全貌，大致步骤是：确认可诉性—组建陪审团—控辩双方开展演说—交叉询问—就争议要点进行争辩—陪审团投票—宣布最终审判结果。从诉讼程序的内容和步骤的设置来看，演说在整个程序中占据重要地位，这种重要性不仅仅是因为罗马刑事诉讼将其放置在审判程序的一开始。更为重要的是，以演说为中心的司法剧场的诉讼环境强化了演说在整个诉讼过程中的作用。

什么是司法剧场环境？司法剧场环境指的是适宜演说，有益于修辞表达的环境。这种环境与现代司法诉讼中所倡导的安静、肃穆的氛围有很大差异，是一种恰好相反的、嘈杂喧嚣的氛围。恰恰是这种比较随意的氛围促成和造就了情感说服的运用，构成了西塞罗法律修辞学发生的场景。

从乔恩·霍尔的著作《西塞罗对司法剧场的运用》一书中，我们可以看到他对当时罗马司法诉讼过程的环境描述：

第五章　古罗马视域下法律修辞学中情感说服和理性说服在法律场景中的运用条件

我们还必须对这样的假设进行抵制：认为罗马法庭和现代的司法程序一样都具有严格的形式和宽容的限制的特点。尽管存在一定程度上的监管程序，但是各种因素相结合导致罗马法庭总体上形成了一个相当混乱和不可预测的环境。例如，大多数审判发生在集会场这种公共的空间之中，对演讲中所涉及的因素持开放的态度，这使得我们很难像今天一样对事件进行有效的控制。陪审团成员也很享受这种相当程度的法院议定的自由。西塞罗在一篇不太引人注目的演讲中生动地描述了这种场景：其中一名陪审团成员打着哈欠，与旁边的陪审团成员聊天，偶尔甚至会几个人聚在一起闲聊，派一名奴隶去看时间，甚至要求法庭的庭长暂时停止审理。显然，他们没有任何强调"在法院中保持肃静"的意识。而这些行为在今天看来是非常粗鲁和无礼的。[1]

从乔恩·霍尔的描述中我们可以看到，罗马的法庭诉讼是在相对嘈杂的环境下进行的，实际上这种喧嚣的环境为情感说服提供了其所需要的司法剧场，更能有效地达到其说服目的。在这种放松的、世俗的环境下，人们的情绪更容易受到演说者表达的影响，嘈杂的环境使法庭丧失了它本应该具有的严肃性，给司法剧场提供了空间。在这种非严肃的场合下，辩护人更容易将自己与表演者联系在一起，而陪审团成员和观众更容易将自己置身于观众和看客的角色之中。这种环境性的因素，使得辩护者更容易将案件事实、证据和自己演说技巧相结合，通过一种表演的方式表达出来。在观众和陪审团成员进入剧场情境后，辩护者将自己的意志传达给他们，从而影响最终裁决，达到自己的演说和辩护目的。

---

〔1〕　Jon Hall, *Cicero's Use of Judicial Theater*, The University of Michigan Press, 2014, p. 22.

法律修辞学对罗马法律科学的影响

仅仅具有司法环境，还不足以完全让法庭中的辩护者达到自己的目的，他们还需要由罗马程序法规定带来的对司法空间的利用。那么，什么是司法空间？相比于司法环境而言，司法空间更加具象，它指的是，辩护者在司法诉讼的过程中能够在法庭的范围之内利用的领域。具体来说，就是辩护者在法庭的哪个位置开展他的演说和询问，他的空间有多大，和陪审团成员观众之间的距离有多少等。因为法院的实际布局在很大程度上影响了演说者的实际表达效果。

乔恩·霍尔曾在《西塞罗对司法剧场的运用》一书中做过这样分析：罗马法庭的实际布局进一步推动了熙熙攘攘的环境和程序中的潜在不可预测性。关于这些法庭的确切地点仍然存在问题，但无论他们身在何处，陪审团成员似乎都坐在他们前排的长椅上。陪审团成员的人数可能有50人~100人，视审判的类型而定，这就创造了一个与现代法庭非常不同的表现环境。正如所有现代的老师或讲师所知道的，观众的多少对于表现的动态影响非常大。人数越多表达方式便需要越广泛和有力。在一个缺乏任何技术来扩大话音的时代，这个原则就更加重要了。此外，在罗马的法庭审判通常是有围观群众参加的，这增加了审判事件的规模。[1]

很显然，罗马法庭的布局提供了充足的空间，有进取心的辩护者可以施展戏剧表演。陪审团成员的长椅似乎已经形成了一个大致矩形空间的一侧，在这个空间中，法庭的行动发生了。另外，两组长椅或多或少地垂直于陪审团成员所坐的长椅，分别面对面坐着各方诉讼当事人和他们的同事（通常由律师，朋友和亲戚组成）。因此，诉讼的对抗性质也反映在了法庭的空间

---

[1] Jon Hall, *Cicero's Use of Judicial Theater*, The University of Michigan Press, 2014, p. 23.

第五章　古罗马视域下法律修辞学中情感说服和理性说服在法律场景中的运用条件

布局上，起诉和辩护的当事人彼此相对坐在一起，辩护律师在这三组长椅之间的空间辩护，大多数的时间是面对陪审团成员，但有空间向左向右转身去照顾不同的当事人。[1]

西塞罗期待演讲者直接和有力地与观众互动，并从他们那里得到响应。他声称，真正有口才的演讲者是在适当的时候，不仅可以阐述出令人同意的观点，也能够带来欢呼、呼喊和掌声。[2]精明的演说者向人群发挥作用，并通过表演的力量强化其注意力。在演说者说话时，每一个座位都会被填满，法庭会变得拥挤，秘书们有义务放弃他们自己的座位与他人分享，陪审团成员坐直而专心。罗马法庭情景的一个形象描述是：精英争先恐后地在法庭或长椅上寻找自由空间，而那些没有社会关系的人则加入公众观众旁听。这个热情洋溢的人群不需要执政官的监督，当某位伟大的演说家站起来说话时，它自然沉默了下来，随着演说的进行，这位明星辩护人能够塑造观众的反应，随意引发流泪和笑声。

在罗马的法庭，修辞学的施展类似于一种戏剧表演，在这种司法剧场环境下就是可以理解的了。修辞学也就由此表现为了辩护者作为表演者的技能以及其利用这些条件获得最佳效果的能力。[3]

二、情感说服依赖于观众和陪审团的情感预期

情感说服依赖于观众和陪审团的情感预期，那么什么是情

---

[1] Jon Hall, *Cicero's Use of Judicial Theater*, The University of Michigan Press, 2014, p. 23~24.

[2] Jon Hall, *Cicero's Use of Judicial Theater*, The University of Michigan Press, 2014, p. 25.

[3] Jon Hall, *Cicero's Use of Judicial Theater*, The University of Michigan Press, 2014, p. 25.

感预期？本书所论述的情感预期是由内心的信念驱使的。信念是情感的必要条件。

　　愤怒似乎应该有这种信念：我或者我感到某样重要的东西或某个人已经被他人的故意行为误解或伤害了。如果我不再感到这种复杂信念的任何重要方面是真实的——如果我改变了谁是加害人的看法，或者改变这是不是故意的看法，或者改变已经发生的事情是不是真的是一种伤害，那么我的愤怒估计会减弱，或者会随着这个改变的过程而发生相应的变化。其他主要的情感也大多如此。恐惧应该有这样一种信念，未来可能会发生事情伤害我或者某个对我而言重要的人，而我还不能完全做到避开它。怜悯则应该有这样的信念，另一个人非由于她自身的错误，或者由于她错误之外的原因而遭受了相当的痛苦。某些被讨论的信念，特别是那些和价值或重要性相关的信念，可能深深地植根于一个人的心理状态；我们无法期望用一次性的争论去摆脱它们。但是没有这些信念，也就没有情感可以扎根。[1]

　　情感与信念的内在关系最早为亚里士多德所揭示。在《修辞学》一书中，亚里士多德教导学习公共演讲术的年轻人如何使观众产生某种情感。他指出："可以促使观众产生或移除某种情感，通过相信关于他们境况（situation）的某些事情的发生。假如我想使得观众感觉到害怕，我就要使他们相信严重的祸事即将发生，威胁到他们或者他们所爱的人，并且无法避免。假如我想使观众对某人产生愤怒（比如针对波斯人），我就要使他们相信波斯人曾经严重损害了他们的福祉（或者他们所爱的人

---

[1]［美］玛莎·努斯鲍姆：《诗性正义——文学想象与公共生活》，丁晓东译，北京大学出版社2010年版，第95页。

第五章　古罗马视域下法律修辞学中情感说服和理性说服在法律场景中的运用条件

或盟友），并且伤害不是出于疏忽，而是出于蓄谋和恶意。"〔1〕改变了信念的人格因素就会改变观众的情感。例如，演说家想去除恐惧，它可以尝试着使得观众相信，他们担忧的伤害并不严重（我们并不会担忧鸡毛蒜皮的事情）或者他可以使他们相信灾祸并不会真的发生；或者使他们相信，假如灾祸真的发生了，他们肯定能避免或者不会遭受严重的损失。同样，他可以去除他们对波斯人的恐惧，通过改正观众的观念：他可以使他们相信造成灾祸的是叙拉古人而不是波斯人；或者使他们相信损害是轻微的、不严重的；或者使他们相信损害根本没有发生；或者使他们相信波斯人造成的损害是偶然的，不是出于恶意。亚里士多德的解释是令人信服的，信念是情感最重要的基础。特定种类的情感对应着特定种类的信念。〔2〕

西塞罗认为，通过对观众和陪审团成员的信念施加影响，可以促使他们产生或者取消某种情感。情感对主体的行为有驱使和导向的作用，特定的情感会驱使主体去采取特定的行为，而演说者的任务在于对观众和陪审团成员的情感进行引导，使观众和陪审团成员的情感和情绪朝着自己期望的方向发展。

对观众和陪审团成员进行驱使和引导的前提是演说者本人对各种情感本质内涵的了解，例如对恐惧、悲痛、愤怒、同情、希望等。恐惧包含了这样的想法：未来可能会发生重大的可怕事情，而自己没有足够的能力去阻止他们。悲痛表明：某些极其重要的人或物已经离我而去。愤怒包含了这样的情绪：他人已经严重地损害自己认为有重大价值的某些东西。同情是指：由于不是他们

---

〔1〕 Martha C. Nussbaum, *Hiding from Humanity*, Princeton University Press, 2004, p. 26.

〔2〕 Martha C. Nussbaum, *Hiding from Humanity*, Princeton University Press, 2004, p. 26.

自己的错误,或者由于他们错误之外的缘故而遭受了巨大的痛苦。希望则是指:未来的利益并没有完全处于自己的掌控之中。[1]

只有充分了解和掌握了特定情感的内涵才能有效地对其进行把握和运用,特别是针对不同情感的不同的内容和特点,以及影响它产生的信念进行充分的研究,才能为证明某种信念发生准备需要的事实和证据,达到情感说服的效果。

第二节 法律修辞学中理性说服在法律场景中的运用条件

一、理性说服以共和晚期罗马程序法的规定为前提

西塞罗法律修辞学与罗马法之间的关系注定了法律修辞学的适用必须以共和晚期罗马程序法的规定为前提。那么针对理性说服而言,罗马程序法又做了哪些规定,在不知不觉中保障了理性说服在罗马法的应用?这是一个值得思考的问题。

(一)共和晚期古罗马程序法的规定

根据罗马法专家格罗索的研究,共和晚期的诉讼程序遵循这样的规定:"在听取控告者的诉讼请求之后,开始真正的控告程序,与此相对应的是执政官对控告的受理。接着,组成陪审团成员,开始辩论并调取证据。如果在第一次辩论中未能使审判员得出自己的判断,还可以再次进行辩论;审判员可以决定审判延期。在一项关于索贿罪的《赛尔维里法》中有关于必须进行两次辩论的规定,其间有一天的休息。在诉讼结束时,裁判官收集陪审团成员的表决意见。"[2]在《古典修辞学新史》

---

[1] [美]玛莎·努斯鲍姆:《诗性正义——文学想象与公共生活》,丁晓东译,北京大学出版社2010年版,第95页。

[2] [意]朱塞佩·格罗索:《罗马法史》,黄风译,中国政法大学出版社1994年版,第71页。

第五章　古罗马视域下法律修辞学中情感说服和理性说服在法律场景中的运用条件

中，乔治·肯尼迪以敲诈勒索罪为例，介绍了罗马共和晚期法庭审判程序的情况。我们可以从中窥见当时的法庭审判程序的完整过程。[1]在最初的庭审程序中，被告被传唤到执政官面前，权利受到侵害的人为自己选取一个保护人（辩护人、演讲家），于是指控就这样被提出来了。如果执政官接受这项指控并认为具有可诉性，他便会将诉讼程序推后一段时间，以便收集证据并为辩护进行准备。接下来，在指定的日子里，从符合条件的人群中选出了一个陪审团成员，这个陪审团成员包括50名~73名公民。执政官主持了审判，地点在户外的罗马广场。控方通过一个固定的演讲开始案件的审理，与此同时，保护人会对被告所犯下的错误和被告的邪恶给出很多说法，但他可能不会透露证据证实这些指控。然后，辩方有机会做出一系列的开场回复，试图预测将要引入的证据。一些保护人为了辩护的成功发表了很多演说，这种情况的出现极大地鼓励了口才、道德观念和情感诉求，充分利用了演讲者所有的修辞技巧，几乎没有相关或可证明的限制。[2]

这个程序可能最重要的在于它促成了宏大风格的司法修辞的发展，西塞罗发展出来了最充分的形式，只有在双方的演讲都进行过以后，才会提出证据，然后有机会进行交叉询问，并在保护人之间对争议要点进行争辩。这个审判可能会持续几天的时间，而希腊的审判通常只在一天之内进行完毕。然而，勒索案件一般要进行第二次审理，重复这一过程是为了更好地了解证据。而对于其他的案件，陪审团成员就会在这个时候进行投票，但

---

[1] George A. Kennedy, *A New History of Classical Rhetoric*, Princeton University Press, 1994, p. 104.

[2] George A. Kennedy, *A New History of Classical Rhetoric*, Princeton University Press, 1994, p. 104.

是，如果多数人不相信有罪或者无罪，则需要举行第二次听证会。这项程序于公元前52年由庞培法修改，要求在发言之前引入暴力或贿赂案件的证据，并限制发言时间和保护人人数。[1]

（二）诉讼中的法庭演说为理性说服的运用提供了条件

诉讼中的法庭演说如何为理性说服提供条件？罗马的诉讼程序与今天的相比有很明显的不同，它首先将控辩双方的演说放在第一个步骤。法庭中的演说是与理性说服紧密相连的，原因在于演说不仅仅是事实的铺陈、感情的渲染、更有依据案件事实针对罗马法的规定所进行的推理，这种推理主要表现为两种方式：例证法（归纳法）和演说式推论。这两种方法实际上是依据罗马法的规定对案件事实进行有效推理得出有利于己方结果的一种重要措施。

这一罗马法程序性规定为理性说服提供的条件表现在：第一，辩护人的演说先于法庭调查，先于争议点的交叉论辩。考虑到陪审团成员先入为主的心理习惯，可以说，演说的好坏直接关系到案件是否能够胜诉。演说的内容不仅在于提出观点、对某项法律含义的理解，而且还包括证据的提出、对事实的重构和论证。它对理性说服的范围、质量提出了非常高的要求，也使得以"发现"为核心的修辞学成为必要。第二，审判程序为辩护人的演说和辩论提供了充足的时间，经常有几天，这在时间上为理性说服提供了保证和可能。没有充分的时间保证，理性说服就没有全面、充分展开的可能。第三，审判程序是开放的，基本上以当事人及其保护人（辩护士）的行为为主导，而不是以裁判官为主导，没有严格地依照法律的硬性规定来干预诉讼进程，这就为理性说服的展开提供了更大的空间。

---

[1] George A. Kennedy, *A New History of Classical Rhetoric*, Princeton University Press, 1994, p. 104.

第五章　古罗马视域下法律修辞学中情感说服和理性说服在法律场景中的运用条件

(三) 交叉询问为理性说服提供了方法和依据

交叉询问的过程实际上是双方当事人和代理人就案件所争议的事实进行争辩的过程，也是案情逐步明晰、事实逐渐清楚的过程。这个过程是基于案件事实与罗马法的规定来展开和进行的。但仅仅依据案件事实或者罗马法的规定是不足以推动交叉询问进行的，还必须以理性说服作为交叉询问的重要方式和手段。

具体来说，在交叉询问中，双方的代理人会就案件的争议点进行相互提问，这种提问的过程即是案件事实与法律规定结合的过程，这个结合的连接点实际上就是例证法（归纳法）和演说式推论的推理方法。通过这种推理，代理人更容易从对方的陈述中发现破绽和漏洞，从而推翻对方的论点。可以说，例证法（归纳法）和演说式推论两种法律推理方法，可以使代理人有效地达到自己的辩护目的。

二、理性说服依赖观众和陪审团成员的认知预期

西塞罗法律修辞学中理性说服的实现在很大程度上是以观众和陪审团成员的认知预期为前提的，可以说，没有观众和陪审团成员的这种认知预期，理性说服便难以发挥其在法律修辞学中起到的作用。[1]那么，什么是认知预期？从心理学上说，认知预期是指导和左右人的信息选择的一种心理机制。即，人作出最后的选择依据的是哪些心理要素，如果能够有效地知晓这种心理预期并加以有效利用，便可以促使演说达到演说者想要的效果。

(一) 什么是观众和陪审团成员的认知预期

本书中的认知预期是什么意思？其是指观众和陪审团成员在对演说者所表达的内容进行选择和判断的时候所依据的标准。

---

[1] Christopher P. Craig, "Form as Argument in Cicero's Speeches: A Study of Dilemma", *The American Philological Association*, 1993, p. 6.

观众和陪审团成员依据这种标准作出自己最终的判断,而高超的演说家则能够有效地利用这种标准,分析和把握观众和陪审团成员的心理预期并利用这种心理预期,选择和设置自己的演说内容,目的是使演讲符合观众的心理预期,进而作出自己所期望的判决。[1]

(二)观众和陪审团成员的认知预期所包含的内容

那么,观众和陪审团成员的这种认知预期应该包含哪些方面的内容呢?分别是对城邦法律的遵守、对自身利益的追求、对逻辑的遵守。

1. 对城邦法律的遵守

古罗马人对法律的遵守和对秩序的重视在古代文明中十分突出,而且这种对法律的遵守不仅体现在贵族阶层,还在整个罗马社会都存在。一方面,这与古罗马人所具有的家国一体的观念密不可分。在罗马,家族利益与国家利益是紧密联系在一起的,没有脱离国家利益的家族利益,家族利益必须被置于国家利益这个大背景之下。在这种观念之下,人们重视对国家法律和秩序的维护,因为在他们看来,这是关乎每个人切身利益的事。另一方面,与罗马人对家父权的重视相关。家父权不仅仅是家父对家子的权力,在罗马社会中它还被上升为一种被国家认可的、被法律承认的权力,使得罗马人形成了一种服从权威、遵纪守法的观念和民族性格。

正如威尔·杜兰在他的著作《恺撒与基督》中提到的那样:"法律最足以说明罗马精神的特征。在历史上,罗马代表秩序就如同希腊之代表自由。希腊留下的民主与哲学成为个人自由的

---

[1] Christopher Craig, "Audience Expectations, Invective, and Proof", in Johatahan Powell and Jeremy Paterson (ed.), *Cicero: the Advocate*, Oxford University Press, 2008, pp. 187~215.

第五章 古罗马视域下法律修辞学中情感说服和理性说服在法律场景中的运用条件

依据;罗马留下的法律与政绩,则成为社会秩序的基础。"[1]这种基于遵守城邦法律的认知预期使得观众和审判员在听取演说者演说的过程中,会不自觉地将演说对象所涉及的行为与他是否遵守了城邦法律进行对比和判断。这种对比和判断最终会影响观众和陪审团成员对案件的最终裁决。

2. 对自身利益的追求

观众和陪审团成员认知预期的第二方面是对自身利益的追求。实际上,这是人一种与生俱来的利己心态的反映。演说者在演说的过程中会充分利用公民这种对自身利益的心理预期,将涉及的当事人的行为与公民自身的利益追求联系在一起,从而将观众和陪审团成员的判断引向自己期望的方向。

如何将演说涉及的当事人的行为与观众和陪审团成员的自身利益联系在一起?这就需要演说者通过列举出各类事例,引导观众和陪审团成员将自己的情绪置于其中,使其认为如果演说所涉及的当事人利益受到损害,则自身的利益也会受到损害。在这种认知预期的驱使之下,观众和陪审团成员更能作出与演说者预想一致的判断。并不是每个人都能恰当地认识自己的利益,尤其是利益分为近期利益和长远利益、局部的利益和整体的利益。在法庭演讲中,演说者会对局势和可能性进行分析和判断,引导当事人和陪审团成员注意到长远的利益和整体的利益,注意到公共福祉(common welfare)。[2]

3. 对逻辑的遵守

在了解陪审团成员和观众的逻辑能力之前,我们应该先来

---

[1] [美]威尔·杜兰:《恺撒与基督》,幼狮文化公司译,东方出版社2003年版。

[2] Elizabeth Asmis, "A New Kind of Model: Cicero's Roman Constitution in De Republica", *American Journal of Philosophy*, 126, pp. 377~416.

认识一下罗马的教育体制。在古罗马时期，公认的基础教育科目被称为"七艺"，指的是逻辑、语法、修辞、数学、几何、天文、音乐。当时没有独立的法学学科，法学蕴含于修辞学之中。"七艺"中的逻辑构成了观众认知结构的重要方面。逻辑能力赋予了观众和陪审团成员推理的思维能力，可以被有效地代入演说的语境。

这一时期公民所具有的逻辑能力主要是指以亚里士多德的三段论为主体的逻辑体系和斯多葛学派的命题逻辑理论。这种逻辑理论的重要价值在于教会人们如何阐述自己的观点和反驳别人的看法，具体的方法包括演绎法和归纳法。

可以说，古罗马公民受到的逻辑能力教育在很大程度上都源于古希腊。古罗马学者所做的主要的工作是对古希腊的逻辑理论进行翻译、注释和部分创新和发展，从而对古希腊的逻辑学原著进行了较为完整的保存。例如，西塞罗就曾经对古希腊语中有关逻辑学的专业术语进行了拉丁语翻译，并将斯多葛学派的五个非证明的推理形式发展为"七式"，将古希腊的逻辑理论予以罗马化，变成了能够为罗马人接受的逻辑学理论。在这样的时代教育背景下，古罗马人对古希腊的逻辑理论进行了继承和发扬，并使有能力接受公民教育的罗马公民具有了比较强的逻辑思维能力，这种思维和推理能力能够使他们在演说家进行司法演说的过程中形成自己对演说内容的分析和判断。参与公共生活的罗马公民接受过基本的逻辑学训练使得演说家在运用理性说服手段时可以预期，某种形式的论证是可能为陪审团成员或裁判者所接受的。[1]

---

[1] Christopher P. Craig, *Form as Argument in Cicero's Speeches: A Study of Dilemma*, The American Philological Association, 1993, p. 8.

(三) 理性说服如何利用观众的认知预期

理性说服是如何对城邦法律的遵守、自身利益的追求、逻辑预期这三种能力进行运用的呢？实际上，这种运用最有效的体现方式是通过体现法律修辞的演说实践来加以展现的。因为演说家在演说过程中实际上也依赖这种认知结构，并利用这种认知结构来达到说服目的。

1. 对城邦法律的遵守方面

对遵守城邦法律的心理预期，演说者从两个方面予以利用：

一方面，演说者在演说中尽量阐释其委托人在日常生活中是一个严谨的城邦法律遵守者。尽量引起观众对委托人的好感与认同，使观众和陪审团成员具有相同的心理预期。

另一方面，如果委托人做出了明显与法律相违背的事情，则应该解释他此次对法律的违反，实际上只是一个例外，或者说是受到别人的唆使、蛊惑。强调他在平时的日常生活中十分遵纪守法，并可以通过其邻居、朋友的证词对这一点加以证明，将观众的心理预期引向自己所认同的方向。

2. 对追求自身利益预期的利用方面

演说家对于"追求自身利益"预期的利用，最重要的切入点就是将观众和陪审团成员的利益与被代理人的利益联系在一起。让观众和陪审团成员认为如果认同演说者的观点，就能够使自身的利益达到最大化。例如，西塞罗曾经代理过一个在罗马对外战争中身负重伤的将士的案件，他因为不法行为受到国家法律的追诉。当案件进行审判的时候，西塞罗就充分利用了"利益原则"，在给被告人进行辩护的时候，将被告人的上衣揭开，露出身上因为战争而留下的伤口，以此来说明他在危难的时刻为罗马所做出的贡献，并表现出了他在战争中的英勇。

这种认知预期的引导方向无疑是十分明智的，观众会将此人与自己的利益相联系,认为他在战争中的英勇表现起到了保护国家和罗马公民的作用,是符合自身利益的。同时,如果将此人处以极刑,则是与自己的利益相违背的。西塞罗在演说的过程中充分注重了对观众和陪审团成员追求自身利益最大化的认知预期的把握和运用,使得自己在辩护中取得了胜利。

3. 对遵守逻辑预期的利用

这里所指的逻辑能力是一种对演说式推论(演绎法)和例证法(归纳法)的掌握和运用。对任何事实的证明都离不开演绎法和归纳法,通过对这两种方法的运用,可以使待证事实在逻辑上更为清晰,能够更快、更有效地得出结论。在聆听演说者演说的过程中,观众也会不自觉地被引入演说的逻辑思维。

如果观众具备这种逻辑推理能力,在演说中能更有效地与演说者达成共鸣与一致,便有利于演说者将观众引向自己演说的结论,达到演说的目的。演说者在利用观众的这种遵守逻辑的预期时,要注意将自己的演讲内容以一种明显可见的逻辑线索加以组织,使得观众可以较容易地把握演讲的逻辑。比如利用三段论推理时,将大前提和小前提用简短的、有概括力的语言表达,将这样的关键句子放到演讲的开头,或者某一段演讲的中心位置,在提醒观众注意这些有明确逻辑指向的句子时,用特别的语调和声音让观众注意到。理性说服要利用观众的这种预期,前提是演说者在使用修辞术时,自己要熟悉逻辑的各种规律,就表达特定的内容选择最有效的逻辑手段。[1]

采取修辞演绎时,应以最能取得公众一致的观点作为前提;采取例证法时,应以大众都比较熟悉的、最能达到修辞效果的例子作为证明。

---

[1] Christopher P. Craig, *Form as Argument in Cicero's Speeches: A Study of Dilemma*, The American Philological Association, 1993, p. 8.

三、理性说服要依据罗马法文本并服从说服目的

（一）罗马法文本的类型

罗马法文本可以作为理性说服的法律依据，在罗马法中，文本的类型是由当时罗马法的法律渊源所决定的。理性说服在运用的过程中，必须将罗马法的规定作为推理的大前提，那么这一推理大前提的依据在罗马法中究竟分为几个类型呢？

1. 市民法（ius civilie）

市民法主要体现在市民共同体中，它是基于市民社会的内在需求产生的，这种法在更大程度上表现为一种习俗。从内容上来说，这种习俗实际上是将法律的秩序和内容与宗教的成分紧密地联系起来。市民法中的宗教成分与罗马社会早期对神灵的虔诚和对家长权威的信奉不可分割。但是，随着社会的不断发展，以及世俗力量的不断增强，市民法中的宗教成分不断下降。

2. 万民法

万民法是在罗马人与外邦人交往的过程中产生的。当时的罗马法奉行的是属人主义原则，仅针对罗马市民适用，而对外邦人则只能适用外邦法。当罗马人与外邦人发生法律纠纷的时候，应该适应何种法律？

针对这个难题，罗马在公元前242年设立了外事裁判官这一职位，其主要任务是解决罗马市民与外邦人之间或者外邦人之间发生的法律纠纷。在这种纠纷的解决过程中，裁判所主要秉衡平、善良观念和原则。可以说，万民法在很大程度拓展了罗马法的适用范围。

3. 元老院立法

共和体制建立后，元老院成为罗马政治生活中最为重要的

机构。"在执政官的更替和民众的流动中，元老院保持着连续性，它是由一系列已离职的执法官组成的，代表着那个占据领导地位的显贵阶层"，"政治领导以元老院为基础而得到支撑"。[1]元老院是罗马政治生活的轴心，其在立法、军事、对外政策、财政事务、宗教等领域都拥有重要的决定权力，[2]共和国的许多重要措施都要经过元老院的同意（例如紧急状态时授权执政官保护城邦免于伤害）。[3]

4. 平民大会决议

平民大会的主要权力包括立法、司法、选举等。平民大会的决议并不是一开始就对全体罗马人有效，而是经历过一段时间的转变。刚开始的时候，平民大会的决议仅仅只对平民有效，后来经过平民阶层的不断努力，通过一系列的法案的规定，特别是公元前286年《霍尔滕西法》的规定，才使得平民大会的决议最终取得了与元老院立法相同的法律效力，对全体罗马公民有效。

5. 长官的告示

罗马高级行政长官和最高裁判官发布的告示具有法律效力，是罗马法的重要渊源之一。罗马高级行政长官包括执政官、监察官、裁判官、独裁官。

裁判官是罗马行使司法裁判权力的官职，它的设立目的是缓解平民与贵族之间的矛盾。裁判官的人数为1人，他是2名执政官的下级同僚，主要负责解决罗马城邦中的司法纠纷。早

---

[1] [意]朱塞佩·格罗索：《罗马法史》，黄风译，中国政法大学出版社1994年版，第153页。

[2] [意]朱塞佩·格罗索：《罗马法史》，黄风译，中国政法大学出版社1994年版，第131~132页。

[3] Jill Harries, *Cicero and the Jurists from Citizens Law to the Lawful State*, MPG Books Limited, 2006, p.139.

第五章　古罗马视域下法律修辞学中情感说服和理性说服在法律场景中的运用条件

期"法律诉讼"严格的形式主义诉讼模式在很大程度上限制了裁判官自由裁量权的实行。但伴随着"程式诉讼"模式的出现，以及罗马与外邦人纠纷的不断增多，裁判官的自由裁量权得到了扩充。因为罗马与外邦人的诉讼不能通过严格形式主义和只适用于罗马人的"法律诉讼"解决。在诉讼过程中，裁判官面对新的问题，可以通过内心的公正、衡平的观念，以自由裁量的形式加以裁决。

这些从司法实践中获取的经验，被后来的裁判官们加以总结并通过"永久告示"的形式予以公布，这种"永久告示"在裁判官的任期内都是具有法律效力的。这些高级官吏根据自己所管辖领域来发布的告示具有法律效力，可以作为法律依据在演说和辩护中予以使用。

6. 法学理论、法学家的解答与著述

"裁判官需要借助法学家们的技术意见；在这方面法学家向当事人提供帮助，建议他们应采取何种态度和诉讼手段，这种活动具有重要意义。"[1]法学理论以及法学家的解答与著述也是演说家在法庭辩护时所使用的重要依据。[2]法学理论能够作为法律依据而在裁判中被采纳和使用彰显了罗马法此时的开放性和多元性，能够以一种包容和开放的心态对待法学界中的各种理论探讨，并将其作为裁判的依据。另外，法学家的解答与著述能够成为裁判的依据说明法学家在当时的罗马生活中拥有比较高的社会地位，他们对罗马法学的贡献得到了统治阶层的认可。

---

[1] [意] 朱塞佩·格罗索：《罗马法史》，黄风译，中国政法大学出版社1994年版，第200页。

[2] Jill Harries, *Cicero and the Jurists from Citizens Law to the Lawful State*, MPG Books Limited, 2006, p.139.

(二) 罗马法文本是理性说服中三段论的前提

本书所指的演绎推理包含两个方面：一个是修辞三段论（修辞演绎）；一个是三段论推理。修辞三段论相比于三段论推理少了一个前提，它的前提往往是众所周知的。这种修辞的运用针对的对象往往是修辞所涉及的人的行为、意愿、筹谋的对象等，这些都属于众所周知的内容，即使缺少一个前提，也可以进行有效的推理。但是，在法律修辞领域中，需要被说服和证明的事实并不仅仅局限于人的行为、意愿和筹谋等，更要涉及与法律相关的内容，这时如果还依赖于演说式推理显然是不充分的，而是必须通过严格的三段论推理来完成。[1]

三段论推理的构成要件则是完整的，分别是大前提、小前提和结论。三者缺一不可，它所应用的领域相对于演说式推理而言是更为专业和严肃的。例如，证成依照当时罗马法律的规定，一个人是否触犯了法律，构成犯罪。所以，罗马成文法的规定是理性说服中三段论运用的前提和依据。在三段论中，大前提依据的是罗马法的规定，小前提依据的是演说中所涉及的案件的待证事实，结论则是根据作为大前提的罗马法的规定结合案件的待证事实推导出的结论。

---

[1] 需要注意的是，在西塞罗修辞学的理性论证中，系统的、明确的三段论推理使用得很少，主要使用的是修辞三段论。See Christopher P. Craig, *Form as Argument in Cicero's Speeches*: *A Study of Dilemma*, The American Philological Association, 1993, p. 8.

第六章
古罗马视域下法律修辞学中情感说服、理性说服方法在法律场景中的具体展开

第一节 情感说服方法在法律场景中的具体展开

一、演讲者在法律场景中对神灵崇拜的使用

在古罗马，宗教在人民的政治生活中发挥了非常重要的作用。在当时的公共生活中，没有一件事是神不参加的。公众在宗教所准许的日子里开会，城邦的审判事务须在宗教规定的日子里举行。宗教深入到罗马人的灵魂与身体，公共生活与私人生活，深入到吃喝、节日、开会、审判，它节制人的一举一动，支配着人的一切安排、决定。[1]

罗马的爱国主义是宗教性的。正如贺拉斯所说："因你顺服诸神，才得统治（帝国）。"（Dis te minorem quodgeris imperas）西塞罗则在他之前就严肃地解释过，罗马在虔信、在聆听众神指示和信仰天意方面超过了其他任何民族。事实上，这种宗教意识伴随着很多形式主义。"要专心致志于神的意志"，意味着要极其细微地观察所有迹象，要善于从鸟的飞行、受害者的内

---

〔1〕〔法〕库朗热：《古代城邦——古希腊罗马祭祀、权利和政制研究》，谭立铸等译，华东师范大学出版社2006年版，第175~176页。

脏乃至从青铜雕像渗出的汗滴中看出诸神的良好意愿或他们隐秘的愤怒。[1]

对神的信仰在罗马人的心中占有极其重要的地位，这点也可以从西塞罗的演说词中反映出来。《为喜剧演员洛司基乌斯辩护》就体现了这种罗马人无所不在的对神灵的虔诚与敬仰：

> 如果不是受到他自己的良心的谴责，又有谁会因为向诸神发过誓，而有所顾忌呢？诸神既惩罚伤人者，也惩罚撒谎者，因为不是由于话语的形式，发誓也包含在话语之中，而是由于背信弃义和邪恶地给他人设圈套，激起了不朽诸神的怒火和义愤。[2]

在这里，西塞罗表现了那个时代罗马公民对神的敬畏与崇拜，以及这种敬畏与崇拜在司法裁决中所起到的对于当事人证言的约束作用。

西塞罗在《向人民致谢》[3]的开头就表达了人们对神的崇敬和敬畏之心：

> 同胞公民们，我在那天发誓，要把我自己和我的幸福献给伟大的事业，争取你们的和平、幸福和团结。我向最优秀、最伟大的朱庇特以及其他不朽的诸神祈祷：要是我在审慎地考虑问题的时候曾经把自己的利益放在你们的幸福之前，那就让我

---

[1][法]亨利-伊雷内·马鲁：《古典教育史（罗马卷）》，王晓侠、龚觅、孟玉秋译，华东师范大学出版社2017年版，第16~17页。

[2][古罗马]西塞罗：《西塞罗全集·演说词卷》（上），王晓朝译，人民出版社2008年版，第114页。

[3]该篇演说词发表于公元前57年，是西塞罗在结束流放生活之后发表的，同时期发表的演说词共有4篇：分别是《向元老院致谢》《向人民致谢》《对祭司团的演讲》《论占卜者的反应》。

第六章　古罗马视域下法律修辞学中情感说服、理性说服方法在法律场景中的具体展开

遭受永久的报应；但若我先前的成就使这个国家得以保存，要是导致我必然的、不幸的回归的动机也是为了你们的幸福，那么他们，而非整个国家及其爱国公民，会给我打上惹人痛恨的永久性烙印，这种标记通常是那些恶人和无赖因为反对共和国及其忠诚的支持者而特有的；……我现在无比欢乐，我已经按照不朽诸神的意愿、元老院的证言、意大利团结一致的声音、我的对手们的许可、你们神奇宝贵的善意进行了献祭。[1]

这段演说词多次提到了"朱庇特""不朽的诸神"等，通过对神明发誓的形式来表现出自己誓言的真实性和可靠性。可见神在罗马人心目中的重要地位。

西塞罗在流放归来以后的另一篇演说词《对祭司团的演讲》[2]中也表明了当时罗马人对神灵的虔诚之心：

祭司团的先生们，我们的祖先创建了这个国家，他们在神灵的启示下采用了许多办法，其中最惊人的就是他们表明了自己遵从诸神的意愿，并且把国家的根本利益托付给最优秀、最杰出的公民，通过国家理智的管理使宗教繁荣，通过圣人对宗教的解释使国家昌盛。[3]

在这段话中，西塞罗阐述了对神灵的信仰对于罗马建国以及繁荣发展的重要意义和价值，神灵不仅仅在罗马公民的日常生活中扮演着重要角色，在国家大事上也具有重要的意义。

---

[1] [古罗马] 西塞罗：《西塞罗全集·演说词卷》（上），王晓朝译，人民出版社 2008 年版，第 36~37 页。

[2] 该篇演说词发表于西塞罗流放归来，约公元前 57 年，论述的问题涉及他对克劳狄的攻击的回应。同时，西塞罗请求大祭司们归还其被克劳狄献给诸神的住宅。

[3] [古罗马] 西塞罗：《西塞罗全集·演说词卷》（下），王晓朝译，人民出版社 2008 年版，第 49 页。

西塞罗在《为塞斯提乌辩护》中使用了"对神的虔诚"的说服方式:

但是,不朽的诸神在我到达的那一天在他们的神庙里接受了我,当时这些人和执政官普伯里乌·伦图录斯陪同在旁。先生们,一切事物中最可敬的国家把这些事情的决定权托付给你们的权威。[1]

在这里,西塞罗将他的复归与神的接受联系起来。可见,在当时的罗马,神与国家政治生活中的重要事件都是紧密联系的,这种对神灵的虔诚源于一种发自内心的崇敬和依赖。

西塞罗在《对证人瓦提尼乌的盘问》中也表现了当时的人们对神灵的虔诚:

请你告诉我,你参加了多少不被外人所知的秘仪,有多习惯呼唤地下的精灵、用男童的内脏抚慰冥间的神灵,什么样的任性反常和疯狂使你蔑视通过占卜得来的预兆——这座城市、整个国家及其权威都依赖这个预兆——而你在担任保民官的最初的那些日子里就对元老院宣布,你的行动不受占卜官们宣布的预兆以及他们这个团体的意图的阻碍,是吗?其次,我要问你是否恪守这一诺言。在知道了观察天象的结果以后,你难道没有停止召集平民大会,通过法案吗?

从西塞罗的辩护词中我们可以看出,神灵对于罗马日常和政治生活的重要意义。西塞罗在其中说道:"你的行动不受占卜官们宣布的预兆以及他们这个团体的意图的阻碍,是吗?"可

---

〔1〕[古罗马]西塞罗:《西塞罗全集·演说词卷》(上),王晓朝译,人民出版社2008年版,第275页。

第六章　古罗马视域下法律修辞学中情感说服、理性说服方法在法律场景中的具体展开

见,在当时能够占卜神灵意图的占卜官对于罗马的政治生活有着十分重要的意义,如果占卜官占卜到神灵的意志,就必须对行为予以停止。

西塞罗在《关于给卸任执政官指派任职行省的演说》中也体现了人们对于神灵的虔诚:

> 最后,甚至连不朽的诸神也不愿意他们的神庙被打开,让人们入内以这些最可耻、最邪恶的人的名义进行祈祷。[1]

在这里,西塞罗所指的"最可耻、最邪恶的人"实际上指的就是伽比纽斯。西塞罗通过在这之前对伽比纽斯行为的描述引起了人们对后者的不满和愤怒,而后通过神灵对伽比纽斯行为的不接受,展现了神灵对于当时人们的日常生活的重要价值和意义。

在《反庇索》[2]中,西塞罗充分展现了罗马人对神灵的虔敬:

> 我有很好的理由祈求这种事情的发生,但我忘了这是不朽诸神对邪恶的亵渎者的惩罚,是不可避免的。元老院的议员们,你们一定不要这样想,就像你们在舞台上看到神派来的复仇者高举炽热的烙铁追逐着亵渎者。使其心灵不安。趋于疯狂的是

---

〔1〕[古罗马]西塞罗:《西塞罗全集·演说词卷》(上),王晓朝译,人民出版社2008年版,第344页。

〔2〕该篇演说词提到的庇索的全名是卢西乌斯·卡普纽斯·庇索,他于公元前58年担任执政官,按照罗马执政官卸任后的习惯,庇索卸任后将赴马其顿担任行省总督。西塞罗的本篇演说词发表于《关于给卸任执政官指派任职行省的演说》之后,在《关于给卸任执政官指派任职行省的演说》中,西塞罗对庇索在马其顿省的所作所为进行了抨击,之后庇索于公元前55年被召回罗马后对此进行回应并通过演讲的方式攻击西塞罗,西塞罗在《反庇索》这篇演说词中对庇索的抨击进行了回应和批判。

他自己的罪,他自己有罪,他自己厚颜无耻,这些东西就是追逐恶人的复仇者、烈焰、烙铁。[1]

从西塞罗的上述描述中我们可以看出神灵在当时的罗马人的心中占据着极其重要的位置。这种对神灵的虔诚也在很大程度上约束着当时人们的行为,一个人如果做出了不义的行为或者举动,是要受到神灵的处罚的。

西塞罗在《控威尔瑞斯——二审控词》中通过对威尔瑞斯无耻行径的描述表达了当时人们对神灵的虔敬。

他玷污了所有神龛和圣地的崇拜,不仅从神庙里搬走全部神像,而且把神像堆放在黑暗的角落里,这些行为当然会使他心神不宁,精神错乱,胡言乱语。[2]

可以发现,对神灵的虔敬在当时罗马人的心目中是一项重要准则,即人不能从事对神灵不敬或者诋毁神灵的行为,有类似的行为就会受到神灵的处罚。

西塞罗在《控威尔瑞斯——二审控词》中说明了对神灵的虔诚在任何时候都发挥着重要作用,战争时也不例外:

由于相信这个故事,所以人们把这个岛屿当作这个神灵的圣地,对它产生强烈的敬畏感,并且始终如一,甚至连波斯人——尽管他们对整个希腊宣战,对希腊的诸神和所有人,派了1000艘战船抵达德洛斯——也不敢亵渎它,动那里的任何东西。而你却极端愚蠢、极端邪恶地想要洗劫它?以前曾有过这样的贪

---

[1] [古罗马]西塞罗:《西塞罗全集·演说词卷》(上),王晓朝译,人民出版社2008年版,第458~459页。

[2] [古罗马]西塞罗:《西塞罗全集·演说词卷》(上),王晓朝译,人民出版社2008年版,第232页。

第六章　古罗马视域下法律修辞学中情感说服、理性说服方法在法律场景中的具体展开

婪吗,竟然想要摧毁如此崇高和神圣的地方?即使你当时没有这样的想法,现在你对自己所犯的邪恶罪行就没有一点儿反思吗?[1]

在这里,西塞罗不仅表达了威尔瑞斯对神灵的无礼和亵渎,更表达了神灵在当时人们心中的重要地位。不论是平时还是战时,神灵对于人们生活的方方面面都具有重要作用。

西塞罗在《为拉比利乌辩护》[2]中展现了他本人对神灵的虔诚:

既然情况如此,那么与我的生命、荣誉和全部幸福利害攸关的职责要求我,首先恳求至高无上、无所不能的朱庇特和其他所有不朽的男女神灵的帮助,请他们赐予我恩惠和青睐,愿这个国家可以得到他们的引导,而不是顺从凡人的意见和谋划;我祈求按照神灵的意愿,在今天日落前可以看到我的当事人得救,可以看到我们的体制得以稳固。[3]

在这里,西塞罗表现了自己对于神灵的虔敬和依赖之情,认为其是通过对神灵的祈祷获得了诉讼的胜利,帮助拉比利乌摆脱了指控,使罗马的元老院制度能够稳固、坚定。

西塞罗在《反喀提林》中将镇压喀提林阴谋的功劳归于神

---

〔1〕 [古罗马]西塞罗:《西塞罗全集·演说词卷》(上),王晓朝译,人民出版社2008年版,第248页。

〔2〕 该篇演说词发表于公元前63年,西塞罗辩护的对象拉比利乌是一位年迈的元老院议员,他被控诉的行为是他在36年前杀害了政客萨图尼努斯。西塞罗在辩护中称,他辩护的对象并不是一位老去的元老院议员,而是元老院这项政治体制的根基,主要通过展现拉比利乌对罗马的贡献来辩护。

〔3〕 [古罗马]西塞罗:《西塞罗全集·演说词卷》(上),王晓朝译,人民出版社2008年版,第767页。

灵。可见神灵在当时人心中的重要地位：

挫败他们的是朱庇特，使他要卡皮托利圣山、山上的那些神庙、整座城市和你们所有人得救。公民们，在不朽诸神的指引下，我坚定目标，我下定决心，我得到了无可否认的证据。……要是没有神的干预，你们认为会发生这样的事情吗，尤其是在他们有力量征服我们的时候，我不需要打仗，而只需要按兵不动？

所以，公民们，既然已经颁布在所有神庙中感恩的命令，那么就和你们的妻子和儿女一起庆祝这些日子吧。因为过去虽然多次下令把早已应得的荣誉献给不朽的诸神，但肯定没有哪一次比这一次更为应得。[1]

在这里，西塞罗将此次应对喀提林阴谋所取得的成功归因于朱庇特的庇佑，认为罗马人民是在神灵的指导之下才赢得了此次的胜利。所以，人们应当更加敬畏和尊重神灵。由此可以看出，上至执政官下至普通百姓，神灵在他们的日常生活中都起到了重要作用。

西塞罗在《为穆瑞纳辩护》[2]开篇就展现了对神灵的虔诚：

先生们，就像我按照我们祖先的方式和习惯，在占卜以后向百人队代表大会宣布卢西乌斯·穆瑞纳当选的那一天，向不朽的诸神祈祷——这对我来说，对我的荣誉来说，对我的职位

---

〔1〕[古罗马]西塞罗：《西塞罗全集·演说词卷》（上），王晓朝译，人民出版社2008年版，第820~821页。

〔2〕该篇演说词发表于公元前63年的11月，西塞罗的当事人穆瑞纳之前曾经当选过财务官，并且赴亚细亚参加过反对米特拉达梯的战争，后于公元前63年成功当选，成为候任执政官，但后来穆瑞纳受到贿选罪名的指控，西塞罗担任他的辩护人。

第六章 古罗马视域下法律修辞学中情感说服、理性说服方法在法律场景中的具体展开

来说,对罗马的人民和平民来说,都是一件美好的、幸福的事情——因此我现在要再次向那些同样的不朽的诸神祈祷,请求他们确保这个人能获得执政官的职位,并被宣判无罪。[1]

西塞罗在这篇演说词的开头就表现了他对神灵的虔诚和依赖,希望通过向神灵祝祷的方式来保证自己演说的顺利和成功。

西塞罗在《为苏拉辩护》[2]中通过对神灵的虔诚来达到加强自己演说证明力的目的:

因此,我请求你们为他作证,请求上苍诸神和我们祖先的家神为他作证,他们统管着这座城市和这个国家。当我是执政官时,依靠你们的力量和你们的帮助,诸神保存了这个政府,保存了这种自由,保存了罗马人民,保护了罗马人民的住宅和庙宇。所以,当我用我的没有堕落,没有受到束缚的判断为普伯里乌·苏拉辩护时,我要说没有任何罪行被隐瞒,没有任何参加过这场反对所有人的安全的恶人得到辩护或保密。[3]

在这里,西塞罗通过对神灵的虔诚间接证明了其辩护的真实和可靠性,即他的辩护是得到神灵的支持和认可的。

西塞罗在《反喀提林》第2篇中表达了自己对于神灵的虔敬:

---

[1] [古罗马]西塞罗:《西塞罗全集·演说词卷》(上),王晓朝译,人民出版社2008年版,第838页。

[2] 在这篇演说词中,西塞罗的当事人是普伯里乌·高奈留·苏拉,他曾于公元前65年参与执政官的选举,后成功当选,但在选举结束后被指控在参选过程中有行贿的行为,经过审判后,苏拉被确认有罪。后在喀提林阴谋爆发之后,苏拉又被指控曾参与过喀提林阴谋,西塞罗为其辩护,最终使其被判无罪。

[3] [古罗马]西塞罗:《西塞罗全集·演说词卷》(上),王晓朝译,人民出版社2008年版,第915~916页。

公民们，我向你们保证，我依靠的不是个人的明智或众人的建议，而是来自诸神的众多明显的征兆，因为我的希望和目标是在诸神的指引下产生的。诸神不像从前习惯的那样在遥远的地方保护我们不受外敌的侵犯，而是亲临现场用他们神圣的意志和权能保卫他们的神庙和我们城市里的住宅。公民们，你们必须向诸神祈祷，恳求诸神保卫这座城市，粉碎罪大恶极的叛国分子的阴谋，不让这座城市遭受侵犯；因为诸神规定这座城市要成为最美丽、最繁荣最强大的城市，因为诸神已经征服了海上和陆上的所有外敌。[1]

西塞罗在《反喀提林》第3篇中表达了自己对于神灵的虔敬：

然而，公民们，我指挥的所有行动似乎都是由不朽诸神的意志和智慧预见和完成的，我们作出这样的假设，不仅是因为凡人的理智不可能在如此重大的时刻指导这样的行动，而且是因为诸神在那个时候清晰地现身帮助我们，乃至于我们几乎能亲眼看见他们。且不说那些不祥之兆，夜间在西面看到的火炬、天上的火光霹雳、地震，且不说我在担任执政官期间发生的其他许多事情，不朽的诸神似乎借此预告了现在发生的这些事情，但我下面要提到的事情，公民们，肯定不应予以忽略或沉默。[2]

挫败他们的是朱庇特，是他要卡皮托利圣山、山上的那些神庙、整座城市和你们所有人得救。公民们，在不朽诸神的指引下，我坚定目标，我下定决心，我得到了无可否认的证据。

---

[1] [古罗马] 西塞罗：《西塞罗全集·演说词卷》（上），王晓朝译，人民出版社2008年版，第810~811页。

[2] [古罗马] 西塞罗：《西塞罗全集·演说词卷》（上），王晓朝译，人民出版社2008年版，第819页。

第六章　古罗马视域下法律修辞学中情感说服、理性说服方法在法律场景中的具体展开

因为，要不是不朽的诸神使他们的胆大妄为完全失去控制，那么伦图卢斯和其他叛国分子在与阿洛布罗吉人的勾结中，绝不会如此信任这些不相识的野蛮人，也不会如此冒失地把他们的信件交给阿洛布罗吉人。[1]

二、演讲者在法律场景中对出身和家族背景的使用

在《为阿尔基亚辩护》中，西塞罗辩护的对象阿尔基亚是一名诗人，由于他的罗马公民身份受到质疑，遭到了起诉。西塞罗通过展现诗人阿尔基亚的良好出身环境和家庭背景来说服陪审团成员阿尔基亚的人品完全值得信赖，他不会撒谎，并且按照法定的程序为其登记使其获得了罗马公民的身份：

在童年时期，阿尔基亚的心灵就受到了各方面的熏陶，立志要在艺术上出人头地。首先在阿提卡，他出生在那里的一个贵族家庭。安提阿这个城市人口众多，在学术和艺术修养上非常出名。艺术才华很快使阿尔基亚崭露头角，成为同龄人中的佼佼者。……当时希腊艺术和研究希腊之风在南部意大利盛行，拉丁姆的城镇在这方面的兴趣甚至比今天还要强烈。[2]

在《为普兰西乌辩护》中，西塞罗通过展现普兰西乌本人的优秀品质获得了陪审团成员的认可：

我的当事人首先得到了他同乡的偏爱与支持，而你们所能指望得到的支持莫过于来自那些已经非常出色的人。其次，你

---

〔1〕［古罗马］西塞罗：《西塞罗全集·演说词卷》（上），王晓朝译，人民出版社2008年版，第820页。

〔2〕［古罗马］西塞罗：《西塞罗全集·演说词卷》（下），王晓朝译，人民出版社2008年版，第3页。

的同乡无疑非常优秀，但他们与阿提纳的优秀人物相比仅仅是一小撮；而我的当事人的家乡充满了高度忠诚的绅士，在整个意大利你都找不到一个地方可以与这个地方相比。[1]

他的父亲、祖父和所有祖先都是罗马骑士，在一个繁荣的社区享有最高的威信和最大的社会影响。普兰西乌本人在罗马骑士中是优秀的，而罗马骑士在普伯里乌·克拉苏将军的军团中是最有天赋的群体。最后还有，在那些拥有选举权的同乡中，他拥有最重要的品格，对事物的看法清醒而又公正，他能指挥许多人，推进重要的事业，除了那些流言飞语，他受到人们的普遍赞扬。[2]

在《为巴尔布斯辩护》中，西塞罗为了展现巴尔布斯身上的优秀品质这样说道：

因为你们同意，我的当事人在他出生的那个城市里属于一个最优秀的家族，他从早年起放弃了所有的个人爱好，陪伴着我们的将军参战，没有哪一项艰苦的任务，哪一场包围，哪一场战斗是他没有参加的。[3]

在《为封泰乌斯辩护》中，西塞罗利用封泰乌斯良好的家族历史为封泰乌斯的品性辩护。

首先是他的家族的古老，如我们所知，这个家族源于图斯

---

[1] [古罗马]西塞罗：《西塞罗全集·演说词卷》（下），王晓朝译，人民出版社2008年版，第159页。

[2] [古罗马]西塞罗：《西塞罗全集·演说词卷》（下），王晓朝译，人民出版社2008年版，第165页。

[3] [古罗马]西塞罗：《西塞罗全集·演说词卷》（下），王晓朝译，人民出版社2008年版，第364页。

第六章　古罗马视域下法律修辞学中情感说服、理性说服方法在法律场景中的具体展开

库兰这个最有名的集镇,对此有许多详细的历史记载;其次,这个家族不断有人担任执法官,取得了卓越的成就,但最重要的是,他们可以问心无愧地说他们的品德没有污点;第三,人们对他的父亲记忆犹新,不仅记得他如何被阿斯库兰人的部队杀害,而且记得这场与我们的同盟者一道发起的战争;最后,我的当事人本人在生活的每部分都是高尚的、正直的,作为一名战士,他拥有最勇敢的精神和最大的谨慎,他精通战争技艺,当前只有少数人能做到这一点。[1]

三、演讲者在法律场景中对个人优秀品质的使用

（一）勤劳质朴、崇尚节俭

在《为昆克修斯辩护》中,西塞罗对其委托人的道德人格做过这样的论述:

对这种性质的案子,昆克修斯会有什么难处吗?他会因此而可悲地生活在恐惧和危险之中吗?他会由于对手的权势胜过法官的正直而感到更加恐惧吗?哦,是的。因为他总是过着一种乡野村夫的生活,总是自然而然地忧郁和保守,他从来不去那个有日晷的地方或战神广场,也从不赴宴,他的目标就是敬重和款待他的朋友,勤劳持家,他热爱古时候的义务原则,而这一原则的一切光辉在我们的现代时尚中都已变得昏暗和过时。

你们要决定的问题是:我的当事人所过的乡间纯朴的生活方式能够为自己辩护,反对那种奢侈、浮华、可耻,尽一切手段使生活变得荣耀、贪婪、厚颜无耻的生活方式吗?……他承

---

〔1〕［古罗马］西塞罗:《西塞罗全集·演说词卷》（下）,王晓朝译,人民出版社2008年版,第514~515页。

认自己既不能优雅地讲话,也不能使自己的讲话适合他人的意愿。他不会在冲突中抛弃朋友,投入其他庇护人的怀抱,以此谋求好运。他没有生活在浮华奢侈之中,也没有出席盛大的宴会,没有别墅可以公开自由地放纵情欲,以此接近上流社会。但另一方面,他宣布自己在生活中总是尊重义务、诚信、勤劳,甘愿忍受各种艰苦。他明白,人们把这种对立的生活方式看得更加高尚,这种生活方式在这世风日下的时代有着更大的影响。[1]

在《为阿迈利亚的洛司基乌斯辩护》中,西塞罗这样辩护:

那么驱使他犯罪的是放荡的生活、巨大的债务、无限的欲望吗?关于生活放荡,厄鲁昔乌本人已经为他澄清,因为她说塞克斯都·洛司基乌斯几乎从来不参加节日的集会;关于债务,他从来没有欠过债;至于贪婪,这个人一直住在乡下,把所有时间花在耕种土地上,这种生活完全说不上有什么邪恶的欲望,但与义务却是密不可分的,这样的生活是指控者要加以谴责的吗?[2]

西塞罗在这两篇演说词中通过表现其当事人勤劳质朴、崇尚节俭的性格特征让听众、陪审员产生好感,做出有利于他们的案件裁定。

在《为普兰西乌辩护》中,西塞罗运用了道德人格因素,以其代理人的孝顺证明其人格的高尚:

我不想多谈他的私人关系,首先是与他父亲的关系(因为在我看来,孝顺是一切美德的基础)。一方面,他把父亲当作神

---

〔1〕[古罗马]西塞罗:《西塞罗全集·演说词卷》(上),王晓朝译,人民出版社2008年版,第809页。

〔2〕[古罗马]西塞罗:《西塞罗全集·演说词卷》(上),王晓朝译,人民出版社2008年版,第54页。

第六章 古罗马视域下法律修辞学中情感说服、理性说服方法在法律场景中的具体展开

明来敬畏,在他眼中父亲简直不比神灵差到哪里去;另一方面,他热爱他的父亲,他们之间的关系就像伴侣、兄弟、同龄人。[1]

这种对当事人孝顺品质的描述,是为了说明具备如此高尚道德品质的人很难被与用非法手段赢得选举的行为联系起来。

在《反喀提林》中,西塞罗通过对喀提林同党恶劣的道德品质的描述,从道德人格的角度对喀提林及其同党进行了负面性说服:

他们早就债台高筑,在漩涡中抬不起头来,在陈年旧债的重压下苦苦挣扎。造成这种状况的原因有些是因为懒惰,有些是因为经营不良,有些是因为挥霍浪费;他们中的许多人被交纳保释金、听候传讯和审判、扣押财产搞得狼狈不堪,于是他们从城里或乡间去了那个营地。[2]

在这里,西塞罗描述了喀提林同党在道德人格上的种种缺陷,例如债务累累、懒惰、挥霍浪费,这些都是道德人格方面的负面证明因素。通过对这种负面证明因素的展现,西塞罗深入刻画了喀提林及其同党在道德人格上的不足和缺陷,这种不足和缺陷使得观众对他们产生了不认同、反感和愤怒之情。

(二) 高贵的道德品质与名望

在《为阿迈利亚的洛司基乌斯辩护》中,西塞罗这样提到:

塞克斯都·洛司基乌斯,我的当事人的父亲,是阿迈利亚自由镇上的一位公民。从出生来说他是体面的,论幸运,他不

---

[1] [古罗马] 西塞罗:《西塞罗全集·演说词卷》(上),王晓朝译,人民出版社2008年版,第163页。

[2] [古罗马] 西塞罗:《西塞罗全集·演说词卷》(上),王晓朝译,人民出版社2008年版,第807页。

仅是镇上的头面人物，而且在周边地区颇有影响，由于他生性好客，乐意与名人打交道，所以他的名望得到进一步提升。他不仅与梅特利家族、赛维鲁家族、西庇阿家族有着友好关系，而且与这些家族的人过从甚密，由于他们的高贵品质和尊严，我提到他们的名字总是带有敬意。[1]

从这篇辩护词中我们可以看到，在道德情感说服过程中，除了勤劳质朴、崇尚节俭的生活方式可以作为道德人格高尚的证明之外，高贵的道德品质和地方上的名望，也可以成为道德人格高尚的重要依据。

在《为阿尔基亚辩护》中，西塞罗通过被告人阿尔基亚出身于高贵家庭来辩护：

在童年时期，阿尔基亚的心灵就受到各方面的熏陶，立志要在艺术上出人头地。首先在安提阿，他出生在那里的一个贵族家庭。安提阿这个城市人口众多，在学术和艺术修养上非常出名。艺术才华很快使阿尔基亚崭露头角，成为同龄人中的佼佼者。[2]

从中可以看出高贵的出身对于人的道德人格方面的说服力。在《对祭司团的演讲》中，西塞罗从反面的角度阐述了败坏的人格的影响：

这个人是个赤贫的罪犯，又是一名荒淫酒色之徒，他可以在通奸方面做你的榜样，似乎和你也有一些亲戚关系，因为他

---

[1] [古罗马] 西塞罗：《西塞罗全集·演说词卷》（上），王晓朝译，人民出版社2008年版，第45~46页。
[2] [古罗马] 西塞罗：《西塞罗全集·演说词卷》（上），王晓朝译，人民出版社2008年版，第3页。

第六章 古罗马视域下法律修辞学中情感说服、理性说服方法在法律场景中的具体展开

能凭着他的三寸不烂之舌让你的妹妹离开你。[1]

这段论述从相反的方面展现人格在演说中的重要作用。在《对证人瓦提尼乌的盘问》[2]中，西塞罗通过否定性人格因素，对证人的人格进行了否定性描述，目的是通过这种否定性描述来使得观众不采信瓦提尼乌的证言：

我不会花时间去揭开掩盖着你的早年的重重黑幕。因为我在意的只是你年轻时可以破门入室、抢劫邻居，殴打母亲而不受惩罚。你的卑劣给你带来许多好处，你的默默无闻和无耻掩盖了你年轻时的卑鄙。[3]

在上面这段话中，西塞罗运用了反面的道德人格，通过证人瓦提尼乌卑劣的道德人格反向证明该名证人的证言并不值得信赖。使得这种证言在观众中不能形成有效的说服力，从而达到西塞罗希望得到的演说效果。

在《为凯留斯辩护》[4]中，西塞罗说明了道德人格对于证

---

[1] [古罗马] 西塞罗：《西塞罗全集·演说词卷》（上），王晓朝译，人民出版社 2008 年版，第 59 页。

[2] 该篇演说词发表于公元前 57 年，与西塞罗的另一篇辩护词《为塞斯提乌辩护》有着紧密的联系。本篇辩护词中出现的证人瓦提尼乌实际上就是"塞斯提乌"案件中对塞斯提乌做了不利证言的人。西塞罗通过对证人瓦提尼乌的盘问，运用各种修辞手法，使观众对瓦提尼乌的人格和证言产生了否定性的认识和判断，降低了其证言的效力。西塞罗最终获得了"塞斯提乌"案件的胜利，陪审团最终一致同意宣判塞斯提乌无罪。

[3] [古罗马] 西塞罗：《西塞罗全集·演说词卷》（上），王晓朝译，人民出版社 2008 年版，第 281~282 页。

[4] 《为凯留斯辩护》发表于公元前 56 年。凯留斯在该年控告卢西乌斯·卡普纽斯·白斯提亚犯了贿赂罪，但后来白斯提亚被判无罪，在凯留斯准备对白斯提亚提出新的控告的时候，白斯提亚的儿子阿拉追努抢先对凯留斯发起了控告。西塞罗作为被告凯留斯的辩护人为凯留斯进行辩护，最终凯留斯被判无罪，西塞罗的辩护获得了成功。

明当事人品行的重要作用和价值:

在那个时代,无论得到朋友多么精心的保护,任何人都无法逃避有某些事实支撑的诽谤,除非他能凭着自己纯洁的道德力量、良好的家庭教养、某些天生的美德来保护自己。[1]

在《为斯考鲁斯辩护》[2]中,西塞罗充分展现了高贵的道德品质与名望在道德人格证明方面的重要作用:

陪审团的先生们,马库斯·斯考鲁斯最希望提出的请求是维护他的种族、家族、名誉的尊严,而不会引发任何人的仇恨,或者成为任何冒犯或恼怒的根源,这是他一直最关心的事情。

在辩护演说的开头,西塞罗就展现了名誉和尊严对于人们的重要意义。在《为拉比利乌辩护》[3]中,西塞罗以其当事人的父亲和当事人本人高贵的道德品质和名望作为对当事人人格的一种说服,以此来赢得观众的好感,服从说服的目的:

在我童年的时候,我的当事人的父亲,盖乌斯·库提乌斯,

---

〔1〕 [古罗马]西塞罗:《西塞罗全集·演说词卷》(上),王晓朝译,人民出版社2008年版,第303页。

〔2〕 在该篇演说词中,西塞罗的当事人斯考鲁斯是元老院议长斯考鲁斯之子,也是苏拉的养子。他参加了公元前54年的执政官竞选,但他担任过行省总督的撒丁岛人对他担任执政官提出异议。同时,普伯里乌·瓦勒留·特里亚留向执法官控告斯考鲁斯犯了勒索罪。西塞罗为斯考鲁斯的辩护人之一,出庭为其发表辩护演说。

〔3〕 该篇演说词发表于公元前54年的一个的调查法庭,西塞罗的当事人拉比利乌曾将高利贷借给埃及勒密王朝的国王托勒密·奥莱特。托勒密在公元前58年遭到民众的驱逐,来到罗马,希望"罗马三巨头"帮助他复辟王朝,并通过向拉比利乌等人借高利贷的形式向罗马元老院的议员行贿。之后担任叙利亚行省总督的伽比纽斯帮助托勒密复国,托勒密为此赠送给伽比纽斯1000塔伦特。公元前54年,伽比纽斯受到指控,为了追查其受贿的证据,拉比利乌被法庭传唤,西塞罗担任其辩护人。

第六章　古罗马视域下法律修辞学中情感说服、理性说服方法在法律场景中的具体展开

是骑士等级勇敢的首领，在佃农中也很有影响。如果他不是用无边的博爱来为他内心的仁慈寻找出路，而是为了满足贪婪的私欲而攫取财富，那么他在做生意时表现出来的高尚品德还不足以为让他在这个世界上赢得承认。我的当事人是他的儿子，尽管他从来没有见过他的父亲。在自然的熏陶下，在家庭有效的教养下，在与家人不断的交谈中，他受到引导，要以他父亲为榜样。

在这里，西塞罗以其当事人拉比利乌及其父亲良好的声誉和高尚的道德品质作为为当事人辩护的工具。良好的家庭教养使得观众难以将拉比利乌与作奸犯科的行为联系在一起。

在《为穆瑞纳辩护》中，西塞罗通过证明其当事人穆瑞纳高尚的道德人品来说明其并不会与贿选的罪名扯上任何关系：

终相信你应该得到执政官和其他各种职位，因为你拥有其他美德——自主、尊严、正义、荣誉，以及其他等等——但要说到你对民法的掌握，我不会说你在浪费时间，但我会这样说：在这种职业中并没有通过执政官职位的快道。[1]

在这里，西塞罗说明了其当事人穆瑞纳所具有的良好的道德人格品质，这种道德品质对指责他犯有贿选罪可以说是一种有力的回击。西塞罗在说明当事人道德人品的同时，也试图将当事人的行为与贿选的事实予以分离，说明穆瑞纳本人不会通过贿选的方式赢得选举。

四、演讲者在法律场景中对愤怒的使用

在《为昆克修斯辩护》中，西塞罗通过语言描述来达到使

---

〔1〕〔古罗马〕西塞罗：《西塞罗全集·演说词卷》（上），王晓朝译，人民出版社2008年版，第848页。

观众产生对原告愤怒的目的:

> 为什么会这样呢?他们对昆克修斯来说全都是陌生人,而昆克修斯欠的钱是向他们借的,然而他们中没有一个人会在昆克修斯不在场的时候像恶棍一样大胆攻击昆克修斯的名声。只有一个人,他的亲戚、合伙人、亲密朋友,塞克斯都·奈维乌斯,尽管他本人欠了昆克修斯的债,然而就像他的罪恶能得到某些格外奖赏似的,他尽了最大努力要剥夺他的亲戚,要把他打倒,要把他粉碎,不仅要夺走那些通过诚实途径得来的财产,而且要剥夺那一份人人都有的日光。[1]

同样,在《为昆克修斯辩护》中,西塞罗还有一处对"愤怒"情感的利用:

> 哪怕他违反了他的具结,而你向执法官提出了出售他的财产的申请,那么你还是表明自己是一个彻头彻尾、恶贯满盈的恶棍,不对吗?你不会否认这一点。欺诈?这是你已经为自己认领并以此为荣的一个称号。厚颜无耻、贪得无厌、背信弃义?这些术语是常识,也已经过时,但这样的行动是史无前例、闻所未闻的。[2]

从西塞罗的辩护词中我们可以看到,他将原告奈维乌斯描绘为一个恶棍,认为他的行为是厚颜无耻、贪得无厌、背信弃义的,以此来引发观众的愤怒,从而产生对原告不好的印象。

---

[1] [古罗马]西塞罗:《西塞罗全集·演说词卷》(上),王晓朝译,人民出版社2008年版,第29页。

[2] [古罗马]西塞罗:《西塞罗全集·演说词卷》(上),王晓朝译,人民出版社2008年版,第22页。

第六章　古罗马视域下法律修辞学中情感说服、理性说服方法在法律场景中的具体展开

在《为阿迈利亚的洛司基乌斯辩护》中，西塞罗也利用愤怒的情感唤起观众对其当事人的同情和理解和对对方当事人的愤怒：

他们目睹了同一时间发生了诸多可悲的事件：最富有的公民塞克斯都·洛司基乌斯被残忍地谋杀了；他的儿子被剥夺了所有财产而陷入赤贫，在如此丰富的遗产中，邪恶的强盗甚至没有给他留下家族的墓地；臭名昭著地购买、掠夺、偷盗、抢劫、赠送。[1]

在《为塞斯提乌辩护》[2]中，西塞罗运用了观众的愤怒来表达对克劳狄的愤怒，从而达到演说所需要达到的效果：

但我一定要对付一个荒淫无耻的浪荡公子、一个与他自己的姐妹通奸的人、一名在圣地奸淫的人、一名投毒者、一个伪造遗嘱的人、一名杀人凶手、一名土匪[3]

西塞罗通过对克劳狄人格的否定来达到引起公众愤怒的目的，具体的方法是对克劳狄的种种恶行进行描述。

在《为塞斯提乌辩护》中，西塞罗也通过对愤怒的运用来

---

[1] [古罗马] 西塞罗：《西塞罗全集·演说词卷》（上），王晓朝译，人民出版社2008年版，第49页。

[2] 这篇演说词发表于公元前57年初，本案的被告是曾经为西塞罗的复归而做出重要贡献的普伯里乌·塞斯提乌。他是西塞罗忠实的朋友，同他一起为西塞罗的复归而努力的还有保民官米罗。但是，就在这年，塞斯提乌受到普伯里乌·克劳狄的指控，指控的罪名涉及两条：其一是涉及塞斯提乌参选保民官，其二是塞斯提乌在参选保民官以后使用武装保镖。西塞罗担任他的辩护人并取得了诉讼的最终胜利，塞斯提乌被宣判无罪。

[3] [古罗马] 西塞罗：《西塞罗全集·演说词卷》（上），王晓朝译，人民出版社2008年版，第219~220页。

法律修辞学对罗马法律科学的影响

加强司法剧场的感染力和表达力：

> 有哪一次暴乱他不是领袖？他与哪个暴徒不熟？在哪次混乱的会议上他不是闹事的罪魁祸首？他说过一句诚实的话吗？他说过一句好话吗？或者倒不如说，有哪位勇敢的、忠诚的公民没有被他最荒唐地攻击过？我假定，他与一位获得自由的女奴结婚不是为了满足他的情欲，而是为了使自己显得像一位"人民之友"。[1]

西塞罗通过一连串的反问句式来加强表达效果，激发观众的愤怒之情，从而影响他们对案件的最终裁决。

在《关于给卸任执政官指派任职行省的演说》中，西塞罗通过描述马其顿的行省总督庇索在行省横征暴敛、对行省人民实施残酷剥削和压榨激起观众的愤怒，从而达到更换马其顿行省总督的目的：

> 庇索发现从那些贫穷的居民身上再也压榨不出什么东西来了，于是就派遣一些步兵团进驻那里的冬季营房，让这些（他认为）最强悍的人充当他犯罪的工具和他个人愿望的执行者。关于他在一个自由城邦的司法管理中如何违背法律和元老院的法令，我什么也不说了；我不提那里的凶杀事件；我省略那些下流的行为，对此我们拥有令人遗憾的证据，既是他自己可耻行为的重要记录，又几乎可以作为他痛恨我们统治的理由；那里出生高贵的少女投井自杀，为了逃避不可避免的羞辱，他们宁愿去死。我省略这些事情，不是因为他们不严重，而是因为我

---

[1]〔古罗马〕西塞罗：《西塞罗全集·演说词卷》（上），王晓朝译，人民出版社 2008 年版，第 256 页。

第六章　古罗马视域下法律修辞学中情感说服、理性说服方法在法律场景中的具体展开

在讲话时没有证人在场。[1]

从西塞罗上述的演说词中我们可以看出，他通过揭示庇索在马其顿行省的种种恶行来增加人们对庇索的愤怒和仇恨情绪。从"凶杀事件"到"下流行为"，虽然西塞罗没有具体说明庇索的所作所为，但从后面"出身高贵的少女投井自杀"等结果中我们可以看出庇索行为的恶劣以及由此所带来的严重后果。通过这种抽象描述，西塞罗进一步激发了观众的想象空间，使得这种对庇索行为的愤怒由抽象变得具体，愤怒的情感在每个观众心中滋生。

在《为米罗辩护》中，西塞罗通过对愤怒的运用加深了观众对被害人克劳狄的仇视，博得了观众对其当事人米罗的同情：

而是这样一个人（因为在危险的时候他会大胆地说是他解放了这个国家），出身高贵的妇人们发现他竟然在神圣的马车中与人通奸。这个人迫使元老院屡次宣布要为整个国家施行涤罪仪式；这个人与他自己的姐妹乱伦，卢西乌斯·卢库鲁斯曾经发誓说这件事是他调查过的，是确实的；这个人派遣奴隶用武器驱逐一位公民，而元老院、罗马人民、所有民族都宣布这位公民是这座城市和公民生活的保存者……[2]

西塞罗通过这种对克劳狄人品和行为的描述，激发了观众的愤怒，使观众产生了米罗杀死克劳狄是为民除害的联想，从而达到减轻对米罗行为的惩罚的目的。

---

[1] [古罗马] 西塞罗：《西塞罗全集·演说词卷》（上），王晓朝译，人民出版社2008年版，第340页。

[2] [古罗马] 西塞罗：《西塞罗全集·演说词卷》（上），王晓朝译，人民出版社2008年版，第421~422页。

在《反庇索》中，西塞罗通过对愤怒的运用，以达到调动观众情绪目的，并将观众的情绪引向了自己所希望的方向：

你派人在全省各地收税，征用船只运送你的赃物，征用粮食，剥夺城镇和居民个人的自由，而这种自由是他们作为奖赏得到的——所有这些都是朱利乌斯法明令禁止的。[1]

在这里，西塞罗通过对庇索本人不义之举的列举，展示了庇索对行省人民的压榨和剥夺，从而使观众产生了反感和愤怒之情。

除了列举庇索本人的恶劣行径之外，对庇索同僚恶行的描述，也能使观众对他们的行为产生愤怒：

现在来说说你的同事！他进行大规模的抢劫，榨取佃农的财物和土地，夺取我们同盟者的城市，然后用这些来填补欲壑，或用于新鲜的、前所未闻的享乐，或用于购买地产，在图斯库兰建造豪华的别墅。后来这个庞大的工程因缺少资金而停工。[2]

在这里，西塞罗通过对庇索的同僚（统治叙利亚行省的伽比纽斯）恶行的描述，激起了观众的愤怒之情，进而让观众产生对庇索、伽比纽斯之流的厌恶，从而达到自己演说的目的。

在《控威尔瑞斯——一审控词》中，西塞罗通过对威尔瑞斯在西西里行省的种种恶行来激发观众对威尔瑞斯的愤怒：

在威尔瑞斯统治期间，他的人民既不能按照他们自己的法律来保护自己，又不能按照罗马元老院的法令来保护自己，也

---

[1] [古罗马] 西塞罗：《西塞罗全集·演说词卷》（上），王晓朝译，人民出版社2008年版，第478页。
[2] [古罗马] 西塞罗：《西塞罗全集·演说词卷》（上），王晓朝译，人民出版社2008年版，第459页。

第六章　古罗马视域下法律修辞学中情感说服、理性说服方法在法律场景中的具体展开

不能按照属于一切民族的权利来保护自己。除了逃避这个邪恶的、毫无节制的恶棍的注意，或者甘愿忍受他贪婪的掠夺，他们一筹莫展……〔1〕

那些著名的古代艺术品，有些是最富有的国王赠送的礼品，他们想要装饰他们自己曾经逗留过的城市，有些是罗马将领们的礼品，他们在胜利的时刻把这些艺术品归还给西西里人，而这位总督却抢劫了每一件艺术品。他不仅这样对待城市的雕塑和艺术品，而且还洗劫了最神圣、最圣洁的圣地。事实上，他没有给西西里人留下一尊他认为做工精良、具有艺术价值的神像。至于他的荒淫无耻，我实在难以启齿，不愿意重复他的荒诞故事……〔2〕

这里，西塞罗将威尔瑞斯在西西里抢劫圣物、艺术品，以及其他荒淫无耻的事情进行了细致的描述，同时也对西西里人民无法受到法律有效保护的状况进行了说明，这种描述和说明很容易引发观众对威尔瑞斯的愤怒之情。

在《控威尔瑞斯——二审控词》〔3〕中，西塞罗通过对威尔瑞斯恶劣行径的描述激发了观众的愤怒之情，从而达到自己公诉人的演说目的：

这些被他处死的罗马公民的遗嘱把他逼得要发疯，这些人

---

〔1〕［古罗马］西塞罗：《西塞罗全集·演说词卷》（上），王晓朝译，人民出版社2008年版，第212页。

〔2〕［古罗马］西塞罗：《西塞罗全集·演说词卷》（上），王晓朝译，人民出版社2008年版，第213页。

〔3〕这篇演说词与《控威尔瑞斯——一审控词》都是西塞罗以公诉人身份针对威尔瑞斯在西西里行省敲诈勒索民众的控诉。本篇是威尔瑞斯在接受第二次审讯时西塞罗所发表的演说词，主要针对威尔瑞斯在担任行政官员期间的抢劫、滥用司法权、抢劫圣地和神庙里的宝藏等各种不法行为。

要么被他斩首,要么被他监禁至死,要么在徒劳地上诉以后被钉死在十字架上,他们想要捍卫自己作为自由人和罗马人的权力。我们祖先的诸神正在强拉他去受罚,因为人们发现他把子女从他们的父亲怀中强行拉走,加以杀害,还要父母花钱购买埋葬他们的子女的权利。[1]

西塞罗的上述描述将威尔瑞斯在西西里行省的恶劣行径表现得淋尽精致,将他压榨人民的具体行为展现得十分充分。

在《反喀提林》第2篇中,西塞罗通过对喀提林同党混乱不堪的私生活的描述,以及他们企图颠覆罗马政权的不义之举来激发人们的愤怒,从而达到反对喀提林的演说目的:

我要告诉你们,这些人倚着酒桌,搂抱妓女,酒气熏天,满肚食物,头戴花环,遍体香膏,邪恶的生活搞垮了他们的身体,而他们在谈话中竟然胡说要杀掉好人,焚烧罗马。看到这些事实,我相信这些人的邪恶、不义、罪过、淫欲早就应当受到惩罚了,即使惩罚现在还没有落到他们头上,肯定也已经逼近。[2]

在这里,西塞罗通过对喀提林同党的腐败、奢靡生活的描述来激发观众的愤怒之情,他们不仅肆意放纵自己的私生活,还妄图颠覆国家的政权,种种恶行激发了罗马人的愤怒和不满。

在《对证人瓦提尼乌的盘问》中,西塞罗对证人瓦提尼乌恶行的揭露,激发了陪审团成员的愤怒情绪:

但是我要问你,我为什么不可以为高奈留辩护?他执行了

---

[1] [古罗马]西塞罗:《西塞罗全集·演说词卷》(上),王晓朝译,人民出版社2008年版,第232页。

[2] [古罗马]西塞罗:《西塞罗全集·演说词卷》(上),王晓朝译,人民出版社2008年版,第803页。

第六章　古罗马视域下法律修辞学中情感说服、理性说服方法在法律场景中的具体展开

蔑视占卜的法律吗？他无视埃利乌斯法或富菲乌斯法吗？他对执政官施暴吗？他派武装人员占领神庙吗？他用武力把一位投票者扔下过阶梯吗？他亵渎过宗教仪式吗？他搬空了国库吗？他抢劫过这个国家吗？这些都是你的罪行，全都是你的；没有人申斥高奈留有过这样的行为。[1]

在《为凯留斯辩护》中，西塞罗指控喀提林的行为：

他与许多堕落的人有联系。是的，但他把自己伪装成献身于那些拥有卓越品格的人。在他身上人们可以看到许多诱人的地方，足以引人误入歧途；他具有顽强的品质，总是激励自己孜孜不倦、不辞劳苦地努力奋斗。他身上燃烧着荒淫无耻的欲火，但仍对战争艺术保持着强烈的兴趣。不，我真的不相信这个大地上曾有过如此荒诞的恶人，天生的嗜好与欲望在他身上混合在一起，相互矛盾，相互争斗。[2]

在《为米罗辩护》中，西塞罗通过列举克劳狄的暴行，引发了观众的愤怒，展现了米罗行为的正义性。

他粗暴地践踏了元老院最庄严的法令；他无耻地买通了审判他的法官；他在担任保民官期间通扰元老院；他废除了国家安全制度，而这一制度是经过各个等级一致同意以后建立的；他把我赶出这个国家，抢劫我的财产，焚烧我的房屋，迫害我的子女和妻子；他邪恶地对格奈乌斯·庞培宣战。他对行政官员和公民实行大屠杀；他焚烧我兄弟的住宅；他踩蹦埃图利亚；

---

〔1〕［古罗马］西塞罗：《西塞罗全集·演说词卷》（下），王晓朝译，人民出版社2008年版，第279页。

〔2〕［古罗马］西塞罗：《西塞罗全集·演说词卷》（下），王晓朝译，人民出版社2008年版，第303页。

他把许多人逐出家园。他在暗中煽风点火。国家、意大利、行省、附属国都无法抑制他疯狂的野心。哪怕是刻在他家墙上的法律也不能使他畏惧，这样做通常是用来警告奴隶的。他一旦觊觎任何人的家产，一定会在一年内千方百计地搞到手。除了米罗，没有人能阻拦他的计划。他以为，有力量阻拦他实现计划的人在最近的妥协中都被捆住了手脚；他断言恺撒的势力已经由他来支配了；在设法让我垮台的时候，他完全无视爱国者的情感；只有米罗拖住了他的后腿。[1]

在《反庇索》中，西塞罗叙述了庇索及其朋友的恶行，引发了观众的反感和愤怒：

现在来说说你的同事！他进行大规模的抢劫，榨取佃农的财物和土地，夺取我们同盟者的城市，然后用这些来填补欲壑，或用于新鲜的、前所未闻的享乐，或用于购买地产，在图斯库兰建造豪华的别墅。后来这个庞大的工程因缺少资金而停工。这个时候，他把自己的人格、脸面、罗马人民的军队、不朽诸神的名字和禁令、祭司们的仪式、元老院的权威、罗马人民的授权、帝国的名字和尊严，全都卖给了埃及国王。[2]

你抢劫了赐予财富的朱庇特神的神庙，它在所有野蛮人的神龛中是最古老、最神圣的。你们犯下的罪行，不朽的诸神要我们的部队来抵偿；瘟疫发生了，染病者没有一个人能够康复。违反款待客人的习俗、杀死使者、用邪恶的战争对付和平的同盟者、抢劫神庙，无人怀疑这些罪行要对这场毁灭性的瘟

---

〔1〕［古罗马］西塞罗：《西塞罗全集·演说词卷》（下），王晓朝译，人民出版社 2008 年版，第 428 页。
〔2〕［古罗马］西塞罗：《西塞罗全集·演说词卷》（下），王晓朝译，人民出版社 2008 年版，第 459 页。

疲负责。[1]

在《控威尔瑞斯——二审控词》中,西塞罗是这样陈述威尔瑞斯的行径的:

他不是普通的小偷,而是使用暴力的强盗;他不是普通的通奸犯,而是贞洁的蹂躏者;他不是普通的亵渎者,而是一切神圣者的大敌;他不是普通的杀人犯,而是我们的公民和臣民的野蛮的屠夫。我们把这个人强拉到你们这些法官面前。他如此邪恶,在历史上难觅先例。我们必须指控他,我们的指控只能胜利,不能失败。[2]

五、演讲者在法律场景中对同情的利用

(一)唤起法官和陪审团成员的同情

可以说,法官和陪审团成员是最终决定案件裁决结果的人,如果可以唤起他们对己方当事人的同情和理解,对于赢得诉讼最后的胜利会有很大的好处。[3]

在《为昆克修斯辩护》中,西塞罗针对法官和陪审团成员提出了这样的有关其代理人的辩护意见:

面对如此重大的压力和困境,昆克修斯只能到你的公正、正直和同情中寻求庇护。由于至今他的对手的权力阻碍他享有

---

〔1〕[古罗马]西塞罗:《西塞罗全集·演说词卷》(下),王晓朝译,人民出版社2008年版,第476页。

〔2〕[古罗马]西塞罗:《西塞罗全集·演说词卷》(上),王晓朝译,人民出版社2008年版,第232页。

〔3〕Jon Hall, *Cicero's Use of Judicial Theater*, The University of Michigan Press, 2014, p.106.

与他们同等的法律权利、获得同等的抗辩机会、找到公正的行政官,由于他遇上了最大的不公正,一切都对他不利、与他为敌,所以他要向你阿奎留斯和你的这些助理恳求,请你们保持公正,消除诸多不公正行为带来的伤害,并希望最终能在这个法统上找到安宁和支持。[1]

这里西塞罗将演说的对象直接指向了法官阿奎留斯和陪审团成员,用昆克修斯的艰难处境来博得他们的同情。

(二) 唤起观众的同情

《为昆克修斯辩护》中,西塞罗通过对自己代理人境况的描述试图唤起观众的同情:

但他的请求遭到了奈维乌斯本人的拒斥,从他的敌人的朋友那里他也得不到任何帮助,他受到所有行政官员的嘲弄和欺侮,无处可以申冤,只能向你阿奎留斯申诉。他把自己交付到你的手中,把他的全部幸福和他拥有的一切托付给你,把他的名誉和仍旧留存的生活的一切希望都放在你的手中。他在受到无数冒犯、侮辱、折磨以后,到你这里来寻求庇护,这不是耻辱,而是由于不幸。他被赶出富饶的庄园,受尽各种羞辱,这个继承了父兄遗产的人由于无法为他到了出嫁年龄的女儿提供嫁妆,他以往生活的全部希望都落了空。[2]

在《为阿迈利亚的洛司基乌斯辩护》中,西塞罗通过对塞克斯都凄惨境况的展现,唤起了观众的同情:

---

[1] [古罗马]西塞罗:《西塞罗全集·演说词卷》(上),王晓朝译,人民出版社2008年版,第5页。
[2] [古罗马]西塞罗:《西塞罗全集·演说词卷》(上),王晓朝译,人民出版社2008年版,第38页。

第六章　古罗马视域下法律修辞学中情感说服、理性说服方法在法律场景中的具体展开

她收留了塞克斯都·洛司基乌斯并且帮助他，而此时的洛司基乌斯被赶出家园，身无分文，充满不幸，生命堪忧，为了躲避匪徒的匕首和恫吓而到处流浪。[1]

在《为塞斯提乌辩护》中，西塞罗运用了其在被流放期间所遭受的不公正待遇，试图引起观众的同情：

然而，如果说热爱祖国是一桩罪行，那么我仅仅因为如此也就足以接受惩罚。我的房子被拆毁，我的财产被抢劫，我的子女被分离，我的妻子被赶出这个城市，我杰出的兄弟，一个对我有着难以窒息的钟爱之情的人，穿着破衣，在我那些不共戴天的敌人脚下匍匐；而我在被赶离家中的炉灶和赶出家门，与我的朋友们分手以后，与我的祖国分离，但我至少要说，我确实热爱我的祖国。我承受了敌人的残酷、叛徒的罪恶、那些想要我倒霉的人的背信弃义。如果这还不够，这些事情都已经由于我的回归而被抹平了，那么我宁可，我要重复一遍，先生们，我宁可重新回到不幸中去，也不要把这样的灾难带给我的保护人和救星。[2]

从上面西塞罗的表述中我们可以看出，其通过对自己和家人被流放期间的遭遇来达到博得观众同情的目的。同时，由于本案中的当事人塞斯提乌是曾经为西塞罗的复归做出重要努力的人，因此西塞罗希望能够通过自己的努力来使塞斯提乌免除这场灾难。"我宁可重新回到不幸中去，也不要把这样的灾难带

---

[1] [古罗马] 西塞罗：《西塞罗全集·演说词卷》（上），王晓朝译，人民出版社2008年版，第50页。

[2] [古罗马] 西塞罗：《西塞罗全集·演说词卷》（上），王晓朝译，人民出版社2008年版，第274~275页。

给我的保护人和救星。"一方面，表达了自己对塞斯提乌的感恩；另一方面，也使得观众借由西塞罗的遭遇对塞斯提乌的人品产生钦佩和同情。

在《为巴尔布斯辩护》[1]中，西塞罗通过唤起观众对巴尔布斯的同情来达到辩护的效果：

> 但是，当伽德斯人的善意、他们的观点、他们的代表团同意我坚持的这个观点时，我为什么还要提出反对伽德斯人的论证？伽德斯人不顾他们民族和国家的源起，撇开他们对迦太基人的同情和友好，一心想着我们的帝国和罗马的名字；当我们遭遇可怕的战争时，他们关闭城门，派战船骚扰来犯的敌人，用他们自己的身体、力量、部队抗击来犯者；他们总是认为马略和他们签订的条约比任何堡垒更难以侵犯，而根据当前这项由卡图鲁斯缔结、由元老院的决议批准的条约，他们认为自己和我们有着最亲密的联系；我们祖先的城墙、神庙和地界是我们帝国的边界，是罗马人们的地域，甚至连赫丘利也以此为他跋涉与辛劳的尽头。[2]

在这里，西塞罗通过对伽德斯人在罗马帝国战争中的付出和牺牲唤起了观众的同情。西塞罗用"一心想着我们的帝国和罗马的名字""用他们自己的身体、力量、部队抗击来犯者"这些具体而生动的描述来反映伽德斯人对罗马帝国的忠诚，通过

---

[1] 该篇辩护词发表于公元前56年，涉及有关公民权的内容。在本案中，西塞罗的当事人巴尔布斯出生在西班牙南部的伽德斯，拥有伽德斯公民身份。在塞尔托利乌战争期间，他在罗马军队中服役并受到了将领庞培的赏识，授予了他罗马公民的身份。在公元前56年，巴尔布斯因其公民权受到质疑。而受到指控，西塞罗出庭为他进行了辩护。

[2] [古罗马]西塞罗：《西塞罗全集·演说词卷》（下），王晓朝译，人民出版社2008年版，第377页。

第六章 古罗马视域下法律修辞学中情感说服、理性说服方法在法律场景中的具体展开

运用同情来达到辩护的效果,使得观众认为,对于有军功在身的巴尔布斯而言,取得罗马公民权应当是理所应当的。

在《为拉比利乌辩护》中,西塞罗通过对拉比利乌现状的描述,展现了一名年迈的元老院议员的凄惨,试图赢得观众的同情:

> 他面对敌人坦然接受这些伤疤,这些勇敢的标志,但他颤抖着不愿他的荣耀受到任何伤害。敌人对他的攻击从来没有使他离开岗位,而现在他受到他的同胞公民的攻击而颤抖着不得不放弃。他现在对你们的要求不是要你们给予他幸福的生活,而只是光荣的死亡。他现在所作的一切努力也不是为了确保他自己在家里的享受,而是不要剥夺他与他的父亲埋葬在一起的权利。这是他现在的一项请求,他唯一的请求,希望你们不要剥夺他合法的葬礼和死在家里的权利;你们让他承受死在这个国家里的痛苦,而为了这个国家他从来没有在任何危险面前躲避。[1]

从上面的描述中,我们可以看出西塞罗想通过对年迈的拉比利乌的现状的描述和他以往对罗马的贡献来唤起观众的同情,从而达到为拉比利乌洗清罪名,使之免受刑事处罚的目的。

在《为苏拉辩护》中,西塞罗通过运用"同情"唤起了观众的同情心,从而获取了辩护的成功。他说道:

> 因为先生们,他现在向你们求援,不是为了逃避他自己的毁灭,而是为了拯救他的家庭,为了不让他的名字打上可耻的烙印。因为即使你们判他无罪,他的余生还有什么光荣可言,

---

〔1〕 [古罗马] 西塞罗:《西塞罗全集·演说词卷》(上),王晓朝译,人民出版社2008年版,第780页。

还有什么安慰可以使他高兴和欢乐？我假定，他的房子会得到装修，他祖先的画像会重新悬挂，他会恢复从前的外表和打扮！先生们，这些东西都已经丢失；在一次灾难性的判决中，他家里所有徽章和装饰品、他的名字、他的荣耀都毁灭了。但我们不可以称他为国家的摧毁者、叛徒、公敌，他不能给他的家庭留下这样的耻辱，这是他最诚挚的愿望。他害怕的是他可怜的儿子被称作一名叛乱者、罪犯、叛徒的儿子；他害怕的是他会给这个孩子留下一个永久的可耻的记忆，他对这个孩子的爱护胜过对待他自己的生命，而现在他已经无法给儿子留下一份毫无污点的荣耀了。先生们，这个孩子请求你们，允许他在某个时候向他的父亲表示祝贺，哪怕不是由于父亲的幸福没有受到伤害，至少也要能够为父亲减轻一些痛苦。对这个可怜的孩子来说，他对法庭和讲坛要比对操场和学校知道得更多。先生们，这已经不再是普伯里乌·苏拉的生命问题，而是他的葬礼问题。[1]

西塞罗在这里通过展现其当事人苏拉及其儿子的悲惨生活状况，以及苏拉在名誉上遭受损害之后会给他的家庭、子女带来不可磨灭的痛苦来赢得观众的同情，他甚至将这场审判形容为当事人的"葬礼"，这种词语的使用引发了观众的同情。

在《为福拉库斯辩护》中，西塞罗通过对同情的运用，促使观众产生了对福拉库斯的怜悯，以此达到辩护的目的：

如果你们把他父亲从他那里夺走，那么你们就等于告诉他，你们对这个正直、坚定、高尚的人的生活并不尊重。他在向你们乞求，不要让他父亲的眼泪增加他的悲伤，也不要让他的哭

---

[1] [古罗马] 西塞罗：《西塞罗全集·演说词卷》（上），王晓朝译，人民出版社2008年版，第916~917页。

第六章　古罗马视域下法律修辞学中情感说服、理性说服方法在法律场景中的具体展开

泣增加他父亲的悲伤；因为他已经到了承受他父亲的悲哀的年龄，但还不足以帮助他的父亲。你们瞧，他转过身来朝着我，他带着求助的眼神看着我，他在以某种方式呼唤我的荣耀，问我从前对他父亲许诺过的荣耀地位在哪里，要是他父亲拯救了这个国家。先生们，为了这个家庭，为了这个家庭古老的谱系，为了这个人本身的缘故，为了使这个国家保存一个最光荣、最辉煌的名字，怜悯这个家庭吧，怜悯这位最勇敢的父亲吧，怜悯他的儿子吧。[1]

上述内容属于本篇演说词的结尾部分，西塞罗在这里通过一连串的排比句式增强了语句的气势，他通过对福拉库斯本人及其儿子悲伤感情的展现增强了观众的同情之心。西塞罗通过"乞求、哭泣、悲伤、怜悯、拯救"等一系列词句的运用，不仅暗示了福拉库斯本人对罗马的贡献，也展现了他及家人现在的悲惨处境，通过这两者的结合，激发了观众的同情之心，从而达到使福拉库斯被宣判无罪的目的。

在《为塞斯提乌辩护》中，西塞罗也采用了这种方法赢得了观众的同情：

那个舞刀弄剑的人感到自己要是只按照现有规则行事，将无法对付这个意志坚定的人。于是，他诉诸武器、火把、暗杀、抢劫；他开始攻击米罗的住宅，在路上伏击他，用暴力骚扰和威胁米罗。但这个最坚定的人没有慌张。尽管义愤、自由的天性，无比的勇敢在敦促这个最勇敢的人以眼还眼，以牙还牙，打退进攻，但他仍旧克制自己的义愤，没有用他倡导的手段为

---

[1]［古罗马］西塞罗：《西塞罗全集·演说词卷》（上），王晓朝译，人民出版社 2008 年版，第 967~968 页。

自己复仇,而是尽力诉诸法律来捆绑这个对国家遭受的所有灾难欢呼雀跃的人。[1]

在《为塞斯提乌辩护》中,西塞罗企图用自己的经历赢得陪审团成员的同情:

我有什么巨大的罪恶?我在那一天犯了什么大罪?我服从你们的指示,把那些信件、那些想要毁灭我们的人的供词摆在你们面前。然而,如果说热爱祖国是一桩罪行,那么我仅因为如此也就足以接受惩罚。我的房子被拆毁,我的财产被抢劫,我的子女被分离,我的妻子被赶出这个城市,我杰出的兄弟,一个对我有着难以置信的钟爱之情的人,穿着破衣,在我那些不共戴天的敌人脚下匍匐;而我在被赶离家中的炉灶和赶出家门,与我的朋友们分手以后,与我的祖国分离,但我至少要说,我确实热爱我的祖国。我承受了敌人的残酷、叛徒的罪恶那些想要我倒霉的人的背信弃义。如果这还不够,这些事情都已经由于我的回归而被抹平了,那么我宁可,我要重复一遍,先生们,我宁可重新回到不幸中去,也不要把这样的灾难带给我的保护人和救星。如果这些为我分担痛苦的人被驱逐,我还能待在这座城市里吗?先生们,我肯定不会,我肯定不能;这位年轻人也不会,他的眼泪证明了他的孝心;如果由于我,他失去了父亲,而我安全地待在你们中间,那么他在任何时候看到,也就是看到使他和他父亲毁灭的人时都不会感到悲伤了。我确实依恋这些人,无论他们的生活状况与处境如何;我的命运也不能把我和他们分开,你们看到他们为我而悲哀;那些民族也

---

[1] [古罗马]西塞罗:《西塞罗全集·演说词卷》(下),王晓朝译,人民出版社 2008 年版,第 246 页。

第六章　古罗马视域下法律修辞学中情感说服、理性说服方法在法律场景中的具体展开

绝不会看到这个人被流放而没有我的陪伴，那些民族会向我表示感谢，而元老院曾向他们赞扬过我。[1]

在《为凯留斯辩护》中，西塞罗希望争取陪审团成员的同情：

> 但是当你们关注这个年轻人的形象时，我请求你们也要看一下在这里的这位不幸的老人；凯留斯是他唯一的儿子，这是他待在这里的原因，只有凯留斯的平安才能使他心灵安宁，凯留斯的危险就是他的灾难。我请求你们的怜悯，我顺从你们的权力，我不说葡匐在你们脚下，而说葡匐在你们的心灵面前，我请求你们把他扶起来，想一想你们的父母怎么扶你们，或者你们怎么扶你们的子女，为了减轻他人的悲伤，你们可以服从你们的情感和同情心的驱使。先生们，这位老人已经走到了人生的尽头，不要由于你们，而不是由于命运的打击，使死亡提前到来；不要让你们自己像突如其来的旋风一样吹倒这个青春花季的年轻人，美德已经在他身上深深地扎根。为了一名儿子，救救他的父亲；为了一名父亲，救救他的儿子。不要使人认为你们轻视一位几乎完全丧失希望的老人，或者认为你们不仅不能维护一位有着最大希望的年轻人，而且还要把他打倒和摧垮。如果你们把凯留斯安全地归还给我，归还给他自己的人民，归还给这个国家，你们将发现他是一个忠于你们和你们的子女的人。先生们，不管怎么说，摘取和保存他的所有劳动果实的人毕竟是你们。[2]

---

[1] [古罗马] 西塞罗：《西塞罗全集·演说词卷》（下），王晓朝译，人民出版社 2008 年版，第 274~275 页。

[2] [古罗马] 西塞罗：《西塞罗全集·演说词卷》（下），王晓朝译，人民出版社 2008 年版，第 334~335 页。

在《为米罗辩护》中，西塞罗利用米罗的陈述赢得了观众的同情：

先生们，米罗讲的话一直在我耳边回响，令我感动，使我灵魂出窍。他喊道："再见了，我亲爱的同胞！再见了！祝愿你们安全、成功、昌盛！祝愿这座城市永世长存！祝愿我的祖国繁荣昌盛，无论她怎样恶待我！祝愿我的国人能完整和平地享有这个体制，尽管我不能分享，但它或多或少是属于我的！我就要走了。管我不能在良好的统治下生活，至少我能摆脱恶的统治；我会在一个秩序井然的自由社团里立足，我将在那里找到安宁。"〔1〕

在《为昆克修斯辩护》中，西塞罗通过对己方当事人境况的描述试图唤起观众的同情：

但他的请求遭到了奈维乌斯本人的拒斥，从他的敌人的朋友那里他也得不到任何帮助，他受到所有行政官员的嘲弄和欺侮，无处可以申冤，只能向你阿奎留斯申诉。他把自己交付到你的手中，把他的全部幸福和他拥有的一切托付给你，把他的名誉和仍旧留存的生活的一切希望都放在你的手中。他在受到无数冒犯、侮辱、折磨以后，到你这里来寻求庇护，这不是耻辱，而是由于不幸。他被赶出富饶的庄园，受尽各种羞辱，这个继承了父兄遗产的人由于无法为他到了出嫁年龄的女儿提供嫁妆，他以往生活的全部希望都落了空。〔2〕

---

〔1〕［古罗马］西塞罗：《西塞罗全集·演说词卷》（下），王晓朝译，人民出版社2008年版，第430页。

〔2〕［古罗马］西塞罗：《西塞罗全集·演说词卷》（上），王晓朝译，人民出版社2008年版，第38页。

第六章　古罗马视域下法律修辞学中情感说服、理性说服方法在法律场景中的具体展开

因此他恳求你，阿奎留斯，允许他离开这个法庭时带走名誉和尊敬，这是他在生命行将结束的年纪带到你们这些法官面前来的。他请求在他60岁的时候不要给他从未受到质疑的忠诚打上最大的耻辱的烙印，他请求塞克斯都·奈维乌斯不要把他的全部优点当作战利品来嗤笑，他请求已经陪伴他进入老年的良好名声可以通过你的决定而不受阻挠，乃至于可以伴随他进入坟墓。〔1〕

在《为穆瑞纳辩护》中，西塞罗充分利用了穆瑞纳的悲惨境遇以引发观众的同情：

要是你们投票判他有罪（愿朱庇特让这咒语失灵），这个可怜的人该去哪里？回老家吗？他在那里可以见到那个非常著名的人，他的父亲的面具吗，几天前他还看到那里摆放着荣誉的花圈而现在却被他遭受的耻辱剥夺了，变得卑微了？去见他的母亲吗？这位可怜的妇人刚刚亲吻过他的执政官儿子，而稍后不久又要受到焦虑的折磨，因为这个儿子的所有荣誉都将被剥夺。但是当新的惩罚剥夺了他的家庭、他的父母、这个社会和所有朋友时，我为什么还要谈论他的母亲与家庭？这个可怜的人要遭到流放吗？流放到哪里？去东方吗，他好多年在那里带兵打仗，立下丰功伟绩？但是，不光彩地回到他曾经获得荣誉的地方是一种极大的羞辱。他将把自己埋葬在这个世界的极远之处，让山外高卢可以看见他悲惨的流放吗，而她曾经高兴地见过这个人身着最威严的服装？还有，在那个行省里，当见到他的兄弟盖乌斯·穆瑞纳时，他会有什么样的感情？盖乌斯会

---

〔1〕［古罗马］西塞罗：《西塞罗全集·演说词卷》（上），王晓朝译，人民出版社2008年版，第38页。

有什么样的悲伤,卢西乌斯会有什么样的悲哀,他们会有什么样的悲痛,他们的命运和言谈发生了什么样的变化,因为就在同一地方,几天前信使们带来的信件传播着穆瑞纳当选执政官的消息,客人和朋友匆忙上路去罗马向他道贺,而现在他本人将要出现在这个地方宣布他自己的灾难吗?要是这些事情是残酷的,要是这些事情是可恶的、悲哀的,要是这些事情是与你们的和蔼与仁慈最不相容的,那么先生们,肯定罗马人民的青睐吧,把一名执政官还给国家,以此奖赏他的正直,以此告慰他死去的父亲,以此告慰他的部落和家族,以此告慰拉努维乌这个最光荣的镇子。[1]

在《为福拉库斯辩护》中,西塞罗利用福拉库斯之子的悲惨境遇,试图赢得陪审团的同情:

先生们,面对这个可怜的孩子,面对一名向你们和你们的孩子求助的乞援者,通过这场审判,你们应当赋予人们一种生活规则。要是你们判他的父亲无罪,那么你们就等于告诉他应当成为一名什么样的公民。如果你们把他父亲从他那里夺走,那么你们就等于告诉他,你们对这个正直、坚定、高尚的人的生活并不尊重。他在向你们乞求,不要让他父亲的眼泪增加他的悲伤,也不要让他的哭泣增加他父亲的悲哀;因为他已经到了承受他父亲的悲哀的年龄,但还不足以帮助他的父亲。你们瞧,他转过身来朝着我,他带着求助的眼神看着我,他在以某种方式呼唤我的荣耀,问我从前对他父亲许诺过的荣耀地位在哪里,要是他父亲拯救了这个国家。先生们,为了这个家庭,

---

[1] [古罗马] 西塞罗:《西塞罗全集·演说词卷》(上),王晓朝译,人民出版社2008年版,第880~881页。

第六章　古罗马视域下法律修辞学中情感说服、理性说服方法在法律场景中的具体展开

为了这个家庭古老的谱系，为了这个人本身的缘故，为了使这个国家保存一个最光荣、最辉煌的名字，怜悯这个家庭吧，怜悯这位最勇敢的父亲吧，怜悯他的儿子吧。[1]

六、演讲者在法律场景中对民族精神的使用

演讲者在情感说服中可以通过对民族精神的使用，对观众进行说服。在《向元老院致谢》[2]中，西塞罗就充分利用了这种情感说服方法：

在他的要求下你颁布了这项法令，有谁能给我带来更大的自豪或尊荣？整个意大利所有把国家安全放在心上的人把他们的全部资源都集中在补偿和保护像我这样遭受重大打击的人。……元老院曾经对公民宣布，不帮助我就等于不保护国家的安全，除此之外，我还有什么值得骄傲的东西可以传给我的后代？[3]

通过上述演说的内容我们看到，西塞罗将他个人的安危与国家的利益、安全紧密地结合在了一起，实际上，西塞罗利用了罗马人的民族情感——他们不希望自己的国家、民族受到外族的侵略和伤害，进而将自己刻画为能够拯救整个罗马民族的

---

〔1〕［古罗马］西塞罗：《西塞罗全集·演说词卷》（上），王晓朝译，人民出版社2008年版，第967~968页。

〔2〕这篇演说词发表于公元前63年，在这期间西塞罗担任了执政官，并且平定了喀提林阴谋。但后来，西塞罗由于在对喀提林阴谋的处理中没有遵守法定的程序直接将阴谋者处以极刑而受到了法律的追究，被迫接受流放。公元前57年，西塞罗结束了流放生涯，返回罗马。这篇演说词就是在该年发表的。文中表达了对元老院议员、罗马人民的感谢。

〔3〕［古罗马］西塞罗：《西塞罗全集·演说词卷》（上），王晓朝译，人民出版社2008年版，第28页。

精神领袖。

在《为塞斯提乌辩护》中,西塞罗通过对民族精神的使用来引发观众对其当事人的理解和赞同,并说明了民族精神对于罗马人的重要意义:

> 从那座城市来的,先有老普伯里乌·德修斯,若干年后又有和他一样勇敢的儿子,他们为了罗马人民的安全和胜利,在战争中奉献了自己的生命;从那座城市来的还有许多人,有些为了获得荣耀,有些为了避免耻辱,以各种方式安详地接受死亡;我本人记得,一位最勇敢的人、现在就在法庭上的马库斯·克拉苏的父亲,他不愿活着看到他的敌人获胜,于是就用他那经常给敌人送去死亡的双手结束了自己的生命。[1]

> 所以,年轻的罗马人,我要警告你们——我有权向你们提出建议——在寻求国家的地位、幸福和荣耀时,你们不要犹豫不决,或者由于我的不幸而回避采取坚定的政策,你们一定要保卫国家,反对那些不忠诚的公民。[2]

西塞罗对民族精神的运用,说明了民族精神对于罗马人民的重要意义。

在《关于给卸任执政官指派任职行省的演说》[3]中,西塞

---

[1] [古罗马]西塞罗:《西塞罗全集·演说词卷》(上),王晓朝译,人民出版社2008年版,第224页。

[2] [古罗马]西塞罗:《西塞罗全集·演说词卷》(上),王晓朝译,人民出版社2008年版,第226页。

[3] 这篇演说词发表于公元前56年,根据《格拉古法案》罗马元老院需要在新任执政官选举之前为他们选择执政官期满以后任职的行省。在西塞罗开始演讲之前,前任执政官们已经提出了各种建议方案。西塞罗希望尽快取消当时统治马其顿行省的庇索和统治叙利亚行省的伽比纽斯的职务另换他人,并在演讲中表达了对庇索和伽比纽斯在行省统治的不满。最终,西塞罗的演讲收获了其预期的效果。

第六章　古罗马视域下法律修辞学中情感说服、理性说服方法在法律场景中的具体展开

罗通过对罗马人爱国的民族精神的运用来展现庇索在马其顿行省统治的失败，从而达到用新人来取代庇索统治马其顿行省的目的：

>　　罗马人民的士兵被捕捉、被杀害、被抛弃，成鸟兽散，他们遭受轻视、灾荒、疾病，乃至于彻底毁灭；而所有事情中最可耻的是，一位将军所犯的罪行似乎要用他的部队所遭受的痛苦来补偿，真是太遗憾了。在我们征服了相邻的民族，打垮野蛮人，平定马其顿以后，这个地方我们以前只要有几座小小的军营和少量士兵，仅仅通过没有军事权威的使节，仅仅依靠罗马人民的名字，就能保证它的和平与安全；而现在，尽管有执政官的权柄和一支军队，它仍旧遭受洗劫，即使长时间的和平也不能使他恢复活力。[1]

从上文的内容中我们可以看出西塞罗对庇索治理马其顿行省的不满，其通过对比的方式说明庇索在治理中的严重不当造成了罗马士兵被捕捉、杀害、抛弃的局面，以往罗马士兵的威信不复存在，这一切都是由行省总督庇索的失职造成的。

在《关于任命庞培的演说》[2]中，西塞罗通过对民族精神的运用来加强观众对推举庞培担任此次战争统帅的认可：

>　　了解这场战争的性质最能激起你们将战争进行到底的决心，因为它关系到罗马的荣耀，这种荣耀是你们的祖先传下来的，他们在一切事情上都很伟大，而他们在战争中的表现是一切事

---

[1]　[古罗马] 西塞罗：《西塞罗全集·演说词卷》（上），王晓朝译，人民出版社2008年版，第226页。

[2]　该篇演说词发表于公元前66年，西塞罗在该年当选为执法官，在这篇演说词中，西塞罗对庞培的品德和在军事方面的能力进行了赞扬，并且提议任命庞培为反海盗战争的统帅。

情中最伟大的……

与其他民族相比，由于你们已经惯于追求荣耀和名声，所以我呼吁你们要洗刷第一次米特拉达梯战争留下的污点，这些污点一直令罗马人民蒙羞；米特拉达梯在一日之内横扫整个亚细亚和许多国家，凭着一道命令就屠杀我们的公民，而迄今，他不仅没有为他的罪行受到任何惩罚，而且从那时起仍旧在他的王座上待了二十二年。[1]

从西塞罗的表述中我们可以看出，西塞罗充分利用罗马人民强大的民族精神，利用之前在米特拉达梯战争中的失利鼓励罗马人民洗刷耻辱，这样可以很好地激发观众对战争的热情。

在《反喀提林》[2]第1篇中，西塞罗通过民族精神的使用使得元老院议员认为，对喀提林实施流放是有利于国家安全的：

因此，要是对我来说比我的生命还要珍贵的我的祖国，要是整个意大利，要是整个国家对我这样说："马库斯·图利乌斯，你在干什么？如你所发现的那样，这个人是一名公敌；如你所看见的那样，他将是一场战争的首领；如你所知道的那样，敌人正在营地里等待他下达命令；他是罪魁祸首，他是阴谋的头领，他把奴隶和罪犯集合到一起。这样的一个人你却把他放

---

[1] [古罗马] 西塞罗：《西塞罗全集·演说词卷》（上），王晓朝译，人民出版社2008年版，第615页。

[2] 《反喀提林》总共有4篇：第1篇和第4篇是在元老院发表的；第2篇和第3篇是向人民发表的。喀提林出生在罗马的一个破落贵族家庭，他生性邪恶堕落，喜欢战争、杀戮和权力的倾轧。在罗马内战期间，喀提林是苏拉的得力助手，之后其多次参加执政官竞选却都没有成功。在公元前63年，喀提林做了两手准备，一方面准备参加竞选，另一方面暗中准备通过武力的方式夺取政权。之后喀提林的阴谋被西塞罗知悉，西塞罗派人截获了阴谋者的书信并将此证据送往元老院。同年12月5日，元老院开会商议处置在押参与阴谋的人员。当晚，被捕获的在地牢中的5名阴谋分子被绞死，西塞罗亲自监刑。

第六章　古罗马视域下法律修辞学中情感说服、理性说服方法在法律场景中的具体展开

走,而且放走的方式使人感觉他好像不是被你逐出罗马,而是有意让他逃脱,让他来攻打罗马!你难道就不能下令给他带上镣铐,把他拉出去处死,最严厉地惩罚他吗?"[1]

西塞罗在这里将喀提林的行为与民族危亡紧密地联系在了一起,使观众认为喀提林事件与每个公民都有着紧密的联系,通过对民族危亡感情的运用使观众认为只有喀提林得到相应的处置才能保证国家的安全。

在《为福拉库斯》[2]中,西塞罗通过对民族精神的运用来达到说服观众的目的:

当这座城市和帝国陷入巨大危险的时候,在一场非常严重的危机中,在卢西乌斯·福拉库斯的帮助下,我把你们、你们的妻子、你们的孩子从死亡中拯救出来,使神庙、神龛、城市、意大利免遭毁灭;所以先生们,我希望自己能帮助卢西乌斯·福拉库斯获得荣耀,而不是替他遭受的不幸求情。[3]

罗马人民欢欣鼓舞,相互道喜,为了我们的祖国!清醒聪明的陪审团成员们在判案时总是考虑到国家的利益、公共的安全、共和国的经验。先生们,当投票板交到你们手中时,它不仅意味着对福拉库斯投票,而且意味着对国家安全的领袖们投票,对全体优秀公民投票,对你们自己、对你们的妻子儿女、对你们的生命、对你们的祖国、对我们所有人的安全投票。你

---

[1] [古罗马]西塞罗:《西塞罗全集·演说词卷》(上),王晓朝译,人民出版社2008年版,第795~796页。

[2] 在该篇演说词中,西塞罗的当事人是福拉库斯,他曾于公元前63年担任执法官,公元前62年担任亚里亚行省总督,在公元前59年返回罗马的时候,其受到了违法乱纪的指控,西塞罗和霍腾休斯担任其辩护人,最终使其被判无罪。

[3] [古罗马]西塞罗:《西塞罗全集·演说词卷》(上),王晓朝译,人民出版社2008年版,第920页。

们要判决的案子不是外国人的事情,不是你们同盟者的事情,你们正在对你们自己和你们自己的祖国进行判决。[1]

在这里,西塞罗列举了福拉库斯在反喀提林阴谋中对罗马人民的贡献,突出在罗马面临危亡的时候是福拉库斯的重大举动保证了罗马的和平和稳定,通过民族精神的运用来使观众认为福拉库斯是一个对罗马有重大贡献的正直官员,与被控诉的违法乱纪罪没有关系。而且,西塞罗还将福拉库斯被宣判无罪后的结果与普通罗马民众可以迎来的幸福安定生活联系在了一起,暗示观众们接下来要作出的决定不仅仅只关乎其当事人福拉库斯,更是关系到他们自己和罗马国家,通过这种间接性的联系,暗示观众、法官和陪审团成员应该认定福拉库斯无罪。

在《为阿尔基亚辩护》中,西塞罗提出:

在我担任执政官期间,我和你们一起为了帝国的安全、公民的生命、国家的共同幸福采取了坚决的措施,我的当事人把这些措施用作他开始创作的一首诗的主题。他把这些都讲给我听,这部作品马上有力地打动了我,引起了我的极大兴趣,我鼓励他要完成创作。[2]

在《为塞斯提乌辩护》中,西塞罗激发了民族情感:

你应当抵抗,你应当反击,你应当用战斗来面对死,对此,你们,还有你们,我要请你们作见证,我说的是我的国家,还有你们,我们国家祖先的诸神,正是为了你们的居所和神庙,

---

〔1〕 [古罗马] 西塞罗:《西塞罗全集·演说词卷》(上),王晓朝译,人民出版社2008年版,第964页。

〔2〕 [古罗马] 西塞罗:《西塞罗全集·演说词卷》(下),王晓朝译,人民出版社2008年版,第13页。

第六章　古罗马视域下法律修辞学中情感说服、理性说服方法在法律场景中的具体展开

为了比我的生命还要宝贵的同胞公民的得救，我要避免战争和流血。因为，先生们，就好比我和朋友一同乘船远航，遇到来自各方的大量海盗，他们威胁说要用他们的舰队撞沉我们的航船，除非我的朋友把我交给他们；如果乘客拒绝这样做，宁愿与我一同去死也不愿把我交给敌人，那么我宁可跳海而死，也不会连累那些热爱我的朋友；我不说他们一定会死，但他们的生命肯定会面临巨大危险。然而国家这艘大船，在支配她的元老院的舵手离开以后就因意见分歧而在惊涛骇浪中颠簸，受到许多武装舰队的攻击。[1]

在《为塞斯提乌辩护》中，西塞罗激发了民族情感：

这位英雄依靠他战无不胜的军队的勇敢，征服了我们那些最邪恶的公民、最凶狠的敌人、强大的部落、国王、从未打过交道的野蛮人、无数的海盗造反的奴隶等等，最后结束了陆上和海上的一切战争，然后把罗马人民的帝国的疆界扩展到世界极远之地；他不能继续忍受那些想要推翻国家的少数人的罪行，他不仅经常要用他的政策来拯救这个国家，而且还要用他自己的鲜血。他承担起国家大业，用他的影响阻止进一步的争讼，他斥责了以前发生的事情。[2]

在《为封泰乌斯辩护》中，西塞罗通过对民族精神的渲染为泰乌斯辩护：

先生们，冒险保护一名勇敢的、无可指责的公民吧；让这

---

〔1〕［古罗马］西塞罗：《西塞罗全集·演说词卷》（下），王晓朝译，人民出版社2008年版，第222~223页。

〔2〕［古罗马］西塞罗：《西塞罗全集·演说词卷》（下），王晓朝译，人民出版社2008年版，第234页。

个世界看到你们相信我们的同胞提供的证据,超过那些外国人提供的证据,看到你们更加关注我们公民的幸福而不是更加关注我们的敌人的怪想,看到你们更加重视为你们献祭的那个人的恳求,而不是重视那些厚颜无耻地发动战争反对全世界的献祭和神庙的人的要求。最后,先生们,你们看——罗马人民的尊严与此密切相关——你们要表明一位维斯太贞女的祈求在你们心中的分量要超过高卢人的威胁。[1]

在《反凯西留斯》中,西塞罗通过控诉凯西留斯的恶行,激发了观众的民族情感:

以一切正义和神圣的名义起誓,告诉我,当前我能为我的国家提供什么更好的服务。没有什么比这样做更能为这个国家的人民接受了。没有什么比这样做更能为我们的同盟者和其他民族向往了。没有什么比这样做更能对我们所有人的安全与繁荣有所贡献了。我们的行省已经受到抢劫与掠夺,完全毁灭了;罗马民族的同盟者和依附者已经陷入最悲惨的境地;他们不再抱有获得拯救的希望,只能在深重的灾难中寻求一丝安慰。他们看到我们的法庭秩序还不错,但是他们感到焦虑,抱怨找不到恰当人选担任起诉人。而那些可以担任原告律师的人轻视在我们的法庭上施行的严格的正义。[2]

七、演讲者在法律场景中对民意的使用

西塞罗的演说词《向元老院致谢》叙述了其挫败喀提林阴

---

[1] [古罗马] 西塞罗:《西塞罗全集·演说词卷》(下),王晓朝译,人民出版社 2008 年版,第 517~518 页。
[2] [古罗马] 西塞罗:《西塞罗全集·演说词卷》(上),王晓朝译,人民出版社 2008 年版,第 184~185 页。

第六章　古罗马视域下法律修辞学中情感说服、理性说服方法在法律场景中的具体展开

谋的过程，并解释了这样做的原因，没有通过法律审判就对参与喀提林阴谋的参与者处以极刑，实际上是有违于当时罗马的司法程序的。在这篇演说中，西塞罗将自己挫败喀提林阴谋和民众的支持联系在一起：一方面，为自己未通过法律程序直接处以极刑的行为进行辩解；另一方面，谄媚民众，以求获得更多的支持率。

如果说我们对罗马人民拥有最深厚的感情，那是因为由于他们的提升，我们才在他们最庄严的公民大会上、在这个最崇高的舞台上，在这个全世界最坚强的堡垒中，拥有自己的位置；能对这个团体讲话是我的荣幸，因为它们经常用最仁慈的法令帮助我们。所以，我们对你们的亏欠是无法计算、无法测量的，你们用独特的忠心，在一个独特的时刻，采取一项联合行动，把父母对我们的情感、诸神给我们的馈赠、罗马人民授予我的地位还给我们，并且为我提供了许多证词。所以，我对你们的亏欠是巨大的，对罗马人民的亏欠是巨大的，……从今以后我们成了所有对我们有恩的人的债务人，成了你们的债务人，我们今天发现自己再次拥有了一切。[1]

元老院的议员们，由于上述原因，我们感到自己在一定意义上已经获得了不朽，这样的恩惠对渴望不朽的凡人来说甚至是不合法的。难道说，你们赐予我们的恩惠会随着时间的流逝在我们的记忆中消失吗？[2]

在《向人民致谢》中，西塞罗表达了他流放归来时对人民

---

〔1〕［古罗马］西塞罗：《西塞罗全集·演说词卷》（下），王晓朝译，人民出版社2008年版，第17~18页。

〔2〕［古罗马］西塞罗：《西塞罗全集·演说词卷》（下），王晓朝译，人民出版社2008年版，第18页。

的感谢。公元前58年通过了一项立法,放逐那些不经法律审判而处死罗马公民的人。而在之前处理喀提林阴谋时,西塞罗未经过法律审判直接将参与者处以死刑,由此,其遭受到了放逐。一年之后,西塞罗回到罗马,并受到了人民的热烈欢迎:

> 既然如此,我要凭着永久的善意珍视你们的仁慈;只要还有一口气,我就要记住你们的仁慈,哪怕我的生命结束了,有关你们的仁慈的记载也仍将长存。为了回报你们的恩惠,我向你们真诚地保证,在实施我的公共政策时,我绝不会缺乏勇气,在诚实地表达我的信念时,我绝不会缺乏忠诚,在为了公共利益和私人理想而遭受挫折时,我绝不会缺乏自由,在忍受千辛万苦时,我绝不会缺乏力量,在努力增添你们的幸福时,我绝不会缺乏感恩的善意。同胞公民们,这个理想将永远铭刻在我心上,你们把力量和不朽诸神的批准赋予我,不仅你们可以对我做出判断,而且你们的后代和所有民族都可以对我做出判断,就如整个国家已经通过投票充分表达了一致的信念;要是不能把我召回,整个国家就不可能重新赢得它自身值得骄傲的地位。[1]

在《为米罗辩护》中,为了赢得陪审团成员对米罗的同情,西塞罗献媚民众:

> 先生们,我剩下要做的事情就是请求你们仁慈地对待这个勇敢的人,尽管他本人没有提出这种恳求,而是提出抗议。我的请求既是一种恳求,又是一种要求。如果当我们大家都在为米罗流泪的时候你们没流一滴眼泪,那么你们不用怜悯他;如

---

[1] [古罗马] 西塞罗:《西塞罗全集·演说词卷》(下),王晓朝译,人民出版社2008年版,第47页。

第六章　古罗马视域下法律修辞学中情感说服、理性说服方法在法律场景中的具体展开

果你们看到他顽强的态度和坚定的语调丝毫也没有改变，那么不要因为这个原因而放弃你们对他的怜悯。不，我不敢确定他是否需要你们的救援。[1]

我不想再说了。我确实不能再为眼泪说话，我的当事人吩咐过，为他的案子辩护不需要眼泪。先生们，我恳求你们，在投票时拿出你们的勇气来。相信我，你们的勇敢、公正和荣誉将得到陪审团的高度赞赏，陪审团的选择已经确定了最优秀、最聪明、最勇敢的人。[2]

在《反庇索》中，西塞罗表达了对于元老院议员的谄媚：

你们一直接受我，元老院的议员们，所以你们的仁慈是巨大的，你们的品德是值得自豪的。想到那个对我来说意味着毁灭的事件，我还能有任何念头不与国家连在一起吗（这几乎是不可能的）？[3]

在《为拉比利乌辩护》中，西塞罗谄媚民众，以获得其支持：

现在，由于我相信自己已经消除了对他的名誉的指控，我要清偿我的眼泪债，我看到在我最黑暗的时候，你们为我流下了许多眼泪。我眼前浮现出那个充满悲伤的夜晚，你们聚集在我身边，把你们的钱财无保留地放在我的脚下，用你们的怜悯

---

〔1〕[古罗马] 西塞罗：《西塞罗全集·演说词卷》（下），王晓朝译，人民出版社 2008 年版，第 430 页。

〔2〕[古罗马] 西塞罗：《西塞罗全集·演说词卷》（下），王晓朝译，人民出版社 2008 年版，第 435 页。

〔3〕[古罗马] 西塞罗：《西塞罗全集·演说词卷》（下），王晓朝译，人民出版社 2008 年版，第 452 页。

安慰我的离去,为我提供保护,还有在那个时刻所需要的黄金。当我不在的时候,你们从来没有忘了照料我的妻儿。我可以传唤许多结束流放、返回祖国的人来为你们的仁慈作证,比如在你父亲库提乌斯受审时,我听说过许多这方面的事情。但是,现在这一切都已成为恐怖的来源;我为有可能失去名誉而感到颤抖;而在这里流下的这么多眼泪已经证明你们对自己有多么珍视。至于我,悲伤令我虚弱,令我呜咽。先生们,我请求你们,拒绝剥夺这个优秀的人,除非活着的人没有一个比他更糟,不要使这位罗马骑士的名字消失,不要使我们在阳光下丧失快乐,不要使你们的权利丧失。他对你们没有任何请求,只想走在这个讲坛上看到这座城市的雄姿。哪怕这一许可也被命运剥夺,也不会没有朋友来帮助他。[1]

在《为阿迈利亚的洛司基乌斯辩护》中,西塞罗的辩护起到了谄媚民众的作用:

这个国家需要你们这些拥有权威和权力的聪明人对这些施加于公众的事恶提供最有效的治疗。你们中间没有人不知道罗马人民从前对他们的敌人是最宽大的,而今天他们却正在残忍地对待自己的公民。先生们,从这个国家把这种残忍驱逐出去,不允许它再蔓延到国外,它还不仅仅是罪恶,它已经用最残忍的手段夺走了许多公民的生命,并在人们心中留下遗憾,人们的心灵由于熟悉了各种罪恶而令人窒息。如果我们每日每时都看到或听到残忍的行为,那么久而久之,哪怕是我们中间天生仁慈的人也会由于麻烦不断出现而从心中失去一切

---

〔1〕[古罗马]西塞罗:《西塞罗全集·演说词卷》(下),王晓朝译,人民出版社2008年版,第536~537页。

第六章　古罗马视域下法律修辞学中情感说服、理性说服方法在法律场景中的具体展开

人道的情感。[1]

第二节　理性说服方法在法律场景中的具体展开

要理解理性说服的论题学方法在法律场景中的运用方式，我们必须将西塞罗对论题学的使用还原到相应的法律场景中。由于西塞罗的挚友是出版商，因此西塞罗大部分的演说著作都被完整地保留了下来，而这些被保存下来的演说词正是西塞罗对法律修辞学运用的最佳体现。通过对西塞罗演说文本的分析，我们可以观察其对理性说服中论题学方法、修辞三段论和归纳方法的使用。

一、对"原因"论题的使用

西塞罗在《论题学》中就对"原因"论题进行了分类，分为结果的原因和非结果的原因两种。前者必然引起结果，后者只是产生结果的条件或中间原因。在《为昆克修斯辩护》中西塞罗就利用了"原因"论题充分展示了原告所举证事实的虚假性。这里对"原因"论题的运用，实际上是结果的原因，这种原因必然会导致结果的发生。

洛司基乌斯又说道："假定你为这样的案子辩护，你只需要证明没有人能在2天或至多3天的时间里行走700英里，你还会担心自己不能保证这个反对霍腾休斯的简单陈述的真实性吗？"[2]

---

[1] [古罗马] 西塞罗：《西塞罗全集·演说词卷》（上），王晓朝译，人民出版社2008年版，第94~95页。

[2] [古罗马] 西塞罗：《西塞罗全集·演说词卷》（上），王晓朝译，人民出版社2008年版，第31页。

之所以说这里运用了"原因"论题,是因为原告奈维乌斯提出申请,希望按照法令的形式占有昆克修斯财产的时间是在1月20日,而昆克修斯身在高卢的庄园,并在1月23日的时候就被奈维乌斯从庄园中赶走了,在这之间只有3天的时间,原告奈维乌斯需要派人将消息从罗马送到高卢的庄园,可以说几乎是不可能的,因为它们之间的距离有足足700英里。可见,原告奈维乌斯根本没有时间去通知被告,或者说,他伪造了依照法令提出申请的时间,企图为自己的不法行为寻找合法的依据。

在《反凯西留斯》[1]中,西塞罗运用"原因"论题,解释了自己为什么选择担任威尔瑞斯一案的公诉人。这里的"原因"论题属于非结果的原因:

> 先生们,我发现自己陷入了痛苦的境地。要么,我必须使这些前来求援的人失望,要么在形势的逼迫下,承担原告的义务,从早年就已熟悉的辩护人角色转换为起诉人的角色。……义务、荣誉、遗憾的情感,其他许多高尚的榜样,我们的祖先建立的传统——先生们,所有这些都在迫使我得出同样的结论。不是出于我自己的兴趣,而是为了我的这些朋友,我不得不承担这一繁重和艰苦的任务。[2]

在这里,西塞罗解释了自己为什么要争取担任公诉人,即这并不是出于自己的兴趣,而是受到一种义务、荣誉甚至是夹杂着遗憾的复杂情感驱使。他认为,与他竞争的凯西留斯并不

---

〔1〕 该篇演说词发表于公元前70年的夏天,在本篇演说词中,西塞罗控诉的对象是凯西留斯,他与西塞罗争夺西西里的行省总督盖乌斯·威尔瑞斯涉嫌勒索民众案件的起诉权,在此之前,西塞罗只担任过辩护人,从未担任过控诉人,与本案相关的演说还有《控威尔瑞斯——一审控词》《控威尔瑞斯——二审控词》。

〔2〕 [古罗马]西塞罗:《西塞罗全集·演说词卷》(上),王晓朝译,人民出版社2008年版,第183~184页。

第六章　古罗马视域下法律修辞学中情感说服、理性说服方法在法律场景中的具体展开

能很好地代表西西里人表达他们的请求和情感,所以争取担任公诉人,对于他来说是必须完成的任务。西塞罗采用了"原因"论题中的非结果原因,其是指原因是产生结果的条件或中间原因,并不必然导致这种结果的发生。是否担任公诉人仍然是西塞罗可以自我选择的。同时,西塞罗在下文中也补充性地表达了自己为何争取担任公诉人:

在这场审判中我有了这样的感受,我肯定要同意接手西西里人的案子,但也会选择罗马人的案子——我不仅必须去做西西里人要求我做的事情,而且也要去做这个国家的人民长期以来一直要求我做的事情——我必须扑灭和终止各种各样的流氓行径。[1]

二、对"属种"论题的使用

按波爱修斯的说法,"属"是指称具有一个以上不同种的事物的东西,而"种"则是我们收集起来置于属之下的。简言之,属决定了种的性质,种展现了属的不同形态。[2]这种对属种的区分,实际上为概念的定义提供了前提和依据。在《为昆克修斯辩护》中,西塞罗为了证明原告没有全部占有其被代理人的财产,通过对"属种"论题的运用,对其代理人的财产范围运用的属与种进行了分类,从而证明原告未能全部占有其当事人的财产。他说:"在我看来,他似乎占有了这片地产,但没有占有那个人的所有财产。"然后他提供了自己的定义。他说:"什

---

[1] [古罗马]西塞罗:《西塞罗全集·演说词卷》(上),王晓朝译,人民出版社2008年版,第190~191页。

[2] 徐国栋:《地方论研究——从西塞罗到当代》,北京大学出版社2016年版,第74页。

么是占有？显然就是拥有那些在这个时候可以被占有的东西。"他证明奈维乌斯没有占有所有财产，而只占有一项地产。"在那个时候，昆克修斯在罗马有房子和奴仆，在高卢有私产，但这是你绝不敢占有的。"他用下面的话得出结论："但若你占有了普伯里乌·昆克修斯的财产，你必须按照法律全部占领他们。"[1]

可以说，上面这段话是整篇辩护词的核心和辩护者得出的结论，其中的"属种"论题，又为这种结论的得出提供了前提和理论依据。西塞罗在上面的这段论述中，将己方当事人昆克修斯的所有财产看成是一个"属"，而在这个"属"之下，又分为两个"种"，分别是"在这个时候可以被占用的财产"和"这个时候不可以被占有的财产"。这两个"种"穷尽了昆克修斯的所有财产。而根据案件的事实，原告奈维乌斯在这个时候只占有了部分财产而没有对昆克修斯的所有财产予以占有。所以，这种占有不能被看作是对昆克修斯的所有财产的占有。西塞罗通过运用"属种"论题使得辩护的内容逻辑层次更清晰、更具说服力。

三、对"对反"论题的使用

论题学方法主要是指西塞罗在其著作《论题学》中所论述的寻找论证主题的方法。这种寻找过程实际上也是修辞学五大组成部分之一的"发现"的重要方法。关于这种寻找论点的"论题"，西塞罗主要论述了三种：第一，内在的论题；第二，与讨论对象以任何方式相关的论题；第三，外在的论题。

"对反"是处在同一个属但彼此有极大差异的种。其可以被

---

[1] [古罗马] 西塞罗：《西塞罗全集·演说词卷》（上），王晓朝译，人民出版社2008年版，第39页。

第六章　古罗马视域下法律修辞学中情感说服、理性说服方法在法律场景中的具体展开

分为四种类型：其一，相逆，指的是同类而极不同的东西；其二，夺性，即对于描述人或物的属性形容词或名词通过加表示否定的前缀的方式构成反义词；其三，比较中的对立，是两个表达相反状态的对偶概念，他们建立在关系的基础上，一个依赖于另一个而存在；其四，否定，即对于一个人主张的事实提出完全相反的事实。[1]

在西塞罗现存的第一篇演说词《为昆克修斯辩护》中，我们可以看到他为了说明己方当事人昆克修斯的无辜和被欺骗，表现原告蓄意谋夺被告财产，运用了"对反"论题进行辩护：

如此邪恶，如此胆大妄为，如此仓促的诉讼怎么能够得到阿奎留斯及其助理们的批准？这样仓促鲁莽，这样疯狂，有什么意义？它表明的不是暴力、罪恶、掠夺，难道还是正义、义务、荣耀？[2]

在上面的例子中，西塞罗实际上就是对"对反"方法中的"相逆"的运用，将同类却极不相同的事物放在一起进行比较。暴力、罪恶、掠夺与正义、义务、荣耀实际上属于同一类别，都是对人的品行的一种描述，只不过西塞罗在这里所提到的前三种和后三种品行是完全对立的。西塞罗通过这种词语上的强烈对比凸显了被告在德行上的严重缺失，表达了对被告人人品的质疑和否定。

对"对反"论题的运用，还有这样的例子：

---

[1] 徐国栋：《地方论研究——从西塞罗到当代》，北京大学出版社2016年版，第75页。

[2] ［古罗马］西塞罗：《西塞罗全集·演说词卷》（上），王晓朝译，人民出版社2008年版，第32页。

法律修辞学对罗马法律科学的影响

被勇士和高尚者所杀是灾难，被一个做生意的小商贩所杀更加是灾难；被平等者或优越者征服是可耻的，被低劣者征服更加可耻；把自己的财产交到他人手中是可悲的，把自己的财产交到敌人手中更加可悲；为一个人的生命而抗辩是令人敬畏的，在未听到审判之前就不得不抗辩更加令人敬畏。[1]

从西塞罗的辩护中我们可以看出，他是在利用"对反"论题中的"比较中的对立"，因为文中的每个分句所提到的两个对象都是表达相反状态的对偶概念，他们建立在关系的基础上。例如，勇士和做生意的小贩、优越者和低劣者、他人和敌人，这些两两相对的对象是一种对相反状态的表达，两者以截然不同的对立方式存在于句子的表达中。

在《为阿迈利亚的洛司基乌斯辩护》[2]中，西塞罗也使用了"对反"论题中的"比较中的对立"的方法对当事人的遭遇进行了描述，凸显了当事人的无辜和原告的故意诬陷。例如：

他们是原告，把手伸向我的当事人的财产，而他是被告，除了毁灭他们没有给他留下任何东西；他们是原告，通过杀害我的当事人的父亲而获利，而他是被告，他父亲的死亡不仅给

---

〔1〕[古罗马] 西塞罗：《西塞罗全集·演说词卷》（上），王晓朝译，人民出版社2008年版，第37页。

〔2〕 西塞罗的这篇辩护词发表于公元前80年，时年27岁，这是西塞罗本人代理的第一起刑事案件，他的当事人塞克斯都·洛司基乌斯被指控犯有弑父罪。全文由四个部分组成：第一个部分（第1~5章）是全文的开场白，对案件所涉及的当事人和基本情况进行了铺垫；第二部分（第6~10章）对基本的案情事实做了陈述，介绍了当事人塞克斯都·洛司基乌斯的为人，认为他品行良好不具备作案嫌疑；第三部分（第11~49章）是对被告进行的基本辩护，首先对厄鲁昔乌的弑父罪进行反驳，认为其当事人与父亲关系良好，没有谋杀父亲的嫌疑，然后将谋杀的嫌疑指向提多和马格努斯，最后将矛头直接指向克利索格尧，认为是他指使的厄鲁昔乌发起指控，他才是案件真正的幕后主使者；第四部分（第50~53章）是全文结语。

第六章　古罗马视域下法律修辞学中情感说服、理性说服方法在法律场景中的具体展开

他带来悲伤，而且带来贫困；他们是原告，急切地想要谋杀我的当事人，而他是被告，又承担必须出庭的义务，但由于害怕当着你们的面被他们杀害，所以他出庭时带着一名陪同；最后他们是原告，民众想要这场审判，而他是被告，是他们那场臭名昭著的大屠杀的唯一幸存者。[1]

这种"对反"体现出了原告与被告立场与遭遇的截然不同，并且通过这种基于比较形成的强烈对比更有效地打动观众，让观众就被告人被诬陷的凄惨境况产生同情和理解。

在《为阿迈利亚的洛司基乌斯辩护》中，西塞罗多次使用了"对反"论题中的"比较中的对立"：

先生们，剩下的唯一事情就是考虑这两个人哪一个更像杀人凶手：是凶杀以后发了大财的，还是凶杀以后一贫如洗的；是以前贫穷的，还是现在沦为乞丐的；是充满邪恶，攻击自己亲戚的，还是始终过着简朴生活，除了用自己的汗水换来果实，而对其他事情一无所知的；是一名胆大妄为的凶徒，还是一个由于缺乏集会和法庭经验，不仅害怕看到法庭的席位，而且害怕这座城市本身的人；最后，先生们——我认为这一点在本案中最重要——是洛司基乌斯的敌人，还是洛司基乌斯的儿子。[2]

西塞罗通过将案件发生之后其当事人洛司基乌斯与原告的生活状态进行对比，反映出其当事人并未从被害人的死亡中谋

---

〔1〕［古罗马］西塞罗：《西塞罗全集·演说词卷》（上），王晓朝译，人民出版社2008年版，第45页。

〔2〕［古罗马］西塞罗：《西塞罗全集·演说词卷》（上），王晓朝译，人民出版社2008年版，第71页。

法律修辞学对罗马法律科学的影响

得任何利益,反而生活潦倒。相反,原告却从中获取了巨额的财产,过上了奢侈的生活。这种反差使得观众认为其当事人完全没有作案的嫌疑,而原告反而具有重大的作案嫌疑。

在《为喜剧演员洛司基乌斯辩护》[1]中,西塞罗运用了"对反"论题中的"相逆":

为什么我们记日记账很随意,记收支账却很仔细?其原因何在?这是因为日记账只保存一个月,而收支账要永远保存;日记账马上就会销毁,而收支账要完善地保存;日记账包含着瞬时的记忆,而收支账考验着一个人的诚实和谨慎,关乎一个人的永久名声;日记账杂乱不堪,而收支账井然有序。由于这个原因,没有人在法庭上出示日记账,而应当出示的是收支账,这也是我们应该阅读的东西。[2]

"对反"的运用,实际上就是通过这种强烈的对比来说明,原告凯瑞亚没有说实话,他没有将10万小银币的收入计入重要

---

[1] 现存的《为喜剧演员洛司基乌斯辩护》并不完整,其发表的时间被学者们推测为公元前70年。西塞罗是为被告洛司基乌斯辩护。案件的起因是由于盖乌斯·芳尼乌斯·凯瑞亚拥有一名叫作帕努古斯的奴隶,这名奴隶很有表演天赋,而被告昆图斯·洛司基乌斯是当时罗马著名的喜剧演员,双方决定通过合伙的方式对这名奴隶进行培养,并将他视为共同财产,表演产生的收益由双方共同分享。经过训练后的帕努古斯很快获得了成功,但不久之后,他被昆图斯·弗拉维乌所杀害,洛司基乌斯与弗拉维乌达成协议,接受弗拉维乌的一个农场作为赔偿的条件,后经过洛司基乌斯的经营,农场收益颇丰。在本案中,原告凯瑞亚要求被告洛司基乌斯分享农场一半的收益所得,理由是洛司基乌斯缔结的和解协议是以两个人的名义签订的,收益也应该共同支配。在本篇辩护词中,西塞罗的论证重点在于运用道德人格说服的方式质疑原告凯瑞亚的人品,同时认为洛司基乌斯只以自己的名义而不是以合伙的名义与弗拉维乌达成了和解,并没有侵占属于凯瑞亚的那份财产,所以收益不应该共享。

[2] [古罗马]西塞罗:《西塞罗全集·演说词卷》(上),王晓朝译,人民出版社2008年版,第99页。

第六章 古罗马视域下法律修辞学中情感说服、理性说服方法在法律场景中的具体展开

的收支账之中,而仅仅只记录在日记账中。西塞罗通过对比日记账与收支账的重要性来说明,原告凯瑞亚并不是忘记了,而是企图通过在收支账上做假账的方式隐瞒自己已经从弗拉维乌那里取得10万小银币的事实。

在《为喜剧演员洛司基乌斯辩护》中,西塞罗运用了"对反"论题中的"相逆":

洛司基乌斯欺骗芳尼乌斯!这是什么意思?一个好人欺骗一个无赖,一个谦虚的人欺骗一个无耻的人,一个品德高尚的人欺骗一个作伪证的人,一个无经验的人欺骗一个狡猾的无赖,一个仁慈的人欺骗一个贪婪的人?这是难以置信的。[1]

西塞罗通过这种原被告之间人品的对比来证明其当事人具有高尚的人品而原告的人品却存在问题。在《为阿尔基亚辩护》[2]中,西塞罗运用了"对反"论题中的"否定":

我们的法庭证人马库斯·卢库鲁斯拥有不朽的荣誉,他已经做好准备,不是陈述他头脑中的想法,而是陈述他知道的事情,不是陈述他听说的事情,而是陈述他目睹的事情,不是陈述他在场的事件,而是陈述他参与行动的事件。[3]

---

〔1〕[古罗马]西塞罗:《西塞罗全集·演说词卷》(上),王晓朝译,人民出版社2008年版,第105页。

〔2〕这篇演说词发表于公元前62年,当时西塞罗正处于事业的巅峰,发表过许多重要的演说,同时其还在上一年度粉碎了喀提林阴谋,被尊为"国父"。庞培与卢库鲁斯是政敌,而本案的当事人阿尔基亚是庞培所豢养的一名希腊诗人,对阿尔基亚不具备罗马公民权的起诉实际上是庞培派与卢库鲁斯派之间斗争的反映。在这篇辩护词中,西塞罗为被告阿尔基亚做了强有力的辩护。

〔3〕[古罗马]西塞罗:《西塞罗全集·演说词卷》(上),王晓朝译,人民出版社2008年版,第5页。

在这段辩护中，西塞罗运用"对反"论题，通过"是"和"不是"的"对反"论题中的否定，即对于一个人主张的事实，提出完全相反的事实，通过强烈的反差来使人更加坚定后者的观念。在《为塞斯提乌辩护》中，西塞罗通过对"对反"的使用来证明自己辩护内容的正当性和合理性：

但是我的演讲是完全针对勤劳而言的，不是针对懒惰，是针对荣耀而言的，不是针对懒散；是针对那些认为自己生来就是为了国家、同胞、尊敬、荣耀的人而言的，不是针对那些醉生梦死、宴饮享乐的人。[1]

西塞罗将自己演讲的性质与懒惰、懒散、醉生梦死、宴饮享乐等负面的内容相对比，从而对自己论述内容的正当性和己方当事人的优良品质联系在一起。在《为凯留斯辩护》中，西塞罗通过对喀提林人品上矛盾方面的阐释来说明喀提林性格上的特殊之处，通过这种"对反"的方式强调了喀提林性格的特点，以及这种特点会给西塞罗的当事人凯留斯带来的误导。文载：

当时有谁能既与那些比较杰出的人士保持一致，又与那些比较卑劣的人有着更加密切的联系？有哪位公民在那个时候既是一个比较高尚派别的成员，又是这个国家的一个比较可恶的敌人？有谁在情欲方面能比他更加堕落，又能比他更吃苦耐劳？有谁能比他更加贪婪，同时又比他更加慷慨大方？[2]

从以上的描述中我们可以看出，西塞罗通过运用"对反"

---

〔1〕［古罗马］西塞罗：《西塞罗全集·演说词卷》（上），王晓朝译，人民出版社2008年版，第271页。

〔2〕［古罗马］西塞罗：《西塞罗全集·演说词卷》（上），王晓朝译，人民出版社2008年版，第303页。

论题中的"相逆",将喀提林性格中的矛盾之处表现得淋漓尽致。例如,"杰出"与"卑劣","高尚"与"可恶","堕落"与"吃苦耐劳","贪婪"和"慷慨大方"等多方面的对比均呈现出了喀提林性格的复杂特点,以及西塞罗的当事人凯留斯的无辜和被误导。

在《为米罗辩护》[1]中,西塞罗也使用了"对反"的论题:

> 那么当所有人确实在抗议的时候,他愿意去做那些他本人拒绝做,而会令所有人都高兴的事情吗?当他可以合法、有益、有机会、不受惩罚地杀死克劳狄的时候,他没有这样做;而当他不合法、无益、没有机会、要冒着自己的生命危险才能杀死克劳狄的时候,他却毫不犹疑地这样做了,是这样的吗?[2]

在这段演说词中,我们可以发现,西塞罗通过对不同时间下米罗杀死克劳狄产生的状况的对比来突出说明,米罗没有必要在这个时机下手杀死克劳狄,这对其毫无益处。西塞罗在这里运用"对反"论题主要是为了说明米罗并不是要蓄意杀害克劳狄,只是在克劳狄的挑衅下为了保卫自身的正当生命财产安全而进行的反抗和还击。

四、对"类比"论题的使用

在西塞罗的《论题学》中,"类比"论题是一种把相同成

---

[1] 米罗是公元前57年的罗马保民官,在公元前53年的冬天,米罗试图竞选执政官、克劳狄试图竞选执法官,但当二人在阿庇安大道偶遇的时候发生了打斗,在打斗过程中米罗将克劳狄杀死。最终,米罗被宣判有罪,被流放玛西里亚。西塞罗的这篇演说词没能在为米罗辩护的法庭上发表,这是后来经过修改后的演说词。

[2] [古罗马]西塞罗:《西塞罗全集·演说词卷》(上),王晓朝译,人民出版社2008年版,第409页。

分贯穿于不同的事情之中的修辞方式。它包括四种方式：第一种是对照，服务于修饰的目的；第二种是否定，服务于证明的目的；第三种是类比，服务于铺陈的目的；第四种是节略类比，力图达到让读者如同目击的效果。[1]

在《为阿迈利亚的洛司基乌斯辩护》中，西塞罗对"类比"论题中的对照方式进行了运用，将"斯卡沃拉案"与本案进行类比：

> 迄今，我们这个国家最胆大妄为的人是盖乌斯·菲姆利亚，他也是最疯狂的人，人们全都同意这种看法，除了那些疯子。他竟然要在盖乌斯·马略的葬礼上伤害这个国家最受人尊敬的、最杰出的昆图斯·斯卡沃拉；这里既不是大肆赞扬斯卡沃拉的地方，即使是，那么也只要说出罗马人民仍旧在怀念他就够了。后来，在得知斯卡沃拉有可能发现了阴谋的时候，菲姆利亚对他提出了指控。……在当前这个案子中，有些言词和行为不是与菲姆利亚有着惊人的相似之处吗？你们指控塞克斯都·洛司基乌斯。为什么？因为他从你们手中逃脱了，因为他不让你们杀害他。[2]

在这段辩护词中，西塞罗运用了"类比"论题中的对照方式，将"斯卡沃拉案"中菲姆利亚对斯卡沃拉的指控和陷害与本案当事人的类似遭遇进行了类比，凸显出了斯卡沃拉的无辜。

在《为喜剧演员洛司基乌斯辩护》中，西塞罗运用了"类比"论题中的对照：

---

〔1〕徐国栋：《地方论研究——从西塞罗到当代》，北京大学出版社2016年版，第74页。

〔2〕[古罗马]西塞罗：《西塞罗全集·演说词卷》（上），王晓朝译，人民出版社2008年版，第52~53页。

第六章　古罗马视域下法律修辞学中情感说服、理性说服方法在法律场景中的具体展开

是昆图斯·洛司基乌斯吗？你说什么？如果炽热的焦炭掷入水中会马上变凉和熄灭，那么诽谤者炽热的火箭射向一位清白无辜、品德高尚的人时，难道不会马上坠落在地熄灭吗？[1]

西塞罗通过这种"类比"论题的运用突出了原告凯瑞亚对洛司基乌斯人品的诬陷，以及洛司基乌斯人品的高尚。

在《为喜剧演员洛司基乌斯辩护》中，西塞罗运用了"类比"论题中的对照：

要是他来自斯塔提留，哪怕他的演技超过洛司基乌斯也不会有人来看他的表演，因为没有人会认为一名很差的演员能够培养出一名优秀的喜剧演员，就好像一名卑劣的父亲生不出高贵的儿子。由于帕努古斯来自洛司基乌斯，所以他显得比他的实际情况更有知识。[2]

在这里，西塞罗通过运用"类比"论题中的对照突出了洛司基乌斯在培养帕努古斯方面所起到的重要作用。如果没有洛司基乌斯的精心栽培，帕努古斯不会取得如此大的成就，获取如此丰厚的收益。

在《为封泰乌斯辩护》[3]中，西塞罗就运用了"类比"的论题：

---

〔1〕［古罗马］西塞罗：《西塞罗全集·演说词卷》（上），王晓朝译，人民出版社2008年版，第103页。

〔2〕［古罗马］西塞罗：《西塞罗全集·演说词卷》（上），王晓朝译，人民出版社2008年版，第108页。

〔3〕该篇演说词发表于公元前70年，西塞罗的当事人封泰乌斯曾担任过财务官、西班牙总督和色雷斯总督。在公元前70年，封泰乌斯被马库斯·普赖托利乌控告在担任总督期间犯有腐败罪，西塞罗在封泰乌斯第二次接受审讯时为其辩护。

你的指控是什么？你能挑到什么毛病？指控人在陈述中说，在账本上有些地方减少了四分之三，有些地方又增加了四分之一，这是由希图莱乌定下来的规矩，他发现封泰乌斯没有尽到他的职责；我无法得出结论：是他自己弄错了，还是他希望把你们这些先生引入歧途。我再问你，马库斯·普赖托利乌，我们已经把情况说清楚了，如果你高度赞扬希图莱乌的规定，而马库斯·封泰乌斯在你指控他的这件事情上遵循了希图莱乌的规定，与希图莱乌的做法一模一样，那么你能使自己承认这一点吗？你检查了付款的方式，公共账本证明希图莱乌在支付时遵循相同的方法。你赞扬希图莱乌在账本中减去四分之三的方法；而封泰乌斯在处理债务时用了相同的方法。

在这里，西塞罗将封泰乌斯的行为与希图莱乌的规定进行了类比，这属于对"类比"中对照方法的运用。西塞罗列出封泰乌斯被指控的"在账本上有些地方减少了3/4，有些地方又增加了1/4"的行为，而后道明，这实际上是由希图莱乌规定下来的。而后说明既然控告者马库斯·普赖托利乌对希图莱乌的规定予以高度的赞扬，那么封泰乌斯的行为实际上也应该受到同样的对待，而不应该受到指控。西塞罗将封泰乌斯的行为与希图莱乌的规定相对照，将这种行为合法化，有力地为其当事人封泰乌斯进行了辩护。

在《反凯西留斯》中运用了"类比"论题中的对照来突出其担任威尔瑞斯一案公诉人的重要意义和价值。文载：

要是整个西西里能够用一个声音讲话，那么她会说："在我的城市、房屋、神庙里曾经有过黄金、白银和一切美好的东西，在罗马元老院和罗马人民的青睐下，我曾经拥有各种特权，而你，威尔瑞斯，把这些东西从我这里全部偷走了，抢走了，因

第六章　古罗马视域下法律修辞学中情感说服、理性说服方法在法律场景中的具体展开

此按照这部法律,我要你赔偿100万小银币。"如我所说,要是整个西西里能以一个声音讲话,那么这就是她会说的话;但由于她不能,所以她选择了一个她本人认为适当的人为她提起诉讼。[1]

在这里,西塞罗首先借用自己的口吻将西西里人民的想法表达出来,表明自己对于西西里人民的诉求十分清楚,进而说"所以她选择了一个她本人认为适当的人为她提起诉讼"。在这里,这个适当的人实际上就是西塞罗自己。实际上,西塞罗首先运用铺陈的方法,为引出自己最适合担任威尔瑞斯一案的公诉人做出铺垫。

在《控威尔瑞斯——一审控词》[2]中,西塞罗运用了"类比"论题,对威尔瑞斯的行为进行了抨击:

他抢劫国库,洗劫亚细亚和潘斐利亚,在他担任执法官的城市里,他的行为就像一名海盗,就像是给他的西西里行省带来毁灭的瘟疫。[3]

在这里,西塞罗运用"类比"论题中的对照,将威尔瑞斯的行为比作海盗和瘟疫,强调他给西西里行省带来了灾难性的后果。

---

〔1〕［古罗马］西塞罗：《西塞罗全集·演说词卷》(上),王晓朝译,人民出版社2008年版,第188页。
〔2〕该篇演说词发表于公元前70年的夏天,西塞罗第一次以公诉人的身份出现在法庭上,他起诉的对象是西西里的行省总督盖乌斯·威尔瑞斯。在这篇演说词中,西塞罗抨击了威尔瑞斯在西西里犯下的种种罪行,无耻地冒犯了神和人,并从西西里抢劫了大量金钱。与这篇演说词相关的还有《控威尔瑞斯——二审控词》。
〔3〕［古罗马］西塞罗：《西塞罗全集·演说词卷》(上),王晓朝译,人民出版社2008年版,第209页。

在《控威尔瑞斯——二审控词》中，西塞罗通过运用"类比"论题中的对照对威尔瑞斯在西西里行省的所作所为进行了控诉和声讨，起到了增强语气和现场表现力的作用：

他不是普通的小偷，而是使用暴力的强盗；他不是普通的通奸犯，而是贞洁的蹂躏者；他不是普通的亵渎者，而是一切神圣者的大敌；他不是普通的杀人犯，而是我们的公民和臣民的野蛮的屠夫。我们把这个人强拉到你们这些法官面前。他如此邪恶，在历史上难觅先例。我们必须指控他，我们的指控只能胜利，不能失败。[1]

在这里，西塞罗对威尔瑞斯的行为进行了对比性描述，采用"不是""而是"的表达，后面的表达则更进一步强调了威尔瑞斯行为的恶劣程度，以达到加强和强化表述语气的目的。

在《反喀提林》第1篇中西塞罗通过运用"类比"论题中的对照来说明流放喀提林对国家安全和稳定的重要意义：

如果在一大群强盗中只除掉这一个人，那么看起来，我们只能在一个短暂的时期内摆脱忧虑和恐惧。但是，危险依然存在，并将深深地隐藏在国家的血脉和脏腑之中。就好比给得了重病发高烧的人喝凉水，病情起初似乎会减轻，但随后就会变得比原先更加严重，国家的疾病也是这样，尽管惩办整个人可以缓解病情，但只要其他人还活着，疾病就会变得更加沉重。[2]

在这里，西塞罗运用的是"类比"论题中的对照，将罗马

---

[1] [古罗马] 西塞罗：《西塞罗全集·演说词卷》（上），王晓朝译，人民出版社2008年版，第232页。

[2] [古罗马] 西塞罗：《西塞罗全集·演说词卷》（上），王晓朝译，人民出版社2008年版，第797页。

第六章　古罗马视域下法律修辞学中情感说服、理性说服方法在法律场景中的具体展开

国家比喻为一个患了重病的人，将喀提林及同党的阴谋比喻为病痛的根源，这种类比方式揭示了处置喀提林对于保证罗马安全、稳定的重要价值。

在《反喀提林》第2篇中，西塞罗通过运用"类比"论题，展现了喀提林及其同党与普通罗马将士之间在道德人格上的差异：

> 因为处于战争状态中的双方，一方是节制，一方是无耻；一方是贞洁，一方是放荡；一方是荣誉，一方是欺骗；一方是正直，一方是罪恶；一方是坚定，一方是疯狂；一方是诚实，一方是狡诈；一方是自制，一方是贪欲；最后，一方是正义、节制、刚毅、慎重、一切美德，而与之敌对的一方是不义、奢侈、怯懦、鲁莽、一切恶行；归根到底就是丰裕对贫困、明智对昏聩，甚至是健全对精神错乱，最终则是美好的希望与最深的绝望之间的战斗。[1]

在这里，西塞罗通过运用"类比"论题中的对照，对敌对双方的道德品质进行了比较性说明，这种鲜明的对照方法，凸显了喀提林及其同党的无耻、放荡、欺骗、罪恶等。另一方面，也通过这种对比凸显了罗马普通民众对喀提林的不满与愤怒。

在《为塞斯提乌辩护》中，西塞罗提出：

> 如果你把一柄利剑交给一个小孩或一个软弱无力的老人，那么凭他们自己的努力他们伤不了任何人；但若他们拿着利剑靠近一个毫无防备的人，那么哪怕这个人是一个最勇敢的人，他也会被利剑本身的刀锋所伤；所以当你们把执政官的职务像

---

〔1〕［古罗马］西塞罗：《西塞罗全集·演说词卷》（上），王晓朝译，人民出版社2008年版，第809页。

一柄利剑一样交给这个精疲力尽、丧失勇气的人,那么他单凭自身的力量不可能碰伤任何人的皮肤,但由于他拥有最高权力,所以他实际上是把毫无防护的国家放到了刀刃上。[1]

五、修辞三段论在法律场景中的使用

修辞三段论是演说者与观众之间互动的桥梁,可以弥合演说者和观众之间在交流的过程中产生的分歧。修辞三段论是一种法律修辞学常用的用来推理和证明的方法,修辞三段论与普通三段论的不同之处在于,普通三段论的前提一般都具有必然性,类似于真理、定理式的命题,但修辞三段论则不同,因为它所适用的环境比较特殊,很多前提并不具有必然性,甚至可能是相反、或然的。这种或然性源于在修辞领域中被普遍讨论的都是日常生活中的事物,并不涉及哲学等伦理性的规范内容。而且,对这种或然性内容的推理更容易被观众所接受,也更容易让观众参与其中。

有学者认为,西塞罗将"论题学"与修辞学相结合实际上是一种夸张和哗众取宠的表达,与理性的说服之间的关系不大,甚至说这种"论题学"在法律修辞学中的运用在很大程度上阻碍了法律科学的发展。实际上,这是对于西塞罗"论题学"认识的一种偏差,没有将"论题学"的运用真正还原到其演说词的文本中进行理解。

在《为昆克修斯辩护》中,西塞罗充分展现了这种对修辞三段论的使用:"在我看来,他似乎占有了这片地产,但没有占有那个人的所有财产。"然后他提供了自己的定义。他说:"什

---

[1] [古罗马]西塞罗:《西塞罗全集·演说词卷》(上),王晓朝译,人民出版社2008年版,第212页。

第六章 古罗马视域下法律修辞学中情感说服、理性说服方法在法律场景中的具体展开

么是占有？显然就是拥有那些在这个时候可以被占有的东西。"他证明奈维乌斯没有占有所有财产，而只占有一项地产。"在那个时候，昆克修斯在罗马有房子和奴仆，在高卢有私产，但这是你绝不敢占有的。"西塞罗用下面的话得出结论："但若你占有了普伯里乌·昆克修斯的财产，你必须按照法律全部占领他们。"[1]

在前文的论述中我们知道，在这段话中西塞罗运用了"属种"的论题，实际上在这里，他也运用了修辞三段论的推理方法。

论题学的主张是劝说性的，貌似有理，但它并不必然与真理重合。真理是终局性的，而意见总是可以在讨论中被撤销的。在这个意义上，我们可以说论题学是不科学的。因为运用论题学并非为了寻找真理，而是为了在特定的情景（例如诉讼修辞）中获得说服目的，赢得多数人的掌声。[2]

我们可以从西塞罗的许多演说词文本中看到，对"论题"的运用在许多时候都是与当时的罗马法法条相结合的，例如上面所提到的修辞三段论中所依据的法律，实际上就是罗马法本身的规定。可以说，西塞罗演说词并不仅仅是一种哗众取宠的为了赢得多数人掌声的对公众讲话的学问，其并不仅仅只是当事人之间言辞上的交换，更涉及理性层面对依据罗马法条寻求正义公正裁决的讨论。

---

[1] [古罗马]西塞罗：《西塞罗全集·演说词卷》（上），王晓朝译，人民出版社2008年版，第39页。

[2] 徐国栋："西塞罗《地方论》中的修辞学与共和时期罗马的诉讼"，载徐国栋主编：《罗马法与现代民法》（第7卷·2005年号），厦门大学出版社2010年版，第37页。

六、归纳在法律场景中的使用

归纳是西塞罗理性说服的重要方式,其使西塞罗的理性说服具有了更加完整的结构和内涵。实际上,归纳的使用在很大程度上与修辞三段论是沿着两个相反的方向进行的,修辞学经常使用的论证手段包括两种:其一是例证法,又被称为归纳法;其二是修辞三段论,又被称为演绎法。归纳法可以说是由特殊到一般的方法,而演绎法则恰恰相反,是由一般到特殊的方法,这两种方法实际上也是两种最基本的逻辑推理方法。归纳是逻辑推理过程中的重要思维方法,无论是情感说服还是理性说服都离不开归纳。

情感说服离不开归纳。前面已经解释,情感和特定的信念联系在一起,演说家激起或者平息观众或陪审团成员某种情感需要通过使其获得与之相应的特定信念。信念(belief)是关于事实的,是关于过去发生的事情、现在发生的事情和即将发生的事情的事实,是关于可能性与必然性的事实。而使观众或陪审团成员获得某种信念,一个重要的方法便是通过证据的罗列使得说服对象相信这种事实存在,这一过程运用了归纳的思维方法,即指向某种事实的证据列举得越多,这种事实发生的可能性就越大。比如,当演说家要使得雅典的观众对波斯产生愤怒情感时他要证明事实:波斯曾经伤害了雅典。而如何证明这个事实,他需要举很多例子和证据。

例证1——波斯曾经侵犯过雅典的国土,掠夺了雅典的财富;例证2——波斯侵略雅典的盟国;例证3——波斯在和雅典的战争中杀害了很多精英和贵族青年;例证4——波斯俘虏了雅典的贵族青年,索要了高昂的赎金;例证5——波斯对雅典造成的伤害是出于恶意。通过以上五个证据就可以得出一个一般性

第六章　古罗马视域下法律修辞学中情感说服、理性说服方法在法律场景中的具体展开

的结论：波斯曾经伤害过雅典。这就是归纳法。这里的证据越多，这一事实的真实性就越大，就越容易激发起观众的愤怒之情。可以看出，这里的证据实际上是一种列举，因此归纳法也被称为例证法。同时也可以看出，在具体的说服过程中，情感说服和理性说服是同时进行的，在情感说服的时候也会运用到理性说服的方法，比如刚才举例的归纳法。从西塞罗的演说词中我们可以看到很多运用归纳法的例子。

在《为昆克修斯辩护》中，西塞罗为了称赞他的委托人具有高尚的品性和道德人格做了如下讲演：

> 对这种性质的案子，昆克修斯会有什么难处吗？他会因此而可悲地生活在恐惧和危险之中吗？他会由于对手的权势胜过法官的正直而感到更加恐惧吗？哦，是的，因为他总是过着一种乡野村夫的生活，总是自然而然地忧郁和保守，他从来不去那个有日晷的地方或战神广场，也从不赴宴，他的目标就是敬重和款待他的朋友，勤劳持家，他热爱古时候的义务原则，而这一原则的一切光辉在我们的现代时尚中都已变得昏暗和过时。[1]

你们要决定的问题是：我的当事人所过的乡间纯朴的生活方式能够为自己辩护，反对那种奢侈、浮华、可耻，尽一切手段使生活变得荣耀、贪婪、厚颜无耻的生活方式吗？……他承认自己既不能优雅地讲话，也不能使自己的讲话适合他人的意愿。他不会在冲突中抛弃朋友，投入其他庇护人的怀抱，以此谋求好运。他没有生活在浮华奢侈之中，也没有出席盛大的宴会，没有别墅可以公开、自由地放纵情欲，以此接近上流社会。

---

[1] [古罗马] 西塞罗：《西塞罗全集·演说词卷》（上），王晓朝译，人民出版社 2008 年版，第 23 页。

但另一方面,他宣布自己在生活中总是尊重义务、诚信、勤劳,甘愿忍受各种艰苦。他明白,人们把这种对立的生活方式看得更加高尚,这种生活方式在这世风日下的时代有着更大的影响。[1]

在这段演说中,西塞罗使用了归纳法。例证1——昆克修斯不会恐惧不正义和权势;例证2——昆克修斯过着一种乡野村夫的生活,他从来不去那个有日晷的地方或战神广场,也从不赴宴;例证3——昆克修斯敬重和款待他的朋友,勤劳持家;例证4——昆克修斯不能优雅地讲话,也不能使自己的讲话适合他人的意愿;例证5——昆克修斯不会在冲突中抛弃朋友,投入其他庇护人的怀抱,以此谋求好运;例证6——昆克修斯没有生活在浮华奢侈之中,也没有出席盛大的宴会,没有别墅可以公开自由地放纵情欲,以此接近上流社会;例证7——昆克修斯在生活中总是尊重义务、诚信、勤劳,甘愿忍受各种艰苦。结论(事实):昆克修斯有着高尚的生活方式,他具有好的品性。通过证明这个事实,西塞罗激发起了陪审团成员对昆克修斯的好感和善良的意愿,从而达到为昆克修斯辩护的目的。

在《对证人瓦提尼乌的盘问》中,西塞罗使用了例证法:

我不会花时间去揭开掩盖着你的早年的重重黑幕。因为我在意的只是你年轻时可以破门入室、抢劫邻居,殴打母亲而不受惩罚。你的卑劣给你带来许多好处,你的默默无闻和无耻掩盖了你年轻时的卑鄙。[2]

---

[1] [古罗马] 西塞罗:《西塞罗全集·演说词卷》(上),王晓朝译,人民出版社2008年版,第809页。

[2] [古罗马] 西塞罗:《西塞罗全集·演说词卷》(上),王晓朝译,人民出版社2008年版,第281~282页。

第六章　古罗马视域下法律修辞学中情感说服、理性说服方法在法律场景中的具体展开

西塞罗是这样运用例证法的：例证1——证人瓦提尼乌早年劣迹斑斑；例证2——证人瓦提尼乌年轻时破门入室；例证3——证人瓦提尼乌抢劫邻居；例证4——证人瓦提尼乌殴打母亲而不受惩罚。结论（事实）：证人瓦提尼乌是一个品性卑劣的人。通过证明这一事实，西塞罗使得陪审团成员产生了对证人瓦提尼乌的厌恶之情，从而使他提供的证据不发生作用，达到了自己的目的。

修辞三段论离不开归纳法。西塞罗那里的修辞三段论的大前提来源于公认的意见。而一旦我们追究这些公认的意见的来源，我们就可以发现他们都来自归纳法。在修辞三段论中，基本上所有的大前提都来自归纳法的推论。就比如，"所有人都会死"这个判断，并不是一个普遍必然的判断，它来源于归纳。例证1——张三会死例证；2——李四会死例证；3——王五会死例证；4——赵六会死……结论：所有人都会死。这一判断是人们对大量自然现象的观察，它是一种归纳。

论题学的使用也离不开归纳法。比如，基于"相似"论题的论证，"凡是对一个事情有效的，也该对与它类似的事情有效"。[1]而如何判断一个事情与另一个事情相似则要用到归纳法。两个事物是相似的，它们所共同具有的属性的数目越多，相似性就越能成立。比如，凳子和椅子类似，需要证明：例证1——两者都是木质的；例证2——两者都可以坐；例证3——两者都有支撑结构。

---

〔1〕徐国栋：《地方论研究——从西塞罗到当代》，北京大学出版社2016年版，第33页。

第七章
法律修辞学对古罗马宪制的影响

　　修辞学是关于说服的技艺——围绕公共事务或利益在公共场合进行公开辩论的艺术。说服、劝说是只要有人存在或者只要人与人之间产生交往就存在的一个最明显的事实。[1]西塞罗的法律修辞学推动了罗马宪制的发展，显示了罗马宪制独有的特征：第一，在所有的公民和少数智慧的领导者之间具有一种公平的合作机制；第二，与其他的混合制相比，罗马宪制在各构成部分间存在着精神上的同一性。

第一节　法律修辞学推动了社会冲突处理方式的文明化：从暴力到协商

　　在原始社会或者说在人类以自然方式存在于社会之中的时期，解决纠纷的方式主要是依靠暴力，广泛存在着"以眼还眼，以牙还牙"的同态复仇纠纷解决方式。而修辞学这种方式的出现让人们将纠纷的解决方式予以扩充，关注的重点从"以眼还眼，以牙还牙"转变为"以理服人，以言服人"，这相比于之前原始的暴力解决方式有了明显的进步。

　　胡传胜教授在《公民的技艺——西塞罗修辞学思想的政治

---

〔1〕 胡传胜：《公民的技艺——西塞罗修辞学思想的政治解读》，上海三联书店2012年版，第55页。

解读》一书中阐释了修辞学给人类政治生活状态带来的巨大转变。他认为："说服或不如说'劝说'发生在生活的各个方面。在古代人看来，神要么与人无关，要么对人'下命令'，不存在'劝说'，通过'说'而使人'服'的问题。但是宗教领袖的最重要的职责，便是说服。在动物界，也不存在说服的问题，在那里强力起着决定作用。在人的世界，如果强迫别人，而不是以理服人，那就是把人当作动物。这样，从'说服'这个概念，我们就可以分析出另外一些关键的概念：说服是对语言的运用，而透露出人是理性的存在；人是讲道理的事物，道理的展示过程，也就是论证过程，说服、语言、论证，显示人的存在的理性的一面。"[1]从上面的论述中，我们可以看出，修辞在人类社会发展中的重要作用，这种重要性实际上是与人类理性的不断萌生密切相关的，理性解决纠纷方式对之前暴力解决纠纷方式的取代实际上是公民公共生活逐渐迈向宪政的重要表现。

第二节　西塞罗的法律修辞学对古罗马公共政治生活的塑造

在古罗马共和制条件下，演说在国家政治生活和日常社会生活中具有重要意义。元老院会议上的发言、公民大会上的讲演、法庭诉讼中的抗辩等都离不开演说。演说与崇高的国务活动、日常的社会生活有着非常直接的密切关系。因此，将当时的"演说家"理解为现代概念的"律师"实际上只是反映了古希腊罗马时期演说家职能的一个方面。在当时的社会政治条件下，

---

[1] 胡传胜：《公民的技艺——西塞罗修辞学思想的政治解读》，上海三联书店2012年版，第56页。

正如西塞罗所理想的，演说家即国务活动家。[1]在共和时期的罗马，演说、修辞与当时罗马公民的政治、日常生活都有着密不可分的关系，是否具备修辞学的相关能力和对这种能力的掌握程度在很大程度上影响着公民参与公共生活的程度。那么，西塞罗的法律修辞学是如何对这些公共生活的参与者发挥作用的呢？

首先，法律修辞学的学习和训练为罗马青年步入公共生活提供了基本前提。在罗马，如果想要进入公共生活必须就接受修辞学的课程训练，这种修辞学课程可以使青年具备一定的演说能力，在公共生活中表达自己的观点和政治立场。同时，在各类官员的选拔过程中，也是通过自我演讲的方式来争取选民的支持。所以，青年如果想要进入罗马的政治生活，就必须具备良好的修辞学方面的素养和能力。

其次，法律修辞学所要求的说服的能力也是成为贤明的执政者所必须具备的个人素养。不仅希望步入政治生活的罗马青年需要具备修辞学能力，在西塞罗看来，如果你要成为一名贤明的执政者，修辞学能力也是十分重要的。西塞罗认为，贤明意味着三件事：第一，他是有智慧的人，也就是说，要对人的性质、目的有准确的理解，是对共同体的组成如何符合人的本性有正确的理解的人；第二，他是行动的人或立法者，通过立法的规范手段建制，是改变人的生活方式的人，把人由野蛮状态实质性地变成公民的人。第三，他是通过语言能力达到自己的目的，从而是能够说服人的人。正像西塞罗所说，强力、征服、武力，以力服人，那是动物所特有的。人要符合理性的特征，必须是可以说服的，可以通过启智而过合适的生活的。这

---

[1] [古罗马]西塞罗：《论演说家》，王焕生译，中国政法大学出版社2003年版，第706页。

样,西塞罗就把说服的力量视为了贤明的重要方面。[1]从上面的描述中我们可以看到修辞学对于罗马执政官的影响。

在西塞罗看来,修辞学属于广义的公民科学(scientia civia)的一部分,修辞或说服或公开演说的技艺是公民在公共生活中如何得体、合格、合格地行动的技艺,修辞术以确定公民社会、保证和平为主题。在城邦或广义的人类社会或文明(civil)的起源过程中,修辞学发挥了重要的作用。这是西塞罗反复予以说明的观点。[2]可以说,西塞罗的法律修辞学起到了塑造罗马公共生活的作用,在公共生活中,人们需要通过自身的演说和表达来参与政治生活,从而达到自己的政治目的。公共政治生活涉及的个人演说、发言、辩论、投票乃至最终结果的宣布都与修辞学紧密不可分。

西塞罗说,在城邦的形成过程中,贤明的人借助修辞,通过说服的方法把人们团结在一起。他说,他没有发现因雄辩而发生灾难的事情,而到处都是因雄辩而施惠于共同体的事情。城邦的创始者必须是具有理性和智慧的人,但智慧是"无声的",不具发声的能力,因此"没有演说术的智慧对城邦并无益处"。"城邦的最初建立,靠的不仅仅是内在的理性,更靠演说术的方法。"通过修辞来创制、引导善良的生活方式,好的演说家使好公民的行动得以集中体现。[3]

---

〔1〕 胡传胜:《公民的技艺——西塞罗修辞学思想的政治解读》,上海三联书店2012年版,第60~61页。

〔2〕 胡传胜:《公民的技艺——西塞罗修辞学思想的政治解读》,上海三联书店2012年版,第58页。

〔3〕 胡传胜:《公民的技艺——西塞罗修辞学思想的政治解读》,上海三联书店2012年版,第58页。

第三节　西塞罗的法律修辞学赋予了古罗马宪制独特性

罗马的共和宪制最显著的特点在于它是一种混合制，罗马共和时期的城邦权力构成中既有着君主制的因素，也有着贵族制的因素，还有着民主制的因素。[1]三种权力因素的制约和平衡使得罗马法城邦具有一定的宪制和民主特点，促使罗马逐渐成了一个帝国。而法律修辞学对于这种共和宪制的成熟具备积极影响。罗马共和国的君主制因素体现在执政官那里，像苏拉、马略、安东尼、庞培、恺撒，他们作为执政官都曾握有巨大的权力，执政官的法令等成了罗马法的法源之一。而罗马的执政官也都受到过修辞学教育，他们经常要在公共讲台上针对民众、军队或者元老院发表演讲，希望观众支持自己提出的主张或政治意见。从留下来的材料来看，安东尼、恺撒都是著名的修辞学家，他们留下来的演讲词都流传甚广。可以说，他们接受过良好的修辞学训练，能调动军队、元老院、罗马市民的情绪。通过情感说服和理性说服的手段获得他们的支持，是这些政治家获得执政官职位、获得更广泛的政治支持的重要原因。由此，修辞学成了罗马执政官必备的一种能力。

罗马政体的第二个因素是贵族制因素。有关罗马城邦的战争与和平、重要的官职的任命、法令的通过，都需要由在社会中最有名望的罗马公民组成元老院来作出决定。修辞学中的议政性修辞学就主要以元老院的成员为观众来施展的修辞技艺。这种修辞学在采取情感说服和理性说服时会格外考虑元老院成

---

[1]〔意〕朱塞佩·格罗索：《罗马法史》，黄风译，中国政法大学出版社1994年版，第153页。

员的心理、情感倾向、认知和价值观，议政性修辞也体现了元老院的意见在决定城邦事务时的重要性。从另一方面来看，施展修辞学的演讲者本人，同时也是保护人，他们在罗马社会具有较高的社会威望。他们一般是贵族出身，从小接受希腊哲学、修辞学等方面的良好教育，成年后具有较高的社会地位和政治影响。演说家群体本身体现了罗马政体中的贵族制因素。这种贵族制因素带给共和国的是智慧、理性和节制，带来的是深思熟虑，它是执政官的专断和民众的激情的良好中和，是构造罗马共和国宪制的关键性力量。

　　罗马政体的第三个因素是民主制因素，普通罗马民众对于城邦的事务也有相当大的决定权。这一方面体现在公民大会上，另一方面体现在罗马法庭的审判上。前者演说家使用的是议政性修辞，后者使用的是法庭修辞，演说家在达到说服目的时更注重使用的是情感说服的力量。因为民众更容易被他们所熟悉和信赖的常识、信仰、习俗和衡平精神所引导，而非复杂的逻辑推理和法律论证。当然，演说家在针对民众进行说服时，也会使用理性说服的手段，特别是其中的修辞三段论。因为修辞三段论正是依据民众广为接受的共识和公共意见来进行说理的。西塞罗所发展起来的法律修辞学对罗马政体中民主因素的健全体现在：演说家运用修辞学并不是一味地投合民众的偏好和暂时的激情，因为这种暂时的偏好和激情与正当和善并不相关。西塞罗强调修辞学的施展应该促使民众的决定更接近于正义，不应该使无辜者受刑、使作恶者脱罪。演说家的发言应该促使民众的判断和选择更加符合理性和公道，给民众盲目的激情注入清明，将其引上正确的方向。

　　西塞罗在罗马发展起来的修辞学使得政体的三个因素能够相互沟通、交流，从而发挥良好的互动和约束作用，并且保证了三个因素与罗马共和精神保有同一性。通过议政性演说（修辞学此时发挥作用），执政官和民众发生了联系，执政官和元老院发生了联系。通过法庭演说，罗马贵族和罗马市民发生了联系。公共讲坛、演说是罗马公共精神的灵魂所在。

西塞罗还认为，罗马的宪制是所有混合制政府中最好的。有两个重要原因：一是在所有的公民和少数智慧的领导者之间有一种公平的合作机制；二是与其他的混合制相比，罗马宪制（在其构成部分间）存在着精神上的同一性（moral unity）。[1]罗马宪制的这两个特点和修辞学具有很大关联。首先，民众和少数智慧者的合作机制的关键在于修辞演说。民众的意见是重要的，少数智慧者并不是傲慢专行，置多数大众的意见于不顾，而是要运用修辞演说说服他们，争取他们的同意。从另外的角度来看，少数城邦的领导者就城邦公共利益作出重要决策的，要在讲台上面对民众分析各种选择的利弊得失，这使得民众得到了教育和引导。[2]是修辞演说、公共辩论的过程使得这种公平的合作机制得以运转。其次，元老院的多数意见、陪审团成员通过表决形成的多数意见、法官的司法判决的结论都体现了罗马社会对于特定价值观和行为方式的选择，也就是说，特定的价值观和行为模式会受到罗马人的赞赏和肯定，例如追求个人荣誉、对城邦公共事务做出贡献，具有高尚的品德，救助老人、小孩和弱者，对罗马有功绩的人会受到尊敬，理性和规则受到重视，罗马法具有权威，等等。一方面，这些价值观和行为模式会被整个罗马社会所共享，进而成为罗马精神上的同

---

[1] Elizabeth Asmis, "A New Kind of Model: Cicero's Roman Constitution in De Republica", *American Journal of Philosophy*, 126, pp. 377~416.

[2] Elizabeth Asmis, "A New Kind of Model: Cicero's Roman Constitution in De Republica", *American Journal of Philosophy*, 126, pp. 377~416.

一性的东西;另一方面,演说家会以这些价值观和行为模式作为说服的依据和手段,因为诉诸这些因素会得到观众的赞同,这会使得存在于罗马社会的这种精神上的同一性不断得到强化。

第八章
法律修辞学对古罗马立法的影响

正如佩雷尔曼在《法律与修辞学》一文中提到的那样："如果论辩未受诸如缺乏衡量、解释或判断的理由，或者存在需要遵从的自明之理或暴力的干扰，则修辞学的重要性将随着司法权力的增长与独立而得到显著提升。这种情况发生于司法权力试图给出判决的理由而不是将其建立在暴力的基础之上时。立法权力的行使同样如此。当立法机关意识到它所制定的法律并不是自明的，并且不希望独断地推行它们时，它便需要在法律上附以能为公众所接受的理由。"可见，法律修辞学能够为所制定法律的正当性、合理性提供有效的论证说理方法。

第一节 古罗马法的发展历程

罗马从公元前753年建城以来一直到1453年东罗马帝国灭亡，一直延续达两千年之久。当然，在这两千年中，罗马法的类型也在不断发生转变。罗马法的发展历程一般被分为五个阶段：第一阶段是王政时期（公元前8世纪—公元前6世纪），这一阶段的法律主要以氏族的习惯和社会中流行的惯例为主，到国家形成之后有少量的习惯法产生。

第二阶段是共和前期（公元前6世纪—公元前3世纪），这一阶段的代表性特点是习惯法向成文法的过渡，罗马历史上第一部成文法《十二表法》就诞生于这一时期，它是平民和贵族

第八章 法律修辞学对古罗马立法的影响

斗争的结果，使法律从不成文的秘密及垄断阶段逐渐向成文化公开的方向发展。

第三个阶段是共和后期（公元前3世纪—公元前1世纪），这一阶段是罗马市民法发展和万民法的形成阶段，也是罗马法律最为兴盛的时期，伴随着对外战争带来的罗马版图的不断扩大，越来越多的外邦人被纳入罗马，他们也需要通过法律维护自身的合法权益。在此之前，罗马市民法（ius civile）的适用范围仅限于罗马公民。市民法的内容包括民众大会和元老院通过的决议以及一些习惯性规范。

显然，针对罗马公民的市民法不能满足这样的需求，所以"万民法"诞生了。"万民法"（ius gentium）指的是"各民族共有"的法律，它的适用对象是罗马公民与非罗马公民以及非罗马公民之间的纠纷。它主要的来源是：清除了形式主义的罗马固有的"私法"规范；同罗马人发生联系的其他各民族的规范；地中海商人通用的商业习惯与法规等。其内容绝大部分属于财产关系。特别注重调整所有权和债关系。万民法比市民法更加灵活，更加适应罗马经济的发展和统治阶级的要求。[1]

第四个阶段是帝国前期（公元前1世纪—公元前3世纪），在帝国前期，皇帝对于司法的控制还不是十分强大，法学家的意见成了法律渊源的重要组成部分。

此后，随着皇权的逐步加强，皇帝敕令逐渐成为法律的主要渊源，其他各种形式的立法逐渐消失，如元老院此时通过决议几乎都是由皇帝提出的，它只是在形式上表决一下；罗马民众大会的立法权实际上已不复存在；裁判官因具有颁布"告示"之权而为皇权所不相容，也受到了很大限制。[2]

---

[1] 何勤华主编：《外国法制史》（第6版），法律出版社2016年版，第60页。
[2] 何勤华主编：《外国法制史》（第6版），法律出版社2016年版，第60页。

第五阶段是帝国后期和查士丁尼法典编纂时期（公元前3世纪—公元6世纪中叶）伴随着奴隶起义运动和日耳曼人的入侵，这一时期罗马帝国呈现衰落趋势，为了扭转罗马帝国的衰落趋势，统治阶级试图通过制定法典的形式来重振罗马帝国。其中最具有代表性的当属查士丁尼皇帝所颁布的《查士丁尼国法大全》。其由四个部分组成：通过搜集历代著名法学家的书籍汇编而成的《学说汇纂》；查士丁尼皇帝钦定的罗马私法教科书《法学阶梯》；皇帝的敕令的集合《查士丁尼法典》；查士丁尼皇帝死后由法学家汇编而成的《查士丁尼新律》。

纵观罗马法律发展的五个阶段，我们可以发现，在每个历史时期，罗马法都呈现出了不同的特点。例如，在王政时期，法律主要以习惯为主；步入共和前期，出现了罗马历史上第一部成文法《十二表法》；在共和后期，罗马法律的发展达到了顶峰，特别是在罗马帝国版图不断扩大、市民法和万民法并存的时期，罗马的法律渊源不仅多样，而且还具有国际性、多元性的特点；帝制时期的法律主要以法典编纂为主，法学家的司法解释的权利受到了很大程度的抑制。

通过上述各个历史阶段罗马法不同的特点我们可以发现，在王政时代法律主要以习惯为主，而在帝国后期，随着皇帝对司法权的掌控，法学家对法律的影响慢慢减弱。可以说，法律修辞学对法律科学的影响更多地体现在共和时期。这一时期不仅仅渊源多样，在共和政体之下，更多有公民权的人也能够有机会参与城邦的法律政治生活。

第二节　古罗马人民大会的组织模式和运行方式

罗马共和时期的政治体制是西塞罗所倡导的混合政体，权

第八章　法律修辞学对古罗马立法的影响

力主要由执政官、元老院和人民大会共同掌管。其中，人民大会的权力非常大，包括宣战、推举执政官、制定法律和核准死刑等。人民大会是共和时期法律制定的重要部门，公民大会的组织模式和运行方式直接影响罗马法律的产生。

一、古罗马人民大会的类型

共和时期，男性可通过人民大会在政府官员选举和立法中投票表决。投票表决一般是口头和公开的，公元前2世纪之后，采用匿名投票的方式。人民大会一共有四种形式，都是在户外进行。其中三种大会使用复数名词"comitia"来称呼，即库里亚大会（comitia curiata）、森都里亚大会（comitia centuriata）和特里布斯大会（comitia tributa），所有公民均可与会。另外一种是平民大会（concilium plebis），只限平民参加。若有新的法案需颁布，一般要经过三个流程。行政长官先提出议案，再交给元老院讨论，最后交由这些大会中的某一个进行表决。在整个过程当中，行政长官行使提案权，元老院决定送至人民大会的法案类型，人民行使表决权。[1]

在这几种类型的人民大会中，库里亚大会的历史是最悠久的，也是基于氏族部落的传统而形成的，在王政时期，一般认为所有人都被划分在三个部落之中，每个部落是由10个库里亚组成的，由于库里亚大会没有立法权，主要负责宗教、程序性等问题，所以笔者对其不做过多论述。

第二种是森都里亚大会。可以说，森都里亚大会是共和时期罗马最重要的人民大会，其根据财产将人民划分为五个等级并产生大会成员，进步之处在于它区别于之前的库里亚大会按

---

〔1〕　宋紫朝："罗马共和国权力制衡研究"，湖南师范大学2021年硕士学位论文，第29页。

照血缘和氏族的方式来选举大会成员。

第三种是特里布斯大会（又译"部落大会"），即以部落为单位召开的民众大会，起源于平民会议和罗马等级斗争。最初，平民在自己的组织范围内制定规范，他们以库里亚为单位聚集在一起，选举保民官和处理平民事务。[1]

最后一种是平民大会，罗马一共有35个部落，每个部落的平民都有权参加平民大会，而贵族则并无与会的资格。[2]

二、古罗马人民大会的权力

在共和时期，罗马人民大会拥有巨大的权利，包括法律的制定、宣布战争、议和、选任国家领导人和宣判死刑等。在罗马共和的不同历史时期存在不同类型的人民大会，但是它们在会议结构和程序上类似。在司法上，森都里亚大会拥有重要的审判权，管辖有关处以死刑或剥夺公民权的案件。共和早期，森都里亚大会是主要的立法和司法机构，但其职能被逐渐缩减。虽然森都里亚大会的立法职能逐渐被特里布斯大会取代，但它仍然是共和国最重要的人民大会。[3]

公元前287年《霍尔滕西亚法》颁布之后，特里布斯大会的决议不但适用于全体公民，其权力和职能也在逐渐扩大。在立法权方面，从公元前287年至苏拉时代，一切重要的法律都是由特里布斯大会通过的。在选举权方面，特里布斯大会选举保民官、财务官、高级营造官以及各种低级官员。在审判权方

---

[1] 宋紫朝："罗马共和国权力制衡研究"，湖南师范大学2021年硕士学位论文，第33页。

[2] 宋紫朝："罗马共和国权力制衡研究"，湖南师范大学2021年硕士学位论文，第35页。

[3] 宋紫朝："罗马共和国权力制衡研究"，湖南师范大学2021年硕士学位论文，第33页。

面,特里布斯大会全权处理有关判处罚金的刑事案件。起初,平民会议决议只对参与创制的人有约束力,它是针对共同体的内部法律,共同体有权力自主颁布规章。所以,从法律上来看,贵族不需要遵守平民会议决议。平民会议决议成为法律并且可以约束全体罗马公民,这是一段长期的历史,是贵族和平民斗争的结果,也是罗马政治体制逐渐走向健全的表现。[1]罗马的人民大会赋予了罗马公民充分参与政治生活的权利,人民不仅可以参与国家大政方针的制定、官职的选任,还可以在司法审判中行使自己的权利,去认定有罪还是无罪,罪轻还是罪重,人民大会在罗马的政制体制中发挥着重要作用,直接体现了人民的参与和决策,这也是罗马共和国能够繁荣兴盛几百年的重要原因。

三、古罗马人民大会的召集和主持

罗马人民大会是罗马共和时期重要的权力机构,也是罗马人民行使立法、行政、司法权力的重要途径。罗马人民大会的召集和主持为法律修辞学的应用提供了程序性的前提。罗马人民大会在召开和表决前,先由高级行政官或保民官公示会议要表决的问题,有口头和书面两种公示形式。涉及立法问题,则需要公布立法草案;事关官员选举,则应该公示候选人名单。除了表决的内容外,人民大会的召开时间也需提前公布,且大会只能在人民大会日举行。[2]

森都里亚大会召开前要先发布布告,通知开会地点和日期。

---

[1] 宋紫朝:"罗马共和国权力制衡研究",湖南师范大学2021年硕士学位论文,第35页。

[2] 宋紫朝:"罗马共和国权力制衡研究",湖南师范大学2021年硕士学位论文,第36页。

如果是召开有关立法的森都里亚大会,事先还要对法律提案(rogationes)予以公示(promulgatio)。[1]特里布斯大会由高级行政官或保民官发布告示后召集举行,一般采用书面形式公告表决内容。会议召开的地点没有严格限制,通常选在罗马广场。[2]通过罗马人民大会的召集和主持程序,我们可以发现,不论是立法问题还是司法问题都要经历公示名单、时间、最后表决等程序,公民大会的地点一般在罗马广场,这就为法律修辞学的运用提供了程序性前提,不仅给予了较为充分的准备时间,同时在罗马广场这种较为开放的公共空间中进行演说更容易对观众的情绪进行调动,进而达到演说者所期望的最终效果。

四、古罗马人民大会的决议程序

库里亚会议的投票表决方式分为两步,先是各库里亚成员在库里亚头人(curio)的主持下在各自库里亚内逐一(viritim)进行投票,以多数票决出每个库里亚的意见。整个会场的投票则由库里亚头人首领(curio maximus)负责监督。第二步则是由负责通报的侍从(lictores)宣布各库里亚的表决结果,30个库里亚(每个库里亚为1票),以多数票决出会议结果。不过,库里亚大会的职能后来被森都里亚大会所取代,逐步成为仅具有象征意义的活动。[3]

森都里亚大会是罗马共和时期的最高人民大会,它的出现打破了之前按照出生和血亲来划分社会等级的做法,而是按照地域和财产的原则进行划分。这也间接导致森都里亚大会的领

---

[1] 陈可风:《罗马共和宪政研究》,法律出版社2004年版,第137页。

[2] 宋紫朝:"罗马共和国权力制衡研究",湖南师范大学2021年硕士学位论文,第34页。

[3] 陈可风:"罗马共和时期的国家制度",载东北师范大学2004年博士学位论文,第91页。

第八章 法律修辞学对古罗马立法的影响

导权被掌握在富人手中。

大概在公元前3世纪中期以后，森都里亚大会进行了重大变革，将会议组织与部落组织有机地联系在一起。尽管我们不能确切知道改革后的与会者总数以及与会者和部落的对应关系，但这一变革对其内部组织结构及其功能作用都产生了深远的影响。首先，改制后的森都里亚大会消除了第一等级占据绝对多数票的现象，很可能将多数票扩大到第二甚至第三等级投票后才能决出。其次，改制后的森都里亚大会仍然有利于农村乡绅地主。另外，改革后的森都里亚大会废除了18个骑兵百人队的优先投票权。[1] 森都里亚大会召开前，召集者需要先将大会的地点和日期进行公告，如果大会的议程是关于立法的，还需要提前将法律提案进行公示。

特里布斯大会个人投票的次序是随意的，但需要在投票前核实身份，而部落投票的次序则是通过抽签产生的。部落投票表决之后，会议主席再宣布投票结果。罗马团体表决制的特点是票数要求超过半数，所以特里布斯大会如果要通过一项决议，票数需达到18票（到公元前241年，罗马逐渐形成了35个部落），超过半数之后，团体表决可马上停止，随即宣布表决结果。[2]

立法、司法、官员的选举、宣战与媾和都是罗马政治生活中的重中之重，这些事关全局的大事无一不经过人民大会。为了应对或解决这些事宜，人民大会的频繁召开已经成为罗马的政治常态，这不仅使得政治生活具有了民主性和公开性，也充

---

[1] 陈可风：“罗马共和时期的国家制度”，载东北师范大学2004年博士学位论文，第92~93页。

[2] 宋紫朝：“罗马共和国权力制衡研究”，湖南师范大学2021年硕士学位论文，第34~35页。

分体现了人民所享有的主权地位。[1]同时也显示出在罗马公共政治生活中,法律修辞学所能发挥作用的空间是非常大的,因为人民大会在最终应对立法等各项事务时基本都是通过表决的方式来做出的,而表决一般在演说发表后进行,演说进行的过程就是法律修辞学展现的过程。

第三节 法律修辞学中情感说服和理性说服对古罗马立法决策的影响

古罗马民主政治的内在运行机制和法律修辞学的繁荣是互为关联的,法律修辞学的发展为罗马民主政治的运行提供了人才和智识保障,罗马民主政治的发展和完善为法律修辞学的理论完善提供了政治空间和实践场所。罗马法律制定的过程本身就是一个法律修辞学在民主政治公共空间展现的过程。为了说服民众,证明自己的法律提案和决议是符合国家和人民根本利益的,法律提案者需要通过法律修辞学中的情感说服和理性说服,使得立法提案能够在更大程度上受到人民大会的认可和支持。

例如,在《论土地法案》中,西塞罗通过情感说服,利用观众的愤怒,以达到自己的演说目的:

他正在一样接一样地出售这个国家在意大利的公共财产。他无疑正在为此事忙碌,一样财产都不放过。他按照监察官的登记搜索了整个西西里,没有哪座房屋、哪片土地是没有受到他的注意的。你们已经听说了,有一位保民官建议从一月份开

---

[1] 宋紫朝:"罗马共和国权力制衡研究",湖南师范大学2021年硕士学位论文,第38页。

第八章　法律修辞学对古罗马立法的影响

始安排出售罗马人民的公有财产。我想，你们丝毫也不怀疑那些凭借武力取得这些财产的人是为了充实国库而出售它们，而我们会有一些公共财产是由于某些人受贿而被出售的。[1]

是谁提出了这部法案？鲁卢斯。是谁剥夺了大部分人民的投票权？鲁卢斯。是谁掌握了公民集会？是谁召集了他想要召集的部族？是谁在没有任何监督的情况下抽签？是谁宣布他所希望的十人团当选？都是这位鲁卢斯。是谁宣布他成为十人团之首？鲁卢斯。以赫丘利的名义起誓，我很难想象，他能说服任何人赞同这样的做法，连他的奴隶也不会，更不要说你们这些世界的主人了！[2]

哦，罗马人啊，迄今为止你们看到的仅仅是僭主的外貌。你们看到了权力的标志，但还没有看到权力本身。有人也许会说："法令宣读员或照料圣鸡的人会给我带来什么伤害？"经你们的批准拥有这些权力的人要么像个国王，要么像个人们无法容忍的疯子。只要看一下赋予他们的巨大权力就可以明白这一点了。你们会认识到，这不是某个人的疯狂，而是令人无法忍受的国王式的蛮横。首先，他们拥有无限的权力，有权聚敛大量金钱，不是通过税收，而是通过出让税收；其次，他们有权未经审判就拷问世上的每一个人，未经申诉就予以处罚，未经保民官调解就进行惩罚。因为在长达五年的期限里，甚至连保民官自己都有服从他们的义务，而他们却不用对任何人负责。他们有行政官员的权力，但自己却不受任何审判；他们有权购买喜欢的任何土地，愿意付多少钱就付多少。他们有权建立新

---

[1]　[古罗马] 西塞罗：《西塞罗全集·演说词卷》（上），王晓朝译，人民出版社2008年版，第121页。
[2]　[古罗马] 西塞罗：《西塞罗全集·演说词卷》（上），王晓朝译，人民出版社2008年版，第139页。

殖民地，恢复旧殖民地，使之布满整个意大利。他们带着绝对的权威视察所有行省，没收自由民的土地，出售整个王国。只要喜欢，他们可以待在罗马，而在方便的时候，他们可以随心所欲地到处闲逛，带着支配一切的绝对权威，军事的或司法的。同时，他们可以把刑事审判放在边，由个人决定最重要的事情，让一名财务官代行他们的权力。他们有权派出调查员，有权批准调查员向他派出的某个人所作的报告。[1]

在《论土地法案》中，西塞罗展现了对民众的献媚，以此达到演说目的：

> 在向民众第一次发表演说的时候，应当把对你们的青睐的感谢和对祖先的赞扬结合起来。在这样的演讲中，人们有时候可以发现，有些人的等级确实高贵，这是由他们的祖先获得的，但大多数人的演讲则会表明，祖先们留下的巨大债务有些是要由他们的后代来偿还的。至于我自己，罗马人啊，我没有机会在你们面前谈论我的祖先，不是因为他们在你们眼中不是我们这样的人，他们有自己的血统和成长原则，而是因为他们从来没有享有过大众的青睐或者由你们赐予荣耀而带来的卓越。[2]

对我们的祖先，我们要表示特别的赞扬和最衷心的感谢，其原因在于有了他们的辛勤劳动，我们才能享受安宁，摆脱危险。那么，罗马人啊，当我看到这些事情的时候——尚未到来的和平、作为你们的名字和种族特征的自由、在家中的安宁，简言之，在你们看来最亲密的东西，被托付给我，并以某种方式处

---

[1] [古罗马]西塞罗：《西塞罗全集·演说词卷》（上），王晓朝译，人民出版社2008年版，第144页。

[2] [古罗马]西塞罗：《西塞罗全集·演说词卷》（上），王晓朝译，人民出版社2008年版，第130页。

第八章　法律修辞学对古罗马立法的影响

在我这位执政官的保护之下——我怎能不站在人民一边？〔1〕

在《论土地法案》中，西塞罗展现了对神灵的虔敬：

现在我们要消除各方面犯错误的可能；现在他们会公开展示这个共和国的名字、我们的城市和帝国的王座；最后，我们要展示这个最优秀、最伟大的朱庇特神庙，世上所有民族都会带着他们的不同意见相聚在这个城堡。他们在卡普阿有殖民者进行指导，那是他们想要用来再度与这座城市相对抗的城市；这就是他们想要消灭当地的财富和我们帝国名字的地方。〔2〕

在《论土地法案》中，西塞罗通过"对反"展现了其对理性说服的运用：

你心里的这些想法是清醒人的计划还是醉鬼的美梦？是聪明人的审慎观点还是疯子的胡言乱语？〔3〕

在建立殖民地的时候有什么事情需要提防？如果要提防的是奢侈，那么卡普阿已经腐蚀了汉尼拔本人；如果要提防的是骄傲，那么从当地居民的骄傲中也会产生出新的骄傲；如果我们的目标是保护，那么殖民地不是建立在我们前面，而是建立起来反对我们。它是如何被武装起来的，哦，不朽的诸神啊！在布匿战争中，无论卡普阿有什么样的建树，都是由它自己完成的，而现在所有围绕卡普阿的城市都将被十人团派遣的定居

---

〔1〕[古罗马]西塞罗：《西塞罗全集·演说词卷》（上），王晓朝译，人民出版社2008年版，第134页。

〔2〕[古罗马]西塞罗：《西塞罗全集·演说词卷》（上），王晓朝译，人民出版社2008年版，第126页。

〔3〕[古罗马]西塞罗：《西塞罗全集·演说词卷》（上），王晓朝译，人民出版社2008年版，第120页。

者占领。[1]

在《论土地法案》中，西塞罗通过对十人团力争通过法案背后的不良动机的阐述，展现了对理性说服中因果关系的运用：

此外，这是一件非同寻常的事，按照这部法案，每样东西都要出售，而在购买第一块土地之前，就要聚敛堆积如山的金钱。然后这部法案下令要人们购买土地，但没有任何人被迫出售土地。我要问，要是没有任何人想出售土地，为什么要聚敛大量的金钱？这部法案禁止把金钱上交国库，禁止向十人团索取金钱。所以，十人团将拥有所有金钱，但并没有为你们购买什么土地；你们的纳税的土地被转移了，你们的同盟者感到恼火了，那些国王和所有民族都被折腾死了，十人团将掌握你们的金钱，而你们将没有土地。鲁卢斯说："只要出大价钱，很容易诱使他们出售土地。"所以，我们明白法案的意思了：我们要尽可能多地出售我们的地产，而在购买其他民族的地产时他们可以任意要价。[2]

西塞罗在演说词中提到，十人团聚敛财富并不是想要购买土地，而是为了侵占私吞这笔财富，通过因果关系的阐述来揭露十人团不为人知的邪恶动机，达到演说的目的。

---

〔1〕〔古罗马〕西塞罗：《西塞罗全集·演说词卷》（上），王晓朝译，人民出版社 2008 年版，第 127 页。

〔2〕〔古罗马〕西塞罗：《西塞罗全集·演说词卷》（上），王晓朝译，人民出版社 2008 年版，第 161 页。

第九章
法律修辞学对古罗马司法裁判的影响
—— 以案例为中心

早期罗马法学家们的学术工作不是理论性的，而是实践性的，即针对案件中的法律问题提出决疑术式的方案。法学家们主要关心的不是怎么把法律体系化或者试图发展出一个融贯的私法体系，而是如何处理个案中的疑难问题。正是在这个意义上，我们可以把早期罗马法学家们的法律科学不那么严格地称为法律决疑术。萨维尼在谈到罗马法学的真正魅力时指出："正是这个时候，好像这个案例（任何案例）是整个（法律）科学的起始点，（法律）科学应当由这里被（开题）发现出来。"[1] 法律修辞学对罗马法律科学的影响最集中地体现为，其对"以案例推理"为核心的法律决疑术的发展；其次体现为，这一时期法律修辞学中的"属种关系、分种和分部的理论"对罗马法体系化所需要的技术性因素的发展。当代意大利罗马法学家奥尔多·斯齐亚沃尼（Aldo Schiavone）认为，"在罗马法律思想中所取得的抽象化与各种概念之成就很早之前就已出现，而且是跟希腊方法的结合"，并认为古罗马法学家"穆萨齐·斯凯沃拉的私法思想是一种新的分析结构，通过将私法内容分为模块

---

〔1〕 [德] 弗里德里希·卡尔·萨维尼：《论立法与法学的当代使命》，许章润译，法制出版社 2001 年版，第 24 页。

的划分进入种与属的阐释得以确认"。[1]

第一节 古罗马的司法裁判程序

一、古罗马的诉讼程序的类别和原则

在古罗马，诸法合一，有关诉讼的司法程序并没有像现代那样与实体法存在严格的区分，呈现出的往往是一种诸法合体的局面。这种观点也体现在古罗马最早的成文立法《十二表法》中。《十二表法》由 12 个章节构成，分别是传唤、审判、执行、家父权、继承及监护、所有权及占有、房屋及土地、私犯、公法、宗教法、前五表之补充、后五表之补充等 12 篇。可以看出，前三表都属于诉讼法，从第四表到第十表的内容才是实体法。在罗马法学发展的早期，无论是在人们的观念上还是在法学文献中，都是将实体法和程序法糅杂在一起的，这种情况一直到盖尤斯的《法学阶梯》才有了较为明显的变化。《法学阶梯》被盖尤斯分为了人法、物法和诉讼法三大编章，为实体法和程序法的分离创造了条件。

古罗马共和时期，一般依照犯罪行为的性质不同分为"公犯之诉"和"私犯之诉"。其中，"公犯之诉"指的是由危害国家和社会的犯罪行为引发的诉讼，而"私犯之诉"指的是由侵犯人身、财产或者名誉的行为引发的诉讼。

在罗马诉讼法律制度的发展史上，按照历史的发展进程依次分为三大类别，分别是法定诉讼、程式诉讼和非常诉讼。这三类诉讼并不是彼此截然割裂的排斥关系，而是相关影响、彼

---

[1] 苏彦新："罗马共和时期司法机制论"，载《河南大学学报（社会科学版）》2021 年第 4 期，第 63~69 页。

第九章 法律修辞学对古罗马司法裁判的影响

此共生的，有时还会并用。总体来说，法定诉讼主要在涉及市民法的诉讼中适用，而程式诉讼和非常诉讼则主要适用于万民法诉讼。

最初，法定诉讼只适用于罗马公民而不适用于外邦人，同时，实行严格的形式主义，当事人必须严格地按照固定的语言和动作来完成诉讼，否则将承担败诉的风险。这也意味着法定诉讼必须由当事人亲自到庭，而不能由他人代理。除非有例外情况。

总体上讲，罗马诉讼法的诉讼程序有如下三个阶段：审前准备，即依据什么和采取什么方式传唤被告到庭；审判实施，管理诉讼之法官审查事实，并适用法律作出判决；审后事项，即依何种方式执行判决。[1]

审理程序分为法律审和事实审两个阶段。法律审着重由裁判官从法律的角度审查诉讼双方的陈述是否合法，是否符合特定的语言、方式要求，是否有相应的诉讼请求。如果不符合要求，将不能进入事实审阶段；如果符合要求，将准予进入事实审阶段。事实审阶段则注重双方提供的证据，裁判官据此作出判决。作出这项判决的裁判官并不是由官方指定的，而是由诉讼双方当事人根据提供的名单进行选择的。

法定诉讼显示出了罗马法发展初期还尚未完善的特点，随着罗马法的不断完善，在公元前2世纪末，法定诉讼被程式诉讼所代替，并且在公元前17年被《优利亚私诉法》明令废止。

法定诉讼的程序包括：首先是传唤。根据《十二表法》的规定，原告应当亲自传唤被告，如果被告拒绝出庭，原告可以邀请第三者作证，强制被告前往。假设被告拒绝前往或者企图

---

〔1〕 江平、米健：《罗马法基础》（修订本第3版），中国政法大学出版社2004年版，第435页。

逃避，原告有权对被告进行拘捕。如果被告要免去原告的传唤，就必须找一个有一定财力的保证人，保证被告能够随传随到。

其次是法律审理，即由裁判官判断原被告双方是否按照法定的言辞和方式陈述各自的目的和要求。如果符合要求，案件即可进入事实审阶段。在事实审阶段，诉讼双方可以提出对各自有利的证据并进行言词辩论，裁判官根据双方的辩论对事实进行判定，审理完毕后当众宣判。

最后是执行。在裁判官作出裁判后，由胜诉的一方自己执行，此时的国家机关并不负责执行判决，如果被执行的一方不履行判决，可以由胜诉方自行采取必要措施。

第二大类别是程式诉讼。程式诉讼是在法律诉讼的基础上发展完善而来的，指诉讼当事人的陈述经过事实承审法官的认可，经由裁判官将争议点、理由及审判原则等制作成程式书状，然后交由承审法官根据书状上的记载进行判决。

程式诉讼呈现出了与法定诉讼不同的特征，体现了它对法定诉讼的发展。首先，程式诉讼的适用范围不仅仅局限于罗马公民，对于外邦人也是可以适用的。其次，在诉讼过程中，可以自由的方式陈述自己的意见，不局限于必须使用法定的语言和动作，即使不这样做，也不会存在因违反法定程序而败诉的风险。最后，当事人可以委托诉讼代理人，不必一定是本人出庭。裁判官在裁判的时候不仅仅依靠言词定罪，而是以程式书状作为实施审理的基础。

程式诉讼的程序相比于法定诉讼程序更加简化。首先，传唤仍然是由原告亲自通知被告应诉，但原告不能像法定诉讼那样，以暴力方式强制拒绝出庭的被告出庭，而是改为由裁判官处以罚金或者扣押财产的方式促使被告到庭。

其次，法律审理。法律审理要求诉讼双方当事人到场，如无法出席可以允许由他人代其出庭,裁判官根据起诉的要求和理由制成书状。此时的书状有固定的格式,这种固定的格式被称作程式。程式的内容大致包括:事实承审法官的确定、原告的诉讼请求、原告请求的原因、判决的提示。相比于法定诉讼的法律审理部分,程式诉讼中的法律审理程序和书状要更加完备。

再次,事实审理。事实承审法官在收到裁判官作出的程式后,按照程式中的指示进行事实审理,并在规定的时间内作出判决。承审法官的判决自宣读之时起立即发生法律效力,并且不准申诉。

最后,执行。相对于法定诉讼来说规定得更为细致。自判决确定之日起30日内,如果被执行一方不主动执行,可以带到法庭申请强制执行。

最后一种诉讼形式是非常诉讼,这种诉讼形式不再区分法律审核事实审这两个阶段,而是案件从始至终都是由国家官吏审理。非常诉讼中,由于取消了事实审理和法律审理两个环节的区分,因此也取消了事实承审法官。非常诉讼的出现与帝制初期皇权对司法权的干涉和控制有着密切的关系,这种诉讼形式后来慢慢取代程式诉讼成了罗马国家普遍适用的一种诉讼制度。非常诉讼最突出的特点在于裁判官在这个诉讼中占据绝对的主导地位。此外,消除了法定诉讼和程式诉讼时期残留的自力救济行为,如果当事人不主动出庭可以由裁判官强制当事人出庭,对判决的执行措施也由裁判官实施。

非常诉讼的程序:首先是传唤。公元322年,君士坦丁规定原告不再负责传唤,而是由法院直接通知被告。其次是审理。审理时双方当事人或者诉讼代理人到庭,双方根据案件争议的焦点进行辩论,对自己的主张负举证责任。其中,当事人的承认被认为是最有利的证据,非常诉讼案件审理一般不公开进行。最后是判决和执行。裁判官行使审判权,判决需要以书面的形式当众宣读。如果对裁判官的判决不服,当事人可以向上级行政官吏上诉,上诉的审级没有明确限制,最终可以上诉至皇帝。后来,为了防止当事人滥用上诉权,按照案件的性质,对可以和禁止上诉的案件进行了区分。终审判决和当事人不上诉的判决直接发生执行效力。如果出现当事人不予执行的情况,不能再由当事人进行私力救济,而是由司法官全权负责。[1]

罗马司法裁判程序遵循的基本原则包括:

(1) 不告不理原则。不告不理原则是指,如果当事人没有就相关事项提出诉讼请求,那么法院就不会开启诉讼程序,更不会对此作出裁判。

(2) 辩论原则。在法定诉讼和程式诉讼中,对案件的审理要公开进行,公开审理之前要公布开庭的时间和地点,并且实行言词辩论,双方在辩论中陈述有利于自己的事实,使法官最终能够作出有利于自己的判决。

(3) 一事不再理原则。这条原则指的是针对同一案件,同一标的物和同一当事人所提出的已经判决生效的案件,除法律另有规定以外,不得再起诉和重新审理。

(4) 自由心证原则。对当事人所提出的各种证据的证明力不做硬性的规定,由法官自由地作出判断和认定。

民事和刑事控诉之间的界限以及区分标准,总体说来不像今天在英国法律中看到的那样清楚。例如,偷盗在共和时期被视为私人案件,由民事诉讼追究,攻击、殴打和人身攻击在苏拉的《关于侵权的法律》(lex de iniuriis)之前,都属私人提起

---

[1] 蒙振祥、陈涛、律璞主编:《罗马法》(第2版),中国政法大学出版社2011年版,第288~311页。

诉讼的问题。在罗马根本不存在公共起诉人,留下的空白在不同程度上由使用的程序填补:例如,人民大会上的保民官或者市政官等官员、被侵害的各方或者他们的亲戚在人民大会上提起控诉。在多数情况下,是在常设刑事法庭或者某个钱财追偿法庭进行审判,这些法庭允许公民个人因各种原因代表罗马人民或者其他受害的个人提起诉讼。[1]

二、古罗马的法院组织的发展

古代社会一般都没有设立专门的司法机关制度,早期的国家机关一般既行使行政职能也同时兼顾司法职能,古罗马也是一样。罗马城邦建立初期,还保留着氏族部落时期的一些遗迹,"同态复仇"的观念被保留下来。与此同时,进入共和时期后,贵族和平民之间的斗争依然时起时伏。虽然在不同时段斗争中心并不完全相同,但总的说来主要是围绕着政治权利平等、债务奴役和允许取得三大问题展开,由此在客观上使得奴隶主阶级的专政也日益加强。在国内经济和政治因素交互作用的条件下,国家司法职能逐渐加强,由此出现了与国家机关密切结合并且被赋予国家意志表现形态和法律强制力的司法观念。[2]

罗马法院的一个重要特点在于实行民事法院和刑事法院分开设置的原则。法院性质不同,审判职能各异,具体任务有别。民事法院的任务就是负责审理民事案件,具体管辖范围包括两方面:一是处理任意事件,即由法院代表国家出面为当事人双方设立并履行某种法律手续,比如就收养子女、解放家子和释放奴隶的行为作出裁定,以避免日后引起争议;二是处理讼争

---

[1] [英]安德鲁·林托特:《罗马共和国政制》,晏绍祥译,商务印书馆2016年版,第218~219页。

[2] 谢邦宇:《罗马法文稿》,法律出版社2008年版,第176页。

纠纷，即针对当事人双方有争议的问题进行审理和判决，比如按照当事人的请求分割共有土地就属于这一类。任意事件的管辖权一般由行省执政官行使。[1]

至于刑事法院的设置，目的是通过对罗马市民重大犯罪案件的审理，以期慎重调整和处理统治集团的内部关系。[2]

三、古罗马司法裁决的作出形式

在共和时期的罗马司法裁决的做出机构是人民大会，人民大会是由具有罗马公民权的公民组成的，他们通过投票表决的方式来对案件的最终结果进行裁判，最终结果的做出是理性与感性交融后得出的，理性指的是参与审判的公民会受到罗马既有的成文法规定的影响，而感性是基于控辩双方的临场表现所得出的情绪性判断，这两种想法交织融合后会使参与人做出一个最后决定，并最终通过表决的形式决定了整场案件的最终裁决结果。

除了人民大会的公民之外，在司法实践方面，法学家也是重要的司法解释和参与者，他们通过法律解答，指导裁判官拟定告示、对市民法和裁判官告示进行解释，为当事人和裁判官提供法律咨询意见，指导当事人进行诉讼。

在"规则（原理）法学"形成之前，法学家们的思考方式是个案推理式的，他们所运用的方法是决疑术方法。而"规则（原理）法学"本身也是建立在这种决疑术方法基础之上的。也就是说，早期罗马法学家在面对待决案件，特别是案件中的疑难法律问题时，首先运用的是一套决疑术的方法，而不是后来才

---

[1] 谢邦宇：《罗马法文稿》，法律出版社2008年版，第176页。
[2] 谢邦宇：《罗马法文稿》，法律出版社2008年版，第178页。

第九章　法律修辞学对古罗马司法裁判的影响

形成的抽象的理论——形式逻辑的方法。[1]

因为疑难案件的解决要求法学家们具备实践智慧（Phronesis），而非纯粹的理论知识（episteme，科学）。更何况，在早期的罗马社会和法律制度中，并没有多少纯粹的理论知识可供法学家在解答法律疑难时直接予以运用。在此情形下，作出"公平的"裁决就需要依靠裁决者或法学家的司法鉴定力（judicial discrimination），对个案争议事实之精致平衡进行评价。说到底，法学家们所能做的就是运用他们的自由裁量（discretion），而不是一般的法律规则。事实上，在真正模棱两可的案件中，可以利用的"法律规则"并不是决定性的。[2]可以看出，罗马法学家通过对司法实践的参与，将个案推理的、决疑术式的方法运用到解决各种法律问题中，并且通过不断的总结和理论的提升著书立说，运用于司法实践，并在实践中进行修正后再次运用于司法实践，形成了在理论和实践中不断的循环往复，法学理论也在这个过程中不断升华和提升，推动罗马法的向前发展，因而在古罗马流传着这样一条法谚："法学家创造了罗马法"。

第二节　西塞罗的法律修辞学对古罗马法方法论因素成长的作用：以案例为中心

决疑术（casuistry）是一种"基于案例的推理"，它被用于对法律问题的讨论，通过范例解决法律难题。[3]萨维尼说，最

---

〔1〕　舒国滢："罗马法学成长中的方法论因素"，载《比较法研究》2013年第1期。

〔2〕　舒国滢："罗马法学成长中的方法论因素"，载《比较法研究》2013年第1期。

〔3〕　舒国滢："决疑术：方法、渊源与盛衰"，载《中国政法大学学报》2012年第2期。

初罗马法学家阶层似乎只是在具体的案件中给出建议，或者为法律争议的裁决提供意见，或者是为庄严的法律行为提供指导。此活动逐渐更为智识化，并发展成为科学。[1]

面对一个案件，只有在对案情进行分类学分析之后才能够确定其具体的解决方案。这些解决方案可以成为日后其他类似案件判决参考的依据。而且，它们本身也可以上升为具有普遍适用意义的"规范"——罗马人所称的"规则"。[2]罗马人的法律规则正是法学家们对特定类型案件判决中一些共同要素的一种概括。可以说，罗马法学生成中的"独特的科学生命"或"方法论因素"就是决疑术，就是基于案例和推理，通过对案例的分类、对比抽象出一般性的规则，进而解决疑难问题的法律论证过程。笔者认为，西塞罗的修辞学对于罗马法方法论因素成长的作用就体现在其推动了罗马法中案例的发展和基于案例的推理与法律论证的发展。

一、古罗马法中案例的含义及案例作为说服的手段

（一）古罗马法中案例的含义

首先需要搞清楚罗马法语境下案例的含义。其在拉丁文中被表述为"res iudicatea, iudicatum"，而在英文中则被表述为"decided cases, precedent"。罗马法上的已决案例对后来类似案件的判决并没有法律拘束力，罗马法并不实行现代意义上的"判例法"。罗马法上的案例和现代意义上的案例的内涵是不同的。在罗马法教科书中，案例或先例（iudicatum）是"一种被

---

[1] [德]萨维尼：《当代罗马法体系Ⅰ——法律渊源、制定法解释·法律关系》，朱虎译，中国法制出版社2010年版，第41页。

[2] 舒国滢："罗马法学成长中的方法论因素"，载《比较法研究》2013年第1期。

协议、某个人或某些人的权威或司法判决所认可的东西"。[1]从中可以区分出一系列次级范畴：第一是判决（judgement），假如法官作出判决时发誓并依据了法律，它就具有宗教般的约束力；第二，"所认可的"这个词指的是"被认可的行为"，观众预期的道德行为，比如尊敬老人、同情恳求者；第三是权威，"权威"这个词（term）指的是有权威的实体通过特殊规定（enactment）解决有争议的案件或情景。这样的先例可以具有法律含义，但也指向过去的公共历史事件，可成为审议或公共政策演说的一部分。[2]

（二）古罗马律师通过使用修辞学可以创制先例

西塞罗曾经举了库里亚诉讼（the causa Curiana）的例子，说明了律师通过对修辞学的运用可以创造一个新的先例，而某案件之所以能成为先例，并不是源于案件的审理结果，而是源于在案件中律师所使用的法律论证技术。在对遗嘱人的意愿（will）进行解释时，该案的律师克拉苏斯（Crassus）指出：适当的论证不仅基于法律的字面（letter）意思，还要考虑到法律文字背后的精神（spirit）衡平。[3]通过诉诸衡平这样的法律解释技术，本案的律师克拉苏斯就遗嘱继承中"第二顺位继承人的地位"问题创制了一个先例。[4]西塞罗在他之后的著名演说《为凯基纳辩护》中便以该案的论证作为重要的依据。

---

[1] Jill Harries, *Cicero and the Jurists from Citizens Law to the Lawful State*, MPG Books Limited, 2006, p. 141.

[2] Jill Harries, *Cicero and the Jurists from Citizens Law to the Lawful State*, MPG Books Limited, 2006, p. 141.

[3] John W. Vaughn, "Law and Rhetoric in the Causa Curiana", *Classical Antiquity*, Vol. 4, No. 2 (Oct., 1985), pp. 208~222.

[4] Jill Harries, *Cicero and the Jurists from Citizens Law to the Lawful State*, MPG Books Limited, 2006, p. 135.

在修辞学的实践中，西塞罗强调"律师指出自己的某项辩护意见或观点联系着国家秩序的重建，可以形成为新的先例"，可以成为重要的说服手段和论证技巧。在《为罗西乌斯辩护》(defence of Roscius) 的结尾，西塞罗以这样的发言结束，将案情的讨论转向了罗马法律与秩序的普遍根据，并指出如果自己的主张胜诉，它可以一般化，使得该案成为一个罗马法的先例。这一论证技术很有效，也经常被西塞罗使用。因为那个时代的罗马人非常在意社会秩序的重建，也因为它非常贴合罗马法律程序，而罗马法相比于希腊法在更大程度上是建立在判例（precedent）的基础上的。[1]

在西塞罗的眼中，演说家非常重视先例，假如在某案件中，律师在演说中使用了新的论证技术和方法，那么该律师就是在运用其修辞学创制一个先例。罗马法的发展、演说家的法律实践、修辞学的运用是同时进行的。

（三）律师在演说中借助先例作为说服手段

在罗马法的司法背景下，律师如何以判例作为说服手段？之前的判例（decaided case）可以被引用以支持后来律师的论证。[2]先例可以反映某个时期盛行的法律思维方法和论证技巧，可以给当前案件中的律师以启示。西塞罗对案例的兴趣不在于其判决的结果，而在于其中的论证，强调的便是这层意思。律师在使用先例时是有选择的、有意图的，尽量服务于自己的客户。[3]

---

[1] George A. Kennedy, *A New History of Classical Rhetoric*, New Jersey: Princeton University, 1994, p. 130~131.

[2] Jill Harries, *Cicero and the Jurists from Citizens Law to the Lawful State*, MPG Books Limited, 2006, p. 128.

[3] Jill Harries, *Cicero and the Jurists from Citizens Law to the Lawful State*, MPG Books Limited, 2006, p. 137.

第九章　法律修辞学对古罗马司法裁判的影响

律师将判例视作说服的工具。诉诸单个判例缺乏说服力，一个过去的判例单独拿出来不能决定当前案件的判决。罗马律师在演说中以先例作为说服方法时会注意两点：

第一，判例与当前的案件的相关度。借助的判例与当前的案件越相关，律师将它作为论据的说服力就越强。律师在演说中要证明他所用的判例可以适用于当下的案件，而其对手提供的判例并不是这样。

第二，支持自己观点的判例的数量和具体性。首先，支持自己观点的判例数量越多，它们集合起来的力量就会越令人信服，单个论据缺乏绝对的证明力。其次，律师提供的关于判例的信息越具体、越详细，其发言的可信性就越强。律师在演说中引用过去的案例时，会注明当事人的姓名或法官的姓名，或者著名辩护人的名字。由此，其发言的可信度会大大增加，这时，具体性是非常重要的。最后，西塞罗强调，律师还应详细阐释司法判例中的法律意涵，特别是其中的论证方式。[1]需要注意的是，运用先例进行的说服既可能属于理性说服，也可能属于情感说服。当律师对先例的引用强调其中的逻辑证明、演绎或归纳技术时，即属于理性说服；如果强调先例中对道德品质的渲染，利用何种手段激发起观众的情绪，则属于情感说服。如果某个先例显示出的成功经验将这两者均包含在内，那么律师在演说中对该先例的使用则同时使用了情感说服和理性说服。

通过适当地使用先例进行说服，演说家（律师）可以收获很好的说服效果，"安抚有敌意的观众、转移它们对于难以接受的现实（情况）的注意力、作为通向核心论证的渐进方法、破坏反对

---

〔1〕 Jill Harries, *Cicero and the Jurists from Citizens Law to the Lawful State*, MPG Books Limited, 2006, p.141.

意见"。[1]总体来说,即可以减少观众(陪审团成员)的敌意,给他们留下好印象。西塞罗指出,这是修辞策略的内在部分。

二、修辞学通过案例形塑了罗马法的内容

必须注意到的是,案例或者判例是罗马法的重要内容之一。西塞罗认为,修辞学对于罗马法而言非常重要。在西塞罗的《论题学》中,他用列举法对市民法是什么下了一个定义:"市民法是法律、元老院决议,判例(decided case)、法学家权威、长官的告示、习俗和衡平构成的法。"[2]判例对其后的案件没有法律拘束力,不应该作为市民法的一部分,为何西塞罗会将之纳入罗马法?

因为西塞罗写的不是一本罗马法著作,而是一本修辞学指南,在他的修辞学说里,先例是罗马法的一部分。他的著作旨在为律师(演说家)在法庭上谈论市民法是什么时给出指引和建议。也就是说,在演说家那里,先例是罗马法的一个内在部分,这同样也是一种修辞学的视角。[3]

先例(判决过去是如何做出的)在某种程度上成了罗马法的一部分。判例为未来相似的案件提供了指引,可以说,判例的内容和结果的确决定了将来的罗马法。[4]虽然先例一般来说没有法律的约束力,法官在审理案件时没有义务遵守先例,但

---

[1] Jill Harries, *Cicero and the Jurists from Citizens Law to the Lawful State*, MPG Books Limited, 2006, p. 141.

[2] 徐国栋:《地方论研究——从西塞罗到当代》,北京大学出版社 2016 年版,第 34 页。

[3] Jill Harries, *Cicero and the Jurists from Citizens Law to the Lawful State*, MPG Books Limited, 2006, p. 139.

[4] Jill Harries, *Cicero and the Jurists from Citizens Law to the Lawful State*, MPG Books Limited, 2006, p. 134.

第九章 法律修辞学对古罗马司法裁判的影响

是某个先例中的结果被后来的法官一再重复,那么审理的法官在裁决类似案件时就不得不正视该先例。这种先例因此会产生权威,对后来法官的裁决产生效力。[1]因此,案件的审理结果对于罗马法的发展而言是十分重要的。

演说家通过修辞学决定了案件的审理结果。法学家贡献意见,他们不能公开地影响结果,西塞罗强调是作为律师的演说家控制了裁判结果,而非法学家。律师事实上是法律内容的贡献者。[2]这在罗马的刑事案件等公法案件中表现得尤为突出,在这些案件的审理过程中,法官来自富裕的受过教育的阶层,但是他们没有受过专门的法律训练,不是专门的法律职业者,这使得他们的判断很容易受到演说家的引导。虽然会受到审判缺乏效率等批评,但是"外行法官"的这种司法机制具有公共的合法性。这种司法体制的益处是反映了公共的意见,法律判断的最终决定权来自罗马公民。[3]通过判决的形式,罗马法体现了罗马民众活跃着的公共精神。

修辞学通过罗马法学也影响了罗马法律的内容。罗马修辞学和罗马法学是什么关系?西塞罗的观点是两者是融合在一起的。西塞罗学说的最核心内容是将法学和修辞学相融合。[4]法律论证是他讨论判例的一个重点,他指出,法学家的法律论证和非法学家的法律论证基本上没有分别。他一方面强调法学家

---

[1] Jill Harries, *Cicero and the Jurists from Citizens Law to the Lawful State*, MPG Books Limited, 2006, p.136.

[2] Jill Harries, *Cicero and the Jurists from Citizens Law to the Lawful State*, MPG Books Limited, 2006, p.135.

[3] Jill Harries, *Cicero and the Jurists from Citizens Law to the Lawful State*, MPG Books Limited, 2006, p.138.

[4] Jill Harries, *Cicero and the Jurists from Citizens Law to the Lawful State*, MPG Books Limited, 2006, p.130.

应该掌握哲学（修辞学），另一方面强调，修辞学家应该学习法学。西塞罗在其专门的修辞学著作《论题学》中针对论证方法所举的例子都是关于法律的。如果我们承认罗马法的重要内容之一是法学家的著述，那么我们就必须承认修辞学因为和罗马法学的密切关系也成了罗马法的内容。伴随着修辞学发展的是罗马法学，这同样也是罗马法律内容本身的发展。

演说家通过修辞学影响司法审判，影响到一个个案例的结果。法学家的法学讨论也是基于案例的，也受到了修辞学的影响。可以说："演说家的语言盛行于帝国的法律语言，说服和演说内在于罗马法和罗马法著作之中。"[1]

三、西塞罗修辞学通过案例发展起来的论证技巧成了罗马法法律论证的核心内容

西塞罗的论题学讲的是各种论证手段根据其主题形成的一个列表，它是西塞罗法律修辞学的核心内容。基于案例发展起来的修辞学对罗马法学的法律论证技术产生了巨大影响。

正如前面所说，判例出现在西塞罗对市民法的定义中。基于定义的论证对于罗马法和法庭的论辩是非常重要的。西塞罗对市民法的定义就是采取了例证法的定义方式。此外，西塞罗指出，哲学性的理解对于法学家的定义工作是必要的，因为其涉及价值体系和力图共享的表达形式。例如，在《论题学》中，西塞罗给市民法下了另一个定义："市民法是为属于同一城邦的人确立的公平，以保护他们的财产。"[2]几个世纪后的盖尤斯以及乌尔比安继承了西塞罗对市民法的定义。盖尤斯认为市民法是"善与衡

---

[1] Jill Harries, *Cicero and the Jurists from Citizens Law to the Lawful State*, MPG Books Limited, 2006, p. 133.

[2] 徐国栋：《地方论研究——从西塞罗到当代》，北京大学出版社 2016 年版，第 30 页。

第九章　法律修辞学对古罗马司法裁判的影响

平的技艺",乌尔比安则指出"法学是真正的哲学"。[1]西塞罗的很多法律论证都是基于定义的论题,比如围绕着执政官法令的定义(definition)问题。西赛罗的对手倾向于诉诸法令的字面意思,而西塞罗则倾向于探究法律的目的和背后的精神来确定法律的含义是什么。西塞罗强调,习俗和衡平的原则,演说者的信念(这一信念被陪审团成员所分享),公平和法令的意图比法令的字面意思更重要。

演说家借助判例的论证涉及论题学中的基于比较的论证和基于可能性的论证。当前案件与判例的相似点越多,演说家基于判例的法律论证来讨论当前的案件就越容易说服观众。同样,在当前案件中,支持某个观点的判例数量越多,演说家借助判例论证的可信度就越高,其依据的说服力也就越大。

西塞罗的修辞学和论题学论证(topical argumentation)对之后罗马法学和法律方法因素的成长发挥了重要作用。[2]在西塞罗之后罗马法学的发展历史中,萨宾学派和普罗库鲁斯学派的争论非常重要。有学者指出:"没有两大学派及两大学派的争论,就没有罗马法学的辉煌。"而论题学推理是解释两大学派争论的关键。[3]两大学派的代表人物们使用论题学论证得出不同结论时,学派之间的争论也就产生了。[4]萨宾和普罗库鲁斯两派的21项争议所使用的论题学论证完全可以和西塞罗《论题

---

[1] Jill Harries, *Cicero and the Jurists from Citizens Law to the Lawful State*, MPG Books Limited, 2006, p. 131.

[2] Tessa G. Leesen, *Gaius Meets Cicero: Law and Rhetoric in the School Controversies*, Martinus Nijhoff Publishers, Leiden Boston, 2010, p. 41.

[3] Tessa G. Leesen, *Gaius Meets Cicero: Law and Rhetoric in the School Controversies*, Martinus Nijhoff Publishers, Leiden Boston, 2010, p. 44.

[4] 舒国滢:"罗马法学成长中的方法论因素",载《比较法研究》2013年第1期。See Tessa G. Leesen, *Gaius Meets Cicero: Law and Rhetoric in the School Controversies*, Martinus Nijhoff Publishers, 2010, p. 41.

学》、昆体良的《雄辩术入门》中所讨论的论证技术一一对应。在21项争议中，两派使用得最为频繁的论题是"差异论题"和"相似论题"。此外，根据盖尤斯《法学阶梯》的文本，可以看到萨宾派和普罗库鲁斯派还使用了其他一些论题学的论题，例如"时间论题""对立论题""对比论题""权威论题""衡平论题"等。[1]论题学推理（topical reasoning）不只是解释两大学派争议的关键，也对学派领袖法律解答（ius publice respondendi）中的论证做出了重要贡献。[2]

此外，西塞罗的修辞学促进了将案例归纳成规则，将其一般化为法学。从众多案例中发现共同的因素，抽象成普遍的规则，再将这些抽象的规则应用于个案的复杂案情与问题分析过程，并进而实现体系化，这正是罗马法律科学成熟的体现。西塞罗的修辞学推动了这种决疑术的发展和规则体系的形成。西塞罗指出，是律师通过演说展现的法律论证，而不是法学家，逐渐构筑了罗马法建立于其上的规则或原则（principles）。例如，罗马法以"同意"和"以行为体现的对共同体的法律义务"为基础；罗马法的核心功能是保护公民权利（特别是其中的财产权）；在公民身份案件中，权利诉求的理由在于对每个公民而言法律身份的重要性。所有这些规则均被律师在演说过程中不断阐明。西塞罗强调，演说家的法律论证在知识上的有效性并不亚于法学家，并且具有独特的优势：演说词被基于服务大众需要设计出来，它更具吸引力。[3]与法学家相比，演说家

---

[1] 舒国滢："罗马法学成长中的方法论因素"，载《比较法研究》2013年第1期。

[2] Tessa G. Leesen, *Gaius Meets Cicero: Law and Rhetoric in the School Controversies*, Martinus Nijhoff Publishers, Leiden Boston, 2010, p. 44.

[3] Jill Harries, *Cicero and the Jurists from Citizens law to the Lawful State*, MPG Books Limited, 2006, p. 134~135.

(律师)通过法庭演说所展现的法律论证是能直接决定判决结果的法律论证,更为有效。

第三节 西塞罗的法律修辞学推动了罗马法体系化所需法律技术的发展

一、西塞罗法律修辞学中的属种关系、分种和分部理论

西塞罗的法律修辞学中的属种关系、分种和分部的理论是对早期希腊思想家苏格拉底、柏拉图、亚里士多德以及斯多葛学派辩证法思想的传承及创新。从内容上说,其延续了古希腊一直惯有的属种划分的理论和推理论证的逻辑。同时也进行了一定程度的创新,这种创新表现为西塞罗明确地将"分部"的理论提出来。

分种方法要求具有严格的周延性,即如果进行分种,则必须将属之下所有的种全部都列举出来,否则通过这种方式所得出的体系就是不完整的。这种属种划分的方法一方面可以将已有的市民法材料通过划分构建成一个体系。但另一方面,这种划分的方法关注的重点在于对属所分出的各个种之间的关系的认识,而从一种综合、全面、整体性的视角对罗马法进行观察。正是由于这种欠缺的存在使得西塞罗创立"分部"进行了弥补。分部理论的特点在于,它并不强调具有严格的周延性,而是更注重对事物整体性的思考。它首先要求将事物视为一个整体,然后将这个整体划分成其构成要素的部分,而这种由整体划分出来的各个部分相对于属划分而得出的种而言,更能体现出反映整体特点的体系性特征。[1]

---

[1] See Will Deming, "Paul, Gaius and the 'Law of Person': The Conceptualization of Roman Law in the Early Classical Period", *Classical Quarterly*, 2001, 51 (1), p.220.

西塞罗在整理市民法时亦会使用这一方法并且列举出有待运用这一方法完成的工作。当然，首先是确定和限定所需资料的范围。然后，西塞罗建议按照适用范围限定市民法。也就是说，市民法是那种在涉及罗马公民的事务及涉及罗马公民间的案件中，维护法律的平等享有及平等适用的法。在这之后，尚有四项任务有待完成："划分出类，当然是有限的几个大类。什么是类呢？类就是包含两个或两个以上的、在某些方面显示出共性、同时又以其所具有的特殊性区别于其他事物的某类事物。然后，再将类分成部分。这些部分是包含在类之中的，构成类的不可少的元素。"接下来的任务就是确定每一个类和每一个种，定义每一个类和每一个种。[1]

西塞罗在这里所提到的"四项有待完成的任务"实际上就是分种和分部的四个步骤，这里所说的"类"实际上就是部分的意思，是从罗马法整体性的材料中划分出来的部分的称呼。"然后再将类分成部分"实际上的意思是将从整体中划分出来的部分，再次利用属种划分的方式进行划分。这种划分方法的进步在于，相对于之前斯凯沃拉的划分方法而言，西塞罗更注重从整体和宏观上对市民法的材料和内容进行把握，论述了分部方法的具体运用。

二、西塞罗的属种关系、分种和分部理论在其著作中的体现

西塞罗的属种关系和分种分部理论主要基于其对亚里士多德和斯多葛学派的传承和创新。西塞罗的这种理论，在其修辞

---

[1] [意] 桑德罗·史奇巴尼、丁玫："法学研究方法以及对古罗马法学著作和近现代法典结构体系中若干问题的思考"，载《比较法研究》1994 年第 2 期，第 205~216 页。

第九章 法律修辞学对古罗马司法裁判的影响

学著作中也有所体现。

在《论演说家》中,西塞罗介绍了有关的分种理论的部分,在该书的第1卷第187~191段,克拉苏斯为了让演说家更容易掌握法学,应当按照其他科学(artes)的模式建构法学(ars iuris),即按基础教科书应遵循的逻辑结构,将根据不同层次分类而获得的各个概念按种类进行区分(divisio per genera et species)。[1]

就这样,对于市民法需要确定这样的目标:应该保持公民在事务和诉讼中基于法律的和习俗的公平。在这之后应该规定出"类",并且应该限制于一定的数目,且为数不多。类即自身包含两个或更多由于某种共性而彼此相似,然而由于特有的性质又互相区别的"属"。属乃是对他们所源之类的附加划分。不管是类或属,都有自己的名称,所有的名称包含的意义都应由定义来限定。定义是对我们所希望界限的事物的特有性质的一种简明而完整的说明。我本会用实例对这些问题进行阐述,若不是考虑到我是在对哪些人发表谈话。现在我对提出的问题只需作简短的说明。要知道,无论是我自己去完成我已经长时间考虑的事情,或者是由另一个人去做,由于我受阻碍或亡故而由他去完成,都应该首先把整个市民法分成为数非常少的几类,然后再对这些类划分成有如它们的部分,继而再对每个类和属的特性进行界定,那样你们将会得到一门完美的民法学,并且是广泛的、丰富的,而不是困难的、晦涩的。不过,当这些零散的知识还没有汇集到一起的时候,我们可以四方寻找,到处收集,以获得丰富的民法知识。[2]

---

〔1〕 [古罗马]西塞罗:《论演说家》,王焕生译,中国政法大学出版社2003年版,第16页,译本前言。

〔2〕 [古罗马]西塞罗:《论演说家》,王焕生译,中国政法大学出版社2003年版,第133~135页。

在这里，西塞罗阐释了他对"属种"的理解，引文中的"类"实际上就是"种"的另一种翻译，并且试图通过自己这种"属种"理论来对罗马市民法进行体系化建构。

实际上，这种"属种"划分的方法是"分种"的前提。"分种"实际上就是将某个"属"所包含的一切种都罗列出来，种是对属一种毫无遗漏的分割，这是因为在每个属下面种的数目都是确定的。因此，在进行分种的时候不能对任何一个种予以忽略和遗漏，否则就是不完整的。例如，盖尤斯在《法学阶梯》中将债分为合同和私犯，就是运用的分种方法。这里的"属种"理论相对于《布鲁图斯》和《论题学》中的"属种"理论而言更加浅显，是作者对想将这种理论运用于罗马法体系建构的一种初步的设想。

西塞罗的著作《论题学》第一次提出了"分部"的理论，西塞罗认为，"分种"和"分部"都是下定义的方法。此外，定义有些是分部、有些是分种。分部，发生在把探讨的对象分解为部分的情形下，例如某人说市民法是法律、元老院决议、判例、法学家的权威、长官的告示、习俗和衡平构成的法。而分种的定义以这种方式罗列待定义的属包含的一切种：要式转移物的转让是通过要式买卖（Nexum）或拟弃诉权使此等物在依市民法有能力这样做的人之间由一方交付给另一方。[1]

另外，在修辞学著作《布鲁图斯》中，西塞罗对分部理论进行了介绍，对斯凯沃拉和塞尔维尤斯·苏尔皮丘斯（Servius Sulpicius）的法学方法进行了分析和对比，并认为塞尔维乌斯的地位比斯凯沃拉的地位还要高。原因在于，塞尔维乌斯将法律变成了一种技艺，这种技艺包括整体和部分的划分，对于模糊

---

[1] 徐国栋：《地方论研究——从西塞罗到当代》，北京大学出版社2016年版，第34页。

第九章　法律修辞学对古罗马司法裁判的影响

之处的辨识等内容。[1]

相比较于《论演说家》而言，西塞罗在《布鲁图斯》中介绍了一种区别于"分种"的市民法的体系划分方法，即"分部"的方法。"分部"的方法比"分种"的方法更为深入，是在亚里士多德的"整体-部分"概念基础上进行的创新和发展。在亚里士多德那里，仅仅从适用上将两者进行了区分，并没有从两个概念的功能上进行区别。而西塞罗则在《布鲁图斯》中对这种整体和部分关系的区分方法进行了阐述。他认为，将整体分为若干部分之后，通过定义的方式确定问题的边界，这种确定的过程实际上就是将不明确的地方予以明确化的过程。对不明确的事物的解释分为三步：先是辨别出具有模糊性的事物，再是区分出这种模糊性的事物所具有的几种可能性，最后是提供某种规则或标准，以判定上述几种可能性的真假或者他们中的哪种可能性可以或不可以从既定的前提下推导出来。[2]

就这样，西塞罗在亚里士多德辩证法思想基础上提出了"分种"和"分部"的概念，具有创新性。另外，西塞罗还对这两者进行了区分。而在"分种"中，种是对属的毫无遗漏的分割，如同有人将法分割为法律、习俗、衡平的情形。在"分部"中，被分出来的部分实际上犹如人的身体，如头、手、肩、腿部、脚等。在"分部"中，在有些情况下，如果有个别的遗漏，并不构成缺憾，这点与分种不同，因为部分的细节常常更无边际，有如从一个源泉派生出数个小溪。[3]

---

[1] [古罗马] 西塞罗：《论演说家》，王焕生译，中国政法大学出版社2003年版，第706~707页。

[2] 李飞：《取得方式与（市）民法的体系化》，中国政法大学出版社2015年版，第43页。

[3] 徐国栋：《地方论研究——从西塞罗到当代》，北京大学出版社2016年版，第36页。

三、西塞罗的属种关系、分种和分部理论对罗马法体系化的构建

西塞罗所阐述的属种关系、分种和分部的理论被后世许多罗马法学家所接受,由此形成了一种被称为"市民法体系"(sistema civilistico) 的罗马法体系框架。[1]其中最具代表性的是盖尤斯的《法学阶梯》和优士丁尼的《法学阶梯》。

(一) 对盖尤斯《法学阶梯》的影响

罗马法的体系化可以说是到了盖尤斯所著的《法学阶梯》那里达到了最高峰,由盖尤斯所开创的人、物、诉讼的三分模式将罗马市民法的体系性推向了制高点。可以说,盖尤斯的《法学阶梯》在很大程度上受到了西塞罗"分部"理论的影响。这部小书不只是对库尹特·穆奇著述方法的简单运用,同时也是西塞罗关于写作综述性著作的要求的一次实践。[2]而这种实践主要表现在盖尤斯对西塞罗分种、分部理论的综合运用上。具体来说,盖尤斯在《法学阶梯》中提到的"我们所使用的法,分为人法、物法和诉讼法"就是分部的方法,利用分种的方法将人法分为身份、婚姻、家庭等。正是这种对西塞罗分种和分部方法的综合运用使得盖尤斯的《法学阶梯》成了"人、物、诉讼"市民法体系的开端。

通过"分部"的方式,盖尤斯便于从整体上看待罗马市民法材料,更容易从相对于属而言的更高层次出发对罗马法进行

---

[1] 胡骏:"论古希腊对罗马法学的历史贡献——以罗马法学方法论的形成为中心",载陈景良、郑祝君主编:《中西法律传统》(第9卷),中国政法大学出版社2014年版,第182~183页。

[2] [意]桑德罗·史奇巴尼、丁玫:"法学研究方法以及对古罗马法学著作和近现代法典结构体系中若干问题的思考",载《比较法研究》1994年第2期,第205~216页。

划分。而这种划分首先将探讨的对象视为一个整体,然后将其划分为其组成部分的各个要素。即将罗马法材料视作整体,以部分的方式加以切割,从宏观上看,这种部分和整体的关系更能达成对事物整体性的认识。

"分种"是对属的一种毫无遗漏的分割,能够将被分割的概念所包含的内容毫无遗漏地展现处理,能有效地形成概念在体系上的完整性。可以说,盖尤斯的《法学阶梯》在"人、物、诉讼"三分的这种论述体系的贡献大于其内容的贡献。因为在之前的罗马法体系化进程中,具有重要影响的斯凯沃拉和萨宾的《市民法》都采取的是以"人、物"为主的论述模式,如斯凯沃拉采取的是"继承法、人法、物法、债法"的论述模式,而萨宾则继承了斯凯沃拉的这种论述模式,只是在个别的顺位上做了调整。[1]同时,斯凯沃拉和萨宾都没有涉及有关程序的诉讼法,而只有盖尤斯关注到了这一点,并将其加在了"人法、物法"的后面,构成了一种实体法和诉讼法相混合的法律作品。这也正是"分部"理论在罗马法体系化过程中的重要贡献所在。这种体系是现代民法典编纂中的《法学阶梯》体系的开端,《法国民法典》采纳的就是这种体系,并在近代欧陆国家广为流传。

(二) 对优士丁尼《法学阶梯》的影响

优士丁尼的《法学阶梯》实际上是在盖尤斯《法学阶梯》的基础上起草的,但相对于后者,前者的理论性和体系性更强,更加完善。优士丁尼《法学阶梯》则首先以分种的方法将法分为公法和私法两个领域,然后以分部的方法将私法分为三个部分,即自然法、万民法和市民法。其分种与分部的方法互为补

---

〔1〕 李飞:《取得方式与(市)民法的体系化》,中国政法大学出版社2015年版,第58页。

充,为罗马法体系化的最终完善奠定了重要基础。[1]

盖尤斯和优士丁尼分类结构体系的永久生命力以及自身所表现出的能够适应任何发展、变化的性质都证明了它具有很强的稳定性和灵活性。同时,也使我们感受到了这一体系所蕴藏的巨大的潜在力量。[2]而赋予这种体系永久生命力的因素,在很大程度上是西塞罗的"分种、分部"思想。这种从整全的角度出发来看待所有的罗马法材料并将其分为各个部分的做法,在今天看来十分简单和普通。但在两千多年以前的罗马,将这一理论运用于法学体系的建构之中,是具有开创性的,不仅给这个体系带来了巨大的潜力和稳定性、灵活性,更是对整个世界的民法体系化进程的重大贡献。

---

[1] 胡骏:"论古希腊对罗马法学的历史贡献——以罗马法学方法论的形成为中心",载陈景良、郑祝君主编:《中西法律传统》(第9卷),中国政法大学出版社2014年版,第183页。

[2] [意]桑德罗·史奇巴尼、丁玫:"法学研究方法以及对古罗马法学著作和近现代法典结构体系中若干问题的思考",载《比较法研究》1994年第2期,第205~216页。

第十章
法律修辞学对古罗马法学教育的影响

第一节 法律修辞学与罗马法学教育

和希腊社会相比,罗马的教育不仅更趋于平民化和家庭化。在公共生活方面,罗马从未像斯巴达人那样接受不择手段的非道德主义而是尊重法律、道德和权力。西塞罗的法律修辞学对共和晚期罗马法律教育曾产生过深刻的影响,它对于经受这种修辞学教育的法律人的语言、表达、文字等方面的训练,促使了罗马法律教育、法学的发展。

一、共和晚期罗马法律教育的实践性和功利性特征

长期以来,罗马教育的目的一直是使罗马强大,这种强大主要依靠的是平时的农耕和战时由农民组成的军队。正如亨利·伊雷内·马鲁在《古典教育史(罗马卷)》中阐释的那样:"罗马的特色可以一言以蔽之:与在英雄时代的希腊盛行一时的'骑士教育'不同,它实行的是农民的教育。"[1]这一乡村特性或许会被伊特鲁里亚文化的影响所磨灭和抵消,因为正是后者将罗马打造成了一个城市,一个真正的、活跃而且热闹的城市。

---

[1] [法]亨利-伊雷内·马鲁:《古典教育史(罗马卷)》,王晓侠、龚觅、孟玉秋译,华东师范大学出版社2017年版,第4页。

然而，国王的罢黜与共和国的建立（约在公元前509、公元前508年或公元前503年间）似乎意味着乡村贵族相对于城市的重新胜利，农村的基调也随之得以加强。[1]

当罗马进入共和晚期后，这种需求和目的发生了转变，教育的目的变成了对演说家的培养。这种转变的原因在于：修辞学逐渐成了从事国家政治生活和进入国家领导阶层的必要工具，可以说，学习修辞学是成了国家高级官吏的必经之路。西塞罗注意到希腊思想家一直对理论几何怀有浓厚的兴趣，但罗马人从来就没想过，除了丈量土地的实践工作所需的知识以外，还要去学更多的知识。[2]希腊理论家信仰系统的立法，罗马人则依靠缓慢发展的习俗，获取更为持久的结果。[3]可以看出，相对于希腊的教育侧重于理论和精神而言，罗马的教育更侧重于实践性和功利性。

正是这种对实践和功利的偏向使得其在教育上会更加侧重于发展对政治仕途有帮助的法律修辞学。葛怀恩曾在《古罗马的教育——从西塞罗到昆体良》中这样说道："除了一些浅显的音乐和数学知识，罗马教育几乎完全集中在文法与修辞学校，西塞罗的理论在此尤其重要。"[4]伴随着这种培养目标的转变，越来越多的贵族青年将学习修辞学、培养自己的演说技能当成自己的必修课，将其作为步入公共生活的必要素质。西塞罗就

---

[1] [法]亨利-伊雷内·马鲁：《古典教育史（罗马卷）》，王晓侠、龚觅、孟玉秋译，华东师范大学出版社2017年版，第5页。

[2] [英]葛怀恩：《古罗马的教育——从西塞罗到昆体良》，黄汉林译，华夏出版社2015年版，第9页。

[3] [英]葛怀恩：《古罗马的教育——从西塞罗到昆体良》，黄汉林译，华夏出版社2015年版，第14页。

[4] [英]葛怀恩：《古罗马的教育——从西塞罗到昆体良》，黄汉林译，华夏出版社2015年版，第71页。

第十章　法律修辞学对古罗马法学教育的影响

是通过对演说术的学习和熟练运用步入仕途的，通过自己杰出的雄辩才能，最终成为罗马共和时期的一名执政官和著名人物。

亨利·伊雷内·马鲁在《古典教育史（罗马卷）》中就对古罗马时期存在的三个等级的教育模式进行了阐释。在罗马和在说希腊语的地区一样，存在三个等级的教育，与它正常对应的是由三类专门教师负责的三种学校：孩童7岁上初等学校，11岁至12岁上语法学校，15岁左右穿上托加长袍后，开始学习演说和修辞，高等学校要一直持续至20岁左右，甚或超出这个年龄。[1]可以看出，西塞罗所涉及的修辞和演说的内容主要属于中等教育阶段，是当时罗马教育中最为重要的组成部分。

二、西塞罗的法律修辞学对罗马法学教育"通识""博雅"和"实践"特征的影响

西塞罗的法律修辞学和教育理论集中在《论演说家》这部著作中。《论演说家》远远不是一部纯粹的修辞学手册，更是关于如何教育年轻人的方法之谈。西塞罗以令人叹为观止的文学技法把他从狄奥多图斯、斐洛和安提俄库斯，从三十年的法庭经验中学到的一切，都编制进他的对话。它成了这位演说家教育改革的蓝图，不可谓不公正。[2]可以说，《论演说家》最完整地陈说了西塞罗的教育理论，他的对话中没有哪篇曾如此持久地影响希腊、罗马文化和欧洲文化的历史。[3]《论演说家》旨

---

[1] [法]亨利-伊雷内·马鲁：《古典教育史（罗马卷）》，王晓侠、龚觅、孟玉秋译，华东师范大学出版社2017年版，第83页。

[2] [英]葛怀恩：《古罗马的教育——从西塞罗到昆体良》，黄汉林译，华夏出版社2015年版，第61~62页。

[3] [英]葛怀恩：《古罗马的教育——从西塞罗到昆体良》，黄汉林译，华夏出版社2015年版，第62页。

在培养未来的演说家（律师），考虑到修辞学教育对于罗马知识青年和精英的普遍性，它也是在培养未来的法学家、法官。从中我们可以看到西塞罗对于罗马青年教育的通识性、博雅性要求。这种通识性、博雅性要求与修辞学所要达到的情感说服和理性说服目标是分不开的。比如，情感说服尤其需要掌握伦理学、灵魂学，理性说服尤其要熟悉哲学、法学和逻辑学等知识，这是通识教育的要求；而在情感说服中，除了诉诸委托人的高尚品性和声望外，演讲者自己的道德修养和品德也很重要，因此要求演讲者自己追求灵魂的卓越和品性的高尚。而情感说服要求演讲者具有健全的判断力和推理能力，这正是博雅教育的内涵。而在具体的场景下将理性说服和情感说服结合起来，根据场景的特点和说服对象的特点，灵活地运用，这尤其需要实践智慧。这种实践智慧的获得需要青年接受良好的通识教育和博雅教育，并且接受实际的公共生活和政治生活的考验和锻炼。

（一）优秀的演说家应该接受通识教育，掌握各学科的知识

在《论演说家》中，西塞罗主张，既然一位演说家必须准备好用知识以及说服的力量就每一个主题演讲，除了必须掌握的修辞学方面的课程之外，他就必须熟悉修辞术、伦理学、灵魂学（psychology）、历史、法学、陆军和海军科学、医学以及诸如地理学和天象学学等自然科学。[1]

西塞罗认为除了接受通识教育，优秀的演说家还应当是个博雅之人，必须具备如下才能：有较强的临场反应和应变能力、敏捷的口才、清晰而洪亮的语言表达，以及合适的身体语言，此外还需要在后天塑造和培养各方面的品质和能力。西塞罗认

---

[1] [英]葛怀恩：《古罗马的教育——从西塞罗到昆体良》，黄汉林译，华夏出版社2015年版，第79页。

为,演说的能力不是空洞的、夸夸其谈的一种表达,而应该是一种依靠对各种学科知识的积累来达成演说内在的丰满,它显示了一个人灵魂的优异和卓越。否则,修辞学便只能是空洞和虚无的。

西塞罗认为,要达到这样的目标:一要通过对大量经典文献的阅读来获取广博的知识;二要通过长期的写作获得敏锐的思维、判断能力和机智的表达能力,从而提高"雄辩能力";三要通过大量的实际训练来提高雄辩理论和技巧。西塞罗强调经验是最好的老师。[1]徐国栋教授在《修辞学校在罗马的兴起于罗马的法学教育》一文中将修辞学校的基本学习内容分为"零件制造练习"和"整体装备练习"两个阶段。前者内容为掌握可以运用于一篇演说词中的各个要素,后者内容为根据特定需要把他们的有关部分装配为一个整体并发表出来。[2]

(二) 优秀的演说家应该积极参加法庭辩护和公开演讲

西塞罗时期,罗马的法律教学仍以实践培训(拉丁文称之为 tirocinium fori)的方式出现。据记载,年轻的西塞罗曾向斯卡沃拉家族的某位成员求学。斯卡沃拉年轻的弟子围绕在他身边,看他为客户进行法律咨询,边听边学。当然,他会乘机向弟子们解释案件的微妙之处、因果推理等等,就像医生在门诊教学中指导实习者一样。[3]西塞罗认为,优秀演说家的成长离不开参加各种法律实践活动。年轻的修辞学研习者除了依靠法

---

[1] 方晓东:"西塞罗教育思想述评",参见中国地方教育史志研究会、《教育史研究》编辑部组织:《纪念〈教育史研究〉创刊二十周年论文集(16)——外国教育思想史与人物研究》2009年版,第575~576页。

[2] 徐国栋:"修辞学校在罗马的兴起与罗马的法学教育",载《河北法学》2014年第1期。

[3] [法]亨利-伊雷内·马鲁:《古典教育史(罗马卷)》,王晓侠、龚觅、孟玉秋译,华东师范大学出版社2017年版,第132页。

学教师在实践活动中的言传身教外，还应该积极参加法庭上的演说、辩护，在公共讲台上进行公共演讲，由此才能迅速跻身优秀演说家之列。

西塞罗对罗马法律教育的独有贡献在于，他将学徒式的、法律知识通过案例口耳相传的教育方式向一种体系化、科学化的方向发展，使得罗马的法律教学渐成体系，同问答式的实践培训法并肩而行。[1]通过《论演说家》一书，西塞罗比较系统和科学地讲解了要成为一个优秀的演说家要掌握哪些知识、要如何培养自己；通过《论题学》一书，西塞罗针对一个未来的法学家特雷巴求斯讲解了法律论证的技巧和技术，如何基于各种"topics"（论题）来说服别人。西塞罗较早地将盛行于修辞学实践和法律实践的经验和智慧加以总结，并且将其一般化为科学性的可以传授的东西，为后来的青年学习者提供了很大的便利，对古罗马的法律教育做出了重要的贡献。

第二节 法律修辞学与罗马律师制度

罗马是世界法律史上最早建立律师制度的一个国家，这与罗马法律文化的发达有着密不可分的关系。罗马律师制度的产生也不是一蹴而就的，经历了较为漫长的过程。罗马建城于公元前753年，那时的罗马还只是台伯河畔的一个小城邦，又被称为"七丘之城"。刚建城的罗马和古代早期的其他社会一样，没有专门的司法机关解决纠纷，更没有专门提供司法服务的律师，司法机关的职能一般被行政机关所兼理。由于彼时的罗马刚从氏族社会过渡而来，所以在解决司法纠纷时往往带有浓厚

---

[1][法]亨利-伊雷内·马鲁:《古典教育史（罗马卷）》，王晓侠、龚觅、孟玉秋译，华东师范大学出版社2017年版，第132页。

第十章　法律修辞学对古罗马法学教育的影响

的"同态复仇"的遗迹。

伴随着贵族和平民之间斗争的加剧，罗马驱逐了暴君塔克文，从此步入了共和时代，这一时期才开始出现司法机关。早期是不允许代理人参与法庭诉讼的，只允许当事人亲自出庭，这也迫使当事人为了避免输掉官司而锻炼口才，以便在法庭辩护中不至于处在下风，这恰恰间接地促进了修辞学的发展。一般认为，最早从事修辞学教授的人是智者学派的人，他们也被认为是最早靠收取学费维持生计的专业教师。司法纠纷解决需要良好口才和辩论能力的需求与智者学派提供修辞学教授服务的才能刚好相匹配，也间接地促进了最早的专职律师的诞生。

法律修辞学为律师制度提供了理论基础。修辞学最初为智者所传播和教授，智者学派的名声一直不太好，因为他们给人的印象是擅长诡辩。在中国古代实际上也是一样，人们把协助完成司法纠纷处理的民间代理人称作"讼师""讼棍"，认为他们是为了谋取利益而玩弄辞藻、唯利是图的人，往往德性不高。但正是这样一群人的出现，提供了最早的专业法律事务服务，使专司法律服务成了一项单独的职业内容。

律师制度为完善法律修辞学提供了契机。随着律师成为一个独立的法律职业，律师在处理司法纠纷的过程中对于法律修辞学的不断运用，对理论进行整理、归纳、提升，进一步促进了法律修辞学的完善。

从罗马共和末期开始，律师和法学家的身份合一，原先仅限于法学家享有的崇高荣誉和皇帝授予的解答法律的特权已不再过于强调，界限似乎变得不如以往那般清晰。总的来说，自从法学家以律师身份参与诉讼活动，他们的主要社会责任就不仅仅拘泥于参与诉讼的代理和辩护，与此同时他们依然可以兼及咨询各种法律事项，比如解答罗马公民和司法行政官吏提出的各种法律问题,指导辩护人进行法庭辩论,以及为诉讼当事人代写法律文书,为订约双方撰写合同证书等。[1]

和希腊社会相比,罗马的教育不仅更趋于平民化和家庭化。在公共生活方面,罗马从未像斯巴达人那样接受不择手段的非道德主义而是尊重法律、道德和权力。[2]西塞罗的法律修辞学对共和晚期罗马法律教育曾产生过深刻的影响,它侧重于对接受这种修辞学教育的法律人的语言、表达、文字等方面的训练,促使了罗马法律教育、法学的发展。

---

[1] 谢邦宇:《罗马法文稿》,法律出版社2008年版,第223页。
[2] [法]亨利-伊雷内·马鲁:《古典教育史(罗马卷)》,王晓侠、龚觅、孟玉秋译,华东师范大学出版社2017年版,第16页。

REFERENCES
参考文献

中文类

[1] [古希腊] 柏拉图:《柏拉图对话集》,王太庆译,商务印书馆 2004 年版。

[2] [意] 巴里·尼古拉斯:《罗马法概论》,黄风译,法律出版社 2004 年版。

[3] [意] 彼得罗·彭梵得:《罗马法教科书》,黄风译,中国政法大学出版社 2005 年版。

[4] 曹茂君:《西方法学方法论》,法律出版社 2012 年版。

[5] 程志敏:《古典法律论——从赫西俄德到荷马史诗》,华东师范大学出版社 2013 年版。

[6] 邓晓芒:《古希腊罗马哲学讲演录》,世界图书出版社 2007 年版。

[7] 邓晓芒:《思辨的张力——黑格尔辩证法新探》,商务印书馆 2008 年版。

[8] [德] E. 策勒尔:《古希腊哲学史纲》,翁绍军译,山东出版社 1992 年版。

[9] [古罗马] 盖尤斯:《法学阶梯》,黄风译,中国政法大学出版社 1996 年版。

[10] 高鸿钧、李红海主编:《新编外国法制》(上册),清华大学出版社 2015 年版。

[11] [美] 哈德罗·J. 伯尔曼:《法律与革命——西方法律传统的形成》(第 1 卷),贺卫方译,法律出版社 2008 年版。

[12] [意] H.F. 乔洛维茨、巴里·尼古拉斯:《罗马法研究历史导论》,

薛军译,商务印书馆2013年版。

[13] 胡传胜:《公民的技艺——西塞罗修辞学思想的政治解读》,上海三联书店2012年版。

[14] [爱尔兰] J. M. 凯利:《西方法律思想简史》,王笑红译,汪庆华校,法律出版社2002年版。

[15] [英] 吉尔比:《经院辩证法》,王路译,上海三联书店2000年版。

[16] 李飞:"古希腊—影响罗马的辩证法对罗马法的体系化生成的——以Divisio和Partitio为中心",载《法律方法》2014年第1期。

[17] 李飞:《取得方式与(市)民法的体系化》,中国政法大学出版社2015年版。

[18] [德] 马克斯·韦伯:《法律社会学》,康乐、简惠美译,广西师范大学出版社2011年版。

[19] [苏联] 米·亚·敦尼克:《古代辩证法史》,齐云山等译,人民出版社1986年版。

[20] [英] 迈克尔·格兰特:《罗马史》,王乃新、郝际陶译,上海人民出版社2008年版。

[21] 马玉珂主编:《西方逻辑史》,中国人民大学出版社1985年版。

[22] 任强:《法度与理念》,法律出版社2006年版。

[23] [德] 萨维尼:《当代罗马法体系I》,朱虎译,中国法制出版社2010年版。

[24] [德] 特奥多尔·菲韦格:《论题学与法学——论法学的基础研究》,舒国滢译,法律出版社2012年版。

[25] [德] 特奥多尔·蒙森:《罗马史》,李稼年译,商务印书馆2004年版。

[26] 汪子嵩:《古希腊的民主和科学精神》,商务印书馆2014年版。

[27] 熊明辉:《诉讼论证——诉讼博弈的逻辑分析》,中国政法大学出版社2010年版。

[28] 徐国栋:《优士丁尼〈法学阶梯〉评注》,北京大学出版社2011年版。

[29] 徐国栋:《地方论研究——从西塞罗到当代》,北京大学出版社2016

年版。

[30] [古罗马] 优士丁尼:《学说汇纂》(第 1 卷),罗智敏译,纪蔚民校,中国政法大学出版社 2008 年版。

[31] [古希腊] 亚里士多德:《亚里士多德全集》,苗力田主编,中国人民大学出版社 1990 年版。

[32] [美] 约翰·H. 威格摩尔:《世界法系概览》(上),何勤华等译,上海人民出版社 2001 年版。

[33] [意] 朱塞佩·格罗索:《罗马法史》,黄风译,中国政法大学出版社 2009 年版。

[34] 张乃根:《西方哲学史纲》(增补本),中国政法大学出版社 2002 年版。

[35] 周枏:《罗马法原论》(上册),商务印书馆 1994 年版。

[36] 付子醒:"斯多葛辩证法及其对罗马法的影响",载《法学方法论丛》2015 年第 0 期。

[37] 舒国滢:"罗马法学成长中的方法论因素",载《比较法研究》2013 年第 1 期。

[38] 舒国滢:"追问古代修辞学与法学论证技术之关系",载《法学》2012 年第 9 期。

[39] 舒国滢:"西方古代修辞学:辞源、主旨与技术",载《中国政法大学学报》2011 年第 4 期。

[40] 舒国滢:"寻访法学的问题立场——兼谈'论题学法学'的思考方式",载《法学研究》2005 年第 3 期。

[41] 舒国滢:"走进论题学法学",载《现代法学》2011 年第 4 期。

[42] 舒国滢:"论题学:从亚里士多德到西塞罗",载《研究生法学》2011 年第 6 期。

[43] 舒国滢:"西塞罗的《论题术》研究",载《法制与社会发展》2012 年第 4 期。

[44] 舒国滢:"论题学:修辞学抑或辩证法?",载《政法论丛》2013 年第 2 期。

[45] 徐国栋:"共和晚期希腊哲学对罗马法之技术和内容的影响",载

《中国社会科学》2003年第5期。

[46] 徐国栋:"修辞学校在罗马的兴起与罗马的法学教育",载《河北法学》2014年第1期。

[47] 徐国栋:"古罗马的法学教育及其案例法",载《江汉论坛》2016年第1期。

[48] 徐国栋:"演讲与罗马法的法律生活",载《法治研究》2016年第1期。

[49] 徐国栋:"西塞罗《地方论》中涉及的法律问题研究",载《东方法学》2015年第3期。

[50] 徐国栋:"从'地方论'到'论题目录'——真正的'论题学法学'揭秘",载《甘肃社会科学》2015年第4期。

[51] 徐国栋:"两种'地方论'(Topica),哪个是真的?——当雷森遇上菲韦格",载《法学》2015年第3期。

[52] 徐国栋:"帕比尼安在其《问题集》中对地方论的运用——当巴布西奥遇上雷森",载《法学》2016年第3期。

外文类

[1] Alan Watson, *The Spirit of Roman Law*, The University of Georgia Press, 1995.

[2] A. H. J. Greenidge, *The Legal Procedure of Cicero's Time*, Oxford at the Claremdon Press, 1901.

[3] Andrew Lintott, *Cicero as Evidence—A Historian's Companion*, Oxford University Press, 2008.

[4] Aubrey Gwynn, *Roman Education from Cicero to Quintilian*, Teachers College Press, Teachers College, Columbia University, 1966.

[5] Brooks Richard, "Cicero's Beloved Republic, The Insufficiency of Expanded Humanistic Rhetoric in the Service of Comparative Law", *ILSA Journal of International & Comparative Law*, 2009, Vol. 16, No1.

[6] C. E. W. Steel, Cicero, Rhetoric, and Empire, Oxford university press, 2001.

[7] Christopher P. Craig, *Form as argument in Cicero's Speeches—A Study of*

Dilemma, The American Philological Association, 1993.

[8] Douglas N. Walton, *Legal Argumentation and Evidence*, The Pennsylvania State University Press, 2002.

[9] ElizabethAsmis, "A New Kind of Model: Cicero's Roman Constitution in De Republica", *American Journal of Philosophy*, 2005, 126 (3).

[10] Frederick ParkerWalton, *History Introduction to the Roman Law*, Printed by Lorimer and Chalmers, 1903.

[11] Fritz Schulz, *Principles of Roman Law*, Oxford University Press, 1936.

[12] Fritz Schulz, *History of Roman Legal Science*, Oxford University Press, 1953.

[13] George A. Kennedy, *A New History of Classical Rhetoric*, Princeton University Press, 1994.

[14] George A. Kennedy, *The Art of Rhetoric in the Roman World: 300BC—AD300*, Princeton University Press, 1972.

[15] George A. Kennedy, *The art of Persuasion in Greece*, Princeton University Press, 1963.

[16] Hans Julius Wolff, *Roman Law An Historical Introduction*, University of Oklahoma Press, 1951.

[17] JacobGiltaij, "Greek Philosophy and Classical Roman Law: A Brief Overview", *The Oxford Handbook of Roman Law and Society*, 2016.

[18] JillHarries, *Cicero and the Jurists from Citizens law to the Lawful State*, MPG Books Limited, 2006.

[19] Jon Hall, *Cicero's Use of Judicial Theater*, The University of Michigan Press, 2014.

[20] John W. Vaughn, "Law and Rhetoric in the Causa Curiana", *Classical Antiquity*, Vol. 4, No. 2 (Oct., 1985).

[21] Jonathan Powell and Jeremy Paterson (eds.), *Cicero: The Advocate*, Oxford University Press, 2004.

[22] Martha Nussbaum, *Hiding from Humanity: Disgust, Shame and the Law*, Princeton: Princeton University Press, 2004.

[23] Paul J. duPlessis, *Cicero's Law: Rethinking Roman Law of the Late Republic*, Edinburgh University Press, 2016.

[24] PeterStein, *Regulae Iuris: from Juristic Rules to Legal Maxims*, Edinburgh University Press, 1966.

[25] Peter Stein, *Roman Law in European History*, Cambridge University Press, 1999.

[26] Peter Stein, "The Two Schools of Jurists in the Early Roman Principate", *Cambridge Law Journal*, 1972.

[27] Robinson, *The Sources of Roman Law: Problems and Methods for Ancient Historians*, TJ Press (Padstow) Ltd., 1997.

[28] Richard O. Brooks (ed.), *Cicero and Modern Law*, TJ International Ltd., padstow, 2009.

[29] TessaLeesen, *Gaius Meet Cicero, Law and Rhetoric in the School Controversies*, Brill Academic Pub., 2010.

[30] UrsulaHeibges, "Religion and Rhetoric in Cicero's Speeches", Société d´Études Latines de Bruxelles, Latomus, T. 28, Fasc. 4 (OCTOBRE-DECEMBRE 1969).